Stimmen zu diesem Buch

„Ich kann mir kaum ein Buch vorstellen, das besser in unsere Zeit passt. Als jemand, die häufig in den Krisenregionen des Nahen Ostens ist, um Menschen des Friedens aufzusuchen, finde ich dieses Buch extrem hilfreich und inspirierend."

Lynne Hybels,
Mitgründerin der Willow Creek Community Church

„David Shenk liefert ein kraftvolles Hilfsmittel, das zeigt, wie wir Brücken der Freundschaft mit unseren muslimischen Nachbarn bauen können. Ich ermutige Sie, die bewährten Wege, die in diesem herausfordernden Buch beschrieben werden, zu lesen, aufzunehmen und mutig einzuschlagen."

Georg Tunnicliffe,
Generalsekretär der Weltweiten Evangelischen Allianz

„Shenk besteht darauf, dass wir unserem eigenen Glauben zutiefst treu bleiben und zugleich echte Beziehungen zu Menschen anstreben können, die an ihren Überzeugungen festhalten. Seine lebenslange Erfahrung mit Begegnungen zwischen Christen und Muslimen bietet beides: Klarheit über die Herausforderungen dieser Beziehungen und Hoffnung auf Frieden zwischen allen Kindern Abrahams."

Laurie Mellinger,
Dekanin am Evangelical Seminary

„In dieser entscheidenden Zeit müssen David Shenks prophetischem Ruf alle folgen, die sich nach Frieden in dieser Welt sehnen – seinem Ruf, das Kapitel des historischen Misstrauens und der Feindseligkeit abzuschließen und das Risiko des ernsthaften Gespräches mit unseren muslimischen Nachbarn hoffnungsvoll einzugehen.“

Andrew F. Bush,
Professor für Mission an der Eastern University

„Inmitten von Konfliktstürmen zwischen Muslimen und Christen ist dieses Buch ein Donnerschlag der Gnade. Ohne Abstriche bei seinen eigenen Überzeugungen zu machen und aus einer tiefen persönlichen Erfahrung heraus, bringt David Shenk unserer geteilten Welt kraftvolle Weisheit und Empathie.“

Rachel Pieh Jones,
Autorin und Bloggerin

„Aus einer tiefen Quelle von Erfahrung liefert Shenk lehrreiche und praktische Wege, wie Christen Muslimen Freunde werden können. Ich empfehle dieses Buch all jenen, die einer gebrochenen und belasteten Welt Gottes Botschaft der Versöhnung verkünden möchten.“

John Azumah,
Dozent für World Christianity and Islam,
Columbia Theological Seminary

David W. Shenk

Christen begegnen Muslimen

Wege zu echter Freundschaft

Aus dem Englischen übersetzt von Heike Geist

Die englische Originalausgabe dieses Buches erschien unter dem Titel *Christian. Muslim. Friend – Twelve Paths to Real Relationship*. © 2014 Herald Press, Harrisonburg, Virginia 22802, USA. All rights reserved.

Die deutsche Übersetzung wurde in Zusammenarbeit mit *Christen begegnen Muslimen*, einem Arbeitszweig von MEOS – Interkulturelle Dienste, herausgegeben. Der Verlag dankt auch dem Theologischen Seminar Bienenberg sowie der Schweizerischen Mennonitischen Mission für ihre Unterstützung bei der Herausgabe dieses Buches.

Druck und Bindung des vorliegenden Buches erfolgten in Deutschland.

Die Deutsche Bibliothek verzeichnet diese Publikation in der Deutschen Nationalbibliografie; detaillierte bibliografische Daten sind im Internet über www.dnb.de abrufbar.

Bibelzitate, sofern nicht anders angegeben, sind der Übersetzung *Hoffnung für alle* entnommen. Copyright 1983, 1996, 2003 by International Bible Society. Verwendet mit freundlicher Genehmigung des Verlages

Koranzitate und die Verszählung sind der deutschen Übersetzung von Rudi Paret entnommen (*Der Koran – Kommentar und Konkordanz*. Kohlhammer, Stuttgart ¹²2014). Die Verszählung weicht in den unterschiedlichen Koran-Übersetzungen etwas voneinander ab.

Im Deutschen eingebürgerte arabische Namen und Begriffe (z. B. *Kaaba*) werden in der gebräuchlichen deutschen Schreibweise wiedergegeben, andere in vereinfachter deutscher Umschrift (z. B. *Hidschra*).

Lektorat: Małgorzata Stanek, Lukas Baumann
Umschlaggestaltung: spoon design, Olaf Johannson
Umschlagbilder: William Perugini, Photographee.eu/Shutterstock.com
Satz: Neufeld Media, Weißenburg in Bayern
Herstellung: CPI – Clausen & Bosse, Leck

© 2015 Neufeld Verlag Schwarzenfeld
ISBN 978-3-86256-069-1, Bestell-Nummer 590 069

Nachdruck und Vervielfältigung, auch auszugsweise, nur mit Genehmigung des Verlages

www.neufeld-verlag.de / www.neufeld-verlag.ch

Bleiben Sie auf dem Laufenden:
newsletter.neufeld-verlag.de
www.**facebook**.com/NeufeldVerlag
www.neufeld-verlag.de/**blog**

Für Ahmed Ali Haile,
einen Botschafter des Friedens

Inhaltsverzeichnis

Vorwort 9

Einführung: Meine Reise mit Muslimen 13

KAPITEL 1
Integer leben 29

KAPITEL 2
Sich seiner Identität bewusst sein 43

KAPITEL 3
Respekt erweisen 61

KAPITEL 4
Vertrauen aufbauen 73

KAPITEL 5
Gespräch über die verschiedenen Glaubensgrundlagen 89

KAPITEL 6
Gastfreundschaft leben 105

KAPITEL 7
Fragen beantworten 123

KAPITEL 8

Zerrbilder korrigieren 135

KAPITEL 9

Die Wahl bedenken: Die Hidschra. Das Kreuz. 147

KAPITEL 10

Frieden suchen und leben 159

KAPITEL 11

Mit Menschen des Friedens zusammenarbeiten 173

KAPITEL 12

Christus empfehlen 191

ANHANG

A. Christian/Muslim Relations Team 209

B. Namen und Eigenschaften Jesu im Koran 211

C. Bezüge des Korans auf die Bibel 213

Literatur 216

Über den Autor 217

Vorwort

Wir machen äußerst unterschiedliche Erfahrungen, wenn wir Muslime treffen und kennenlernen. Ich habe viele Moscheen besucht und führte dort viele Gespräche mit Muslimen über den Glauben. Viele der Leserinnen und Leser[1] leben jedoch in Regionen, in denen es einem Nicht-Muslim unmöglich wäre, eine Moschee zu betreten. Dennoch hoffe ich, dass die Grundprinzipien, auf denen dieses Buch basiert, all jenen Christen eine Hilfe sein werden, die mit Muslimen in Kontakt stehen, wie immer auch die Umstände sein mögen.

Ich bin Nordamerikaner und in Tansania aufgewachsen, wo meine Eltern mit einer mennonitischen Missionsgesellschaft als Pioniermissionare dienten. Diese Herkunft hat mich wesentlich geprägt. Ich schreibe daher ganz anders als ein nigerianischer Christ, der an Jesus, den Messias, glaubt und in einer muslimischen Familie aufwuchs, oder als ein Christ, der im überbevölkerten Stadtgebiet von Jakarta in Indonesien geboren wurde. Wenn wir über Wege zu echter Freundschaft zwischen Christen und Muslimen nachdenken, bin ich mir dessen bewusst, dass meine eigenen Erfahrungen sich von jenen der Christen im Nahen Osten unterscheiden, die die alten christlichen Kirchen in mehrheitlich muslimischen Gesellschaften repräsentieren. Jede christliche Gemeinde hat eine besondere Gabe, eine Antwort auf die Frage zu geben, wie Christen freundschaftliche Beziehungen mit Muslimen aufbauen können. In diesem Buch sollen die beschriebenen zwölf Wege zu echter Freundschaft ein bescheidener Beitrag

---

1   Im Folgenden wird um der Lesbarkeit willen auf die Nennung der weiblichen Formen verzichtet, die männlichen Formen (Christ, Muslim usw.) beziehen sich selbstverständlich gleichermaßen auf weibliche und männliche Personen.

zum Austausch über aktuelle Herausforderungen und Realitäten sein, mit denen man konfrontiert ist, wenn man als Christ Beziehungen zu Muslimen aufbaut. Dabei konzentriere ich mich insbesondere auf nordamerikanische und westliche Christen.

In diesem Buch beschreibe ich die Erfahrung westlicher Christen, die sich beauftragt fühlen, gute Nachbarn unter Muslimen zu sein. In gewisser Weise beinhaltet dieses Buch meine persönliche Geschichte. Es berichtet von den Entdeckungen, die ich als nordamerikanischer Christ, der an Jesus, den Messias, glaubt, in meinen langjährigen Freundschaften mit Muslimen gemacht habe. Ich schreibe für alle, die unter Muslimen leben und ihnen dienen wollen. Ich treffe vielfach Christen, die ihre Heimat im Westen verlassen, um unter Muslimen zu leben und ihnen zu dienen. Diese Menschen bitten mich oft um Rat, wie sie sich in die muslimische Gemeinschaft einbringen können. Ich hoffe, dieses Buch kann sowohl Ermutigung als auch hilfreicher Rat für diejenigen sein, die freundschaftliche Beziehungen zu Muslimen in jeder Region dieser Welt aufbauen und pflegen möchten.

Ich schreibe auch für westliche Christen, die sich von Gott aufgerufen fühlen, in ihrer direkten Umgebung Kontakte zu Muslimen aufzubauen. Für viele Christen im Westen sind Muslime längst zu ihren Nachbarn geworden. Dieses Buch will uns alle, Muslime wie Christen, dafür ausrüsten, einander gute Nachbarn zu sein.

Die Bücher, die wir bisher in der Reihe *Christians Meeting Muslims* herausgebracht haben, können denjenigen als Ressource dienen, die sich mit uns auf die Reise begeben möchten. Jedes der drei Bücher kann mit wenigen Worten zusammengefasst werden: Der Dialog steht im Fokus des Buches *Woran ich glaube. Ein Muslim und ein Christ im Gespräch,* das ich gemeinsam mit Badru D. Kateregga[2] geschrieben habe. *Journeys of the Muslims Nations and the Christian Church: Exploring the Mission of Two Communities* handelt vom Zeugnis von Jesus Christus und von seiner Einladung an uns Menschen. Ahmed

---

2 Prof. Badru D. Kateregga ist Vize-Kanzler der Kampala University und Gastprofessor an der Makerere University in Kampala, Uganda. Von 1985 bis 1995 war er Botschafter der Republik Uganda in Saudi-Arabien, den Golfstaaten und Pakistan.

Ali Haile spricht in *Teatime in Mogadishu: My Journey as a Peace Ambassador in the World of Islam* vom Friedenstiften.

Jedes dieser Bücher enthält Fragen zum weiteren Selbststudium. Es umfasst dreizehn Abschnitte oder Kapitel und zielt darauf ab, Diskussionen in Kleingruppen anzuregen. Und es kann als Schulmaterial verwendet werden. Jedes Buch ist ein Gewinn für all jene, die unter dem Aspekt der christuszentrierten Nachfolge die muslimische Gemeinschaft besser verstehen wollen.

Warum habe ich mir dann die Mühe gemacht, ein viertes Buch zu schreiben? Ich konzentriere mich hier auf die Freuden und Herausforderungen in Freundschaften zwischen Christen und Muslimen. Dabei schreibe ich mit Dringlichkeit, denn wir leben in einer Zeit, in der unsere Hingabe, Freundschaften aufzubauen, nicht selten aufs Äußerste herausgefordert wird. Dieses Buch ergänzt die bereits vorliegenden drei Bücher der erwähnten Reihe.

Dieses Buch habe ich auch mit dem Ziel geschrieben, Kleingruppen zum regen Austausch zu bewegen, und für den Gebrauch im Unterricht als Lehrbuch zu christlich-muslimischen Beziehungen. Die Fragen am Ende jedes Kapitels dienen dazu, die damit verbundenen Herausforderungen und Gelegenheiten zu entdecken.

In meinem Unterwegssein mit Muslimen wurde ich enorm beschenkt. Ich hoffe, dass dieses Buch den einen oder anderen ebenfalls inspiriert, die Freuden und Herausforderungen zu entdecken, auf die man stößt, wenn Christen Muslime kennenlernen.

David W. Shenk

Einführung: Meine Reise mit Muslimen

Mein Eintauchen in die muslimische Gemeinschaft begann in Somalia auf dem Flughafen in Mogadischu. Zwei Tage nach unserer Ankunft nahm meine Freundschaft mit Muslimen in einer lauten Teestube im Stadtzentrum ihren Anfang. Im August 1963 stieg ich mit meiner Familie aus einer propellerbetriebenen DC-3-Maschine und wir fanden uns auf einer Landebahn in der Nähe der windigen Strände am Horn von Afrika wieder. Meine Frau Grace und ich waren mit unseren zwei Töchtern, der zweijährigen Karen und der zwei Monate alten Doris, in Somalia angekommen.

Während der Stunde, die wir brauchten, um uns durch das verwirrende Chaos von Einwanderungsbehörde, Zollkontrolle, Inspektion der Gesundheitsdokumente und der Deklaration unserer finanziellen Mittel zu kämpfen, während gleichzeitig Gepäckträger nach uns riefen und wir einer erbitterten Diskussion über die zu zahlenden Trinkgelder ausgesetzt waren, hörten wir den Ausruf *Allah* sicher Hunderte Male. Wir wussten damit, dass wir in einer Gesellschaft angekommen waren, in der man sich der umfassenden Gegenwart Gottes sehr bewusst ist.

Eigentlich hofften wir, unauffällig durch den Flughafen Mogadischus schlüpfen zu können. Wir wussten, dass Somalia eines der wenigen Länder in der Welt war, das fast hundertprozentig muslimisch war. Wir würden als Christen, die in Somalia lebten, nur einer winzigen, wenn überhaupt wahrnehmbaren, Minderheit angehören. Wir hatten daher gehofft, die Einreisekontrolle ohne Aufsehen durchlaufen zu können. Sollte das überhaupt möglich gewesen sein, so hatte auf jeden Fall die Feilscherei der Leute, die um unser Gepäck stritten, diesen Wunsch zunichte gemacht.

Wer seid ihr?

Mitten in all dem Chaos rief nämlich jemand in gebrochenem Englisch: „Seid ihr von der Somalischen Mennonitischen Mission?"

„Ja, wir sind bei der Mennonitischen Mission!" Mit einem Schlag war es mit jeder Überlegung, ob wir unsere Identität maskieren könnten oder sollten, vorbei. „Dann bist du ein wahrer *Wadad* (heiliger Mann Gottes)!", schlussfolgerte einer der größten Gepäckträger, und viele drehten sich nach uns um, weil sie wissen wollten, wer der genannte heilige Mann und seine Familie sei. So verlief also unsere stille Ankunft in Somalia. Ich nehme an, dass noch am gleichen Abend die ganze Stadt Mogadischu wusste, dass ein weiterer Amerikaner zur *Somalia Mennonite Mission* (SMM) dazugestoßen war.

Dieses Ereignis war wirklich beachtlich. Nur ein Jahr zuvor war der Direktor der Mission durch einen eifersüchtigen *Imam* (religiösen Leiter) getötet worden, weil ihn die Präsenz der „Mission" beunruhigt hatte. Sein persönlicher Krieg begann, als er davon hörte, dass einige junge Somali ihre Loyalität zu Jesus, dem Messias, erklärt und ein Bekenntnis zum christlichen Glauben abgelegt hatten. Die Art und Weise, wie diese Erklärung einiger Studierender bekannt geworden war, hatte Unruhe gestiftet. Entsprechend wurde das Schulungsangebot der Mission für einige Monate eingestellt und es wurden neue Gesetze durch das Parlament erlassen, dass nur der Islam als wahre Religion in Somalia propagiert werden dürfe.

1963, nur ein Jahr nach diesen Vorfällen, war unsere junge Familie in Somalia angekommen, um dabei zu helfen, die Bildungsarbeit der Mission weiterzuführen. Unsere Ankunft war ein Signal, dass die Mission auch trotz dieser Tragödie keine Absicht hatte, sich zurückzuziehen.

Warum seid ihr gekommen?

Die überraschende Hartnäckigkeit der Mission führte bei den Somali zu Fragen. Häufig wurde angenommen, dass wir Agenten einer Kolonialmacht, z. B. der Regierung der Vereinigten Staaten, sein müssten.

Genau darum drehte sich auch der Inhalt der Unterhaltung in der Teestube ein paar Abende nach unserer Ankunft.

Drei oder vier Studierende unseres Erwachsenenbildungsprogramms zur englischen Literatur in Mogadischu luden mich in eine belebte Teestube ein, die nur ein paar Straßen vom Schulgelände entfernt lag. Mit viel Humor vertrauten sie mir an, dass es vor allem Männersache sei, in offenen Teestuben abendlich Tee zu trinken. Um uns herum ergingen sich auch viele Männer über einer Tasse Tee begeistert in Diskussionen über wichtige Themen. Trotzdem waren auch einige unverheiratete Lehrerinnen, die in unserer Mission mitarbeiteten, in unserer Gruppe dabei. Diese Frauen aus Nordamerika wollten ihre Präsenz in Somalia als Chance nutzen, manche Grenzen auszuweiten, die die männerdominierte Gesellschaft Somalias den Frauen aufgezwungen hatte.

Meine Gastgeber bestellten Gewürztee ohne Milch, gesüßt mit fünf gut gehäuften Teelöffeln Zucker. Die Studierenden forderten mich dann mit der Frage heraus, die ihnen zuvorderst auf der Zunge lag, während wir unseren Tee nippten. Sie fragten: „Warum seid ihr nach Somalia gekommen?"

„Gott hat uns gerufen", erklärte ich ihnen ganz einfach. „Unsere Familie ist hier, weil es Gottes Auftrag ist. Jesus diente den Menschen in Not. Ich bete, dass wir ebenfalls denen dienen können, die in Not sind. Wir sind euch dankbar, dass ihr und eure Mitbürger uns willkommen geheißen habt. Es ist ein Privileg, die Somali kennen und schätzen zu lernen."

Sie waren ziemlich überrascht zu hören, dass Gott uns beauftragt hatte. Sie erklärten, dass die Somali über Gott Bescheid wüssten und dass man sie nicht über ihn belehren müsse. Sollten wir aber beabsichtigen, Menschen von Gott zu erzählen, dann sollten wir besser zu den Menschen im Süden Somalias gehen, die den traditionellen afrikanischen Religionen anhingen. Dennoch betonten sie ihre Wertschätzung für die medizinischen und pädagogischen Programme, die durch die SMM in verschiedenen Regionen entwickelt worden waren.

So sah unser Eintauchen in die islamische Welt in der ersten halben Woche in Somalia aus. Ich komme später wieder auf die weitere

Geschichte unserer Familie zu sprechen. An dieser Stelle möchte ich nur sagen, dass dieses Eintauchen und die Abenteuer während der nächsten 50 Jahre auf erstaunlich unterschiedlichen Wegen Fortsetzung fanden.

Die Herrschaft Gottes suchen

Dieses Buch erzählt zwar von Abenteuern, aber es geht um mehr. Ich möchte aus meinem Herzen heraus mitteilen, wie Beziehungen von Christen mit Muslimen aussehen können. Dieses Buch beschreibt zudem, was Muslime mich über die christliche Präsenz und unser Zeugnis unter ihnen gelehrt haben. Das sind nicht meine Memoiren. Dieses Buch ist vielmehr eine Geschichtensammlung aus meiner Reise, wie ich Muslime kennen und schätzen gelernt habe.

Ich schreibe dieses Buch mit der Überzeugung, dass jeder Muslim einen Christen zum Freund und jeder Christ einen Muslim zum Freund haben sollte. Im Verlauf des Buches beschreibe ich zwölf Zugänge, die zu einer freundschaftlichen Beziehung zwischen Christen und Muslimen führen. Die Weltbevölkerung besteht zur Hälfte entweder aus Muslimen oder aus Christen. Diese Glaubensgemeinschaften, wie auch die Juden, sind der festen Überzeugung, dass ihr Glaube in Gottes Berufung an Abraham gründet, die Nationen zu segnen. Das bedeutet, dass diese Glaubensgemeinschaften eine besondere Verantwortung dafür tragen, Frieden zu stiften. Der Auftrag, in unserer pluralistischen Welt hingebungsvolle Menschen des Friedens zu sein, zieht sich wie ein roter Faden durch das gesamte Buch.

Die Frage, die ich damals, vor einem halben Jahrhundert in der Teestube in Mogadischu, erstmals mit Muslimen diskutierte, lautet noch immer: Was bedeutet es, dass das Reich Gottes auf Erden kommen soll? Sowohl gläubige Muslime als auch fromme Christen sehnen sich danach, dass jeder ihrer Lebensbereiche unter Gottes Herrschaft und unter seinem Willen steht. Das Streben nach der Herrschaft Gottes ist unser gemeinsamer Glaubensstrang und unsere gemeinsame Absicht, die uns in manchen Aspekten unserer Arbeit und unseres Handelns als Christen und Muslime zusammenbringen kann. Beispielsweise sind beide Gemeinschaften in ihren Schriften dazu beauftragt, sich um die Waisen zu kümmern.

Ich gehöre einer Täufergemeinde an. Innerhalb der täuferischen Gemeinschaft von Christen bin ich Mitglied einer Mennonitengemeinde. „Mennoniten" ist ein Spitzname, abgeleitet von ihrem frühen Leiter Menno Simons. Die Mennonitische Weltkonferenz hat sieben Überzeugungen formuliert, die uns als mennonitische Gemeinden charakterisieren.[3] Alle sieben Überzeugungen waren für mich bedeutsam, als ich dieses Buch schrieb, doch eine Aussage ist in meiner freundschaftlichen Beziehung zu Muslimen besonders wertvoll: Täuferische Christen wollen alle Aspekte ihres Lebens unter die Autorität Gottes stellen.[4]

Im sechzehnten Jahrhundert führte die Überzeugung der Täufer, all ihre Lebensbereiche unter die Autorität Jesu Christi zu stellen, sie in einen ernsthaften Konflikt mit den damaligen Autoritäten. Europa stand damals im Krieg mit dem muslimischen Osmanischen Reich. Michael Sattler, einer der führenden Täufer, bestand darauf, dass Jesus niemals einen Muslim töten würde, da Jesus Muslime liebt. Die Täufer stimmten in diesem Punkt grundsätzlich mit Sattler überein. Die Weigerung der Täufer, gegen die osmanischen Türken in den Krieg zu ziehen, wurde als Hochverrat gewertet. Daher starben viele Täufer als Märtyrer für ihre Entscheidung, Muslime zu lieben, anstatt gegen sie zu kämpfen.

---

3   Siehe *Gemeinsame Überzeugungen*, http://www.mennoniten.de/glaubensueberzeugungen.html, besucht am 25.9.2015. Alle sieben Überzeugungen sind wichtig, doch für dieses Buch sind vor allem die Themen wesentlich, die den gelebten Ausdruck der Liebe Gottes und die Hingabe an das Reich Gottes behandeln – auch wenn dies nicht als populär erachtet wird. Siehe auch: Alfred Neufeld, *Was wir gemeinsam glauben – Täuferisch-mennonitische Überzeugungen*. Neufeld Verlag, Schwarzenfeld 2008.

4   Gläubige Muslime sind dazu verpflichtet, jeden Lebensbereich unter die Autorität Gottes zu stellen. Muslime nennen diese Verpflichtung *Tauhid* und sie glauben, dass der Koran die Anleitung enthält, wie *Tauhid* zu leben ist. Daher haben Muslime und Täufer eines gemeinsam: den Glauben, dass alles im Leben unter der Herrschaft Gottes stehen soll. Der Unterschied zu den Täufern besteht darin, dass Jesus Christus das Zentrum ist; bei den Muslimen ist der Koran die Quelle, die das Wesen Gottes offenbart.

Was bedeutet es also für mich, in dieser turbulenten Welt ein treuer Botschafter Christi und seines Friedens zu sein?[5] Ich schreibe diese Zeilen im Juni 2014, der sich als Monat des Schreckens erweist. Die islamistische Terrorgruppe *Boko Haram* hat mehrere Hundert Schülerinnen in Nigeria entführt. Die Vereinigten Staaten bereiten sich darauf vor, noch mehr militärische Unterstützung für die „moderaten" Muslime in Syrien zu liefern. Die terroristische Bewegung der *Al Shabab* aus dem Sudan hat in Kenia einen Markt bombardiert und Christen während ihres Gottesdienstes angegriffen. Christliche Bürgerwehren „säubern" mit Gewalt den Süden des Tschads von Muslimen. Es gibt Berichte, dass durch eine Drohne muslimische Soldaten im Südjemen getötet wurden. Das Parlament der Europäischen Union rückt politisch immer mehr nach rechts, während viele Menschen sich aufgrund der wachsenden Gemeinschaft muslimischer Immigranten sorgen. Es gibt erneut Berichte über Morde an Hunderten von Dorfbewohnern durch *Boko Haram* im Borno-Staat in Nigeria. Sunnitische Muslime in Pakistan töteten schiitische Pilger, die auf der Heimreise vom Irak waren und in einen Hinterhalt gerieten. Der internationale Flughafen in Karachi, Pakistan, wurde von Kämpfern attackiert. Die Friedensverhandlungen zwischen Palästina und Israel sind gescheitert. Der Irak scheint durch den Konflikt zwischen Sunniten und Schiiten auseinanderzubrechen. In einer Moschee im Zentrum von Mombasa, Kenia, wurde ein muslimischer Geistlicher, der sich stark für den Frieden zwischen verfeindeten Somali-Stämmen einsetzte, während des Gebetes getötet. Pakistan hat Luftschläge gegen Taliban-Aufständische initiiert. Der ägyptische Gerichtshof hat Mitglieder der Muslimbruderschaft in Ägypten zum Tode verurteilt.

Diese 30 Tage im Juni 2014 zeigen beispielhaft den Kontext auf, in dem freundschaftliche Beziehungen zwischen Muslimen und Christen gelebt werden müssen. Das Überraschende dabei ist, dass alle Teilnehmenden in den beschriebenen Konflikten denken, sie seien auf

---

5 Die Bibel, 2. Korinther 5,18–21.

Gottes Seite! Sollten wir es noch nicht bemerkt haben: Friedenstiften ist dringend gefragt!

Friedenstiften und Gebet

Ist es nicht anmaßend, in solchen Zeiten über Freundschaft zu schreiben? Nein, das ist es nicht. Weil wir wissen, dass Gott sich dem Friedenstiften verpflichtet hat. Gott hat einen Plan, und dieser Plan schließt uns ein. Genauso, wie Gott Jesus als seinen Friedensbotschafter sandte, so sendet Jesus auch alle seine Jünger als Friedensstifter in die Welt. Gottes großartiger Plan besteht darin, dass die ganze Welt durch seine Friedensbotschafter wie durch Salz gewürzt wird.[6]

Ein anschauliches Beispiel dafür, wie man Frieden stiften kann, ereignete sich inmitten der oben aufgeführten Vorkommnisse im Juni 2014. Am Pfingstsonntag, den 8. Juni 2014, lud Papst Franziskus den palästinensischen Präsidenten Mahmoud Abbas und den israelischen Präsidenten Schimon Peres zum Friedensgebet beim Sonnenuntergang in den Vatikanischen Gärten ein. Die Gebete konzentrierten sich auf drei Anliegen, die den Muslimen, Juden und Christen gemeinsam sind: Gott für seine Schöpfung zu danken, Vergebung von Gott zu empfangen und Gott um Frieden zu bitten.

Der Sprecher des Papstes sagte in einer Stellungnahme, dass das Gebet eine Möglichkeit sei, Herzen und daher auch die Geschichte zu verändern[7] sowie scheinbar unüberwindliche Hindernisse zu überwinden, damit Frieden im Nahen Osten geschlossen werden kann. Alle drei genannten Führungspersönlichkeiten bekennen ihren Glauben an den Gott Abrahams, der Gläubige beauftragt hat, ein Segen für alle Nationen zu sein. Sie glauben also, dass Gott Frieden will.

Frieden zu stiften beginnt mit ganz kleinen Schritten und ist vergleichbar mit dem kleinen Senfkorn, auf das Jesus in einem Gleichnis

---

6 Die Bibel: Johannes 20,19–22.

7 Das Zitat ist von Kardinal Pietro Parolin, Staatssekretär des Vatikans. Der ganze Artikel findet sich bei Josef Federman und Tia Goldenberg, Associated Press, 8. Juni 2014, http://www.nytimes.com/aponline/2014/06/08/world/europe/ap-eu-rel-vatican-mideast.html?_r=0, besucht am 20.01.2015.

verweist.[8] Einer meiner Kollegen hat an einem Wochenende für ein paar Muslime und Christen eine gemeinsame Bootsfahrt organisiert. Sie hatten eine wunderbare und gute Zeit zusammen! Mein Kollege hat dadurch ein Senfkorn gepflanzt. Genau solche „Senfkörner", die weltweit gepflanzt werden, geben uns Hoffnung. Auf diese Weise entstehen freundschaftliche Beziehungen.

Es ist meine Grundüberzeugung, dass derartige freundschaftliche Beziehungen im Gebet gegründet sein müssen. Als ich gerade gestern durch die Einreisekontrolle in New York ging, sagte ein Beamter zu mir: „Mit einem dermaßen abgestempelten und abgenutzten Pass könnten Sie fast selber ein Flugzeug kaufen und sich das Geld sparen, das Sie für die Tickets ausgeben." Als er dann meinen Pass mit den vielen Visastempeln durchblätterte, fragte er mich, welchen Beruf ich ausübe, wenn ich so viel reisen müsse. Ich sagte ihm, ich sei als Botschafter Christi und seines Friedens weltweit unterwegs und vor allem im Bereich des Beziehungsaufbaus zwischen Christen und Muslimen tätig. Da es überall auf der Welt Christen und Muslime gebe, würde ich entsprechend viel reisen. „Gott segne Sie", rief der Beamte aus, „unsere Welt braucht Friedensstifter, aber vergessen Sie nicht, dass die Welt auch viel Gebet braucht." Ich denke, der Grenzbeamte hatte recht!

Der Schmerz und die Freude des Dialoges

Vor einigen Jahren lud meine Glaubensgemeinschaft in den Vereinigten Staaten mich und einen muslimischen Imam zu einem Abend des Dialoges ein. Mein Weggenosse, der Imam, zeichnete zwei sich überlappende Kreise auf eine Tafel. Im Zentrum, das für ihn die muslimische Gemeinschaft darstellte, schrieb er „Koran" hinein. Ins Zentrum, das die christliche Gemeinschaft darstellte, schrieb er „Christus" hinein. Er erklärte, dass diese verschiedenen Zentren sich nie ganz überlappen könnten, da sie so unterschiedlich seien. Das ist

---

8   Die Bibel: Matthäus 13,31–32.

der Schmerz des Dialoges. Muslime verkünden, dass der Koran die volle und endgültige Offenbarung des Willens Gottes sei. Christen bekennen, dass Jesus die volle und endgültige Offenbarung Gottes sei – er offenbare nicht nur seinen Willen, sondern auch das Wesen Gottes. Sie bekennen, dass mit dem Messias das Reich Gottes auf die Erde kam und es nur in ihm ewige Errettung gibt. Muslime sehen wiederum Mohammed als perfektes Beispiel an, dem alle Menschen nacheifern sollen.

Also was nun? Kommt es wirklich darauf an, ob Jesus oder Mohammed das Zentrum darstellen?

„Es kommt nicht darauf an", betonte neulich meine deutsche Sitznachbarin auf unserem gemeinsamen Flug von Frankfurt ganz vehement. Sie verwarf die Beharrlichkeit, mit der Muslime und Christen glauben, dass es wesentlich sei, wer im Zentrum steht.

Mein Taxifahrer, den ich auf einer meiner Reisen nach Singapur traf, würde ihr widersprechen. Sobald wir ins Taxi gestiegen waren, fragte er mich: „Glauben Sie an Jesus Christus? Er ist der Retter. Er ist der Weg!"

Auch der Imam der Moschee in Harrisburg würde der Frau aus Deutschland nicht zustimmen. Am Ende eines abendlichen langen Gespräches umarmte mich der freundliche Imam und weinte, als er mich bat: „Du bist ein zu guter Mann, um Christ zu sein. Ich bitte dich flehentlich, Muslim zu werden."

In Kapitel 5 werden wir die verschiedenen Glaubensgrundlagen ausführlicher erkunden, und welche Konsequenzen das hat, wenn wir respektvolle freundschaftliche Beziehungen zueinander aufbauen wollen. Zuvor komme ich in meinen Erzählungen auf meinen ersten Abend in der Teestube in Mogadischu und die darauffolgende Jahre zurück. Dieser Abend war nur die erste vieler solcher Erfahrungen. Die Gespräche in Somalia setzten sich während der darauffolgenden zehn Jahre fort. Überall, wo unsere Leute tätig waren, entwickelten sich Gemeinschaften von Messiasgläubigen.[9] Im Johannesevangelium wird ebenfalls berichtet, wie Nikodemus nachts zu Jesus kam, um ihn nach dem Reich Gottes zu fragen.[10] Es waren freudvolle Jahre!

Umzug nach Kenia

Das Land, das wir zu lieben gelernt hatten, wurde zu einem marxistischen Staat unter starker sowjetischer Kontrolle. Die Veränderung kam wie ein rollender Gewittersturm über Somalia, der immer mehr Fahrt aufnahm, als er über das mit Akazien übersäte Weideland Somalias hinwegzog. Am 21. Oktober 1969 schlug der Blitz in Form eines Militärschlages ein. Somalia wurde ein marxistisch-leninistischer Revolutionsstaat. Schnell streckte die marxistische Regierung ihre Fühler in alle Bereiche der somalischen Wirtschaft und Politik aus. Infolgedessen mussten alle westlichen Ausländer das Land verlassen. Es fiel uns schwer, diese Tatsache zu akzeptieren, aber wir vertrauten darauf, dass sich neue Türen und Gelegenheiten für einen Dienst unter Muslimen öffnen würden. Das geschah dann tatsächlich in Kenia.

Und so stiegen wir im Januar 1973, zehn Jahre nach unserer Ankunft in Mogadischu, in Nairobi, Kenia, aus dem Flugzeug. Kenia grenzt im Nordosten an Somalia. Wir waren nun eine sechsköpfige Familie und zogen nach Eastleigh, wo viele somalische Muslime lebten. Dort eröff-

---

9   Der Koran bezeichnet Jesus als „den Messias". So lautet die semitische Entsprechung von „Christus". Sowohl das semitische Wort „*Messias*" als auch das griechische Wort „*Christos*" bedeuten das Gleiche: der *Gesalbte*. Da Muslime bestens mit dem Begriff „Messias" vertraut sind, wenn es um Jesus geht, benutze ich generell „*Messias*", um von Jesus zu sprechen. Mir ist natürlich klar, dass die muslimische Theologie nicht die volle Bedeutung des Messiasseins Jesu versteht, so wie die Bibel sie offenbart, auch wenn Muslime von Jesus als dem Messias sprechen. Ich weiß auch, dass der Koran noch weitere Namen für Jesus gebraucht, wie z. B. „Zeichen" (Sure 19:21), Gute Nachricht (Sure 3:45); das „Wort Gottes" und „der Geist Gottes" (Sure 4:171). Im Anhang gibt es eine ausgewählte Auflistung von Namen, mit denen Jesus im Koran bezeichnet wird. Ich empfehle zur weiteren Diskussion zudem mein Buch *Journeys of the Muslim Nation and the Christian Church – Exploring the Mission of Two Communities*, Kapitel 5 und 7. Oder auch: Tarif Khalidi (Hrsg.), *The Muslim Jesus – Sayings and Stories in Islamic Literature*.

10   Die Bibel: Johannes 3,1–2.

EINFÜHRUNG: MEINE REISE MIT MUSLIMEN 23

neten wir einen Leseraum. In den darauffolgenden Jahren entstand daraus ein multifunktionales Gemeinschaftszentrum, wodurch heute fast eintausend Menschen pro Woche erreicht werden. Die Dienstleistungen des Zentrums umfassen eine beachtliche Bibliothek, verschiedene Unterrichtsangebote, besonders für Frauen, und ein Sportprogramm mit verschiedenen Fitnessgeräten. Das Basketballteam ist bekannt und heißt „Mennonitische Ritter".[11] Das Zentrum hat sich zu einem Begegnungsort für viele Menschen aus den weiten Regionen des Horns von Afrika entwickelt. Es hat sich auch eine Gemeinschaft von gläubigen Christen gebildet. Zudem nutzen verschiedene Gemeinden mit unterschiedlichen Traditionen das Zentrum als Begegnungsort. Mit einem vor Ort erarbeiteten Bibelleseprogramm werden jedes Jahr Hunderte von Studierenden erreicht.

Durch den Dienst in Eastleigh wurde ich überraschenderweise vom *Kenyatta University College* eingeladen, in der Abteilung für Religionsstudien über die Weltreligionen zu unterrichten. Dort bildeten wir Lehrer für die kenianischen Highschools im Bereich Religionsstudien aus. Im Rahmen dieser Tätigkeit machte ich die bedeutsame Bekanntschaft mit Professor Badru Kateregga, einem Muslim aus Uganda, der in der gleichen Abteilung unterrichtete. Wir wurden Freunde. Aus unserer Freundschaft heraus entstand das Buch *Woran ich glaube – Ein Muslim und ein Christ im Gespräch*. In diesem Buch bekennt mein ugandischer Freund seinen Glauben und ich antworte darauf, später schreibe ich über meinen Glauben und er antwortet darauf. Dieses einfache Buch mit 24 Kapiteln wurde in mehrere Sprachen übersetzt und hat gute Dienste geleistet, interreligiöses Verständnis zu fördern.

---

11 Anmerkung des Lektorats: Im Englischen ein Wortspiel mit dem Gleichklang *Menno Knights/Mennonites*.

Freundschaftliche Beziehungen mit Sufis kultivieren

Das *Eastleigh Fellowship Center* liegt gegenüber einer Sufi-Moschee.[12] Wir bauten zu den Sufis freundschaftliche Beziehungen auf und erhofften uns davon, dass sich eine Tür zur muslimischen Gemeinschaft öffnen würde. Eine solche Öffnung würde uns einen Blick auf ihre geistliche Sehnsucht ermöglichen.

Die Sufi-Bewegung ist eine spirituelle Strömung des Islam. Sufis streben danach, sich in Gott zu versenken. Sie sind allgemein als Gemeinschaften des Friedens bekannt. Es gibt vier geistliche Strömungen innerhalb der muslimischen Bewegung, die die Sufis hoffen lassen, sich tatsächlich in Gott verlieren zu können. Die erste ist der Glaube, dass Mohammed eines Nachts von Mekka über Jerusalem in einer mystischen Reise, genannt *Mirādsch*,[13] in die Gegenwart Gottes geführt wurde. Daher wird Mohammed als derjenige angesehen, der den Weg fand und der nun seine Anhänger dazu anführt, sich in Gott zu versenken. Die zweite Strömung basiert auf der Aussage im Koran, dass Abraham ein Freund Gottes (*Wali*) war.[14] Die dritte Strömung gründet in der Hoffnung, dass Gott fromme Heilige aus der Vergangenheit dazu bestimmt hat, als Fürbitter bei Gott einzutreten, damit Gläubige den Weg in die göttliche Versenkung finden.[15] Die vierte Strömung ist die mystische Erfahrung, die durch die ständig wiederholte Anrufung des Namens Gottes geschieht.[16] Die Sufigemeinschaften bieten dem Einzelnen einen Weg der Versenkung ins Göttliche an. Diese Gemeinschaften waren daher in Kenia als Inseln des übergemeindlichen Friedens inmitten der turbulenten Beziehungen innerhalb der Somali-Stämme bekannt.

---

12 Vgl. dazu: David W. Shenk, *The African Christian and Islamic Mysticism – Folk Islam*, in: John Azumah/Lamin Sanneh (Hrsg.), *The African Christian and Islam*, Langham, Cumbria, UK 2013, 251–272.

13 Der Koran: Sure 53:13–18.

14 Der Koran: Sure 4:125.

15 Der Koran: Sure 10:3–5.

16 Der Koran: Sure 63:9.

Tragischerweise gewann die Drogenkultur in der Sufi-Bewegung in fast ganz Nordostafrika die Oberhand. Das traf leider auch auf Eastleigh zu. Die Gläubigen dachten, dass sie eine authentische Versenkung in Gott erlebten, wenn sie in ihren abendlichen Treffen die Namen Gottes sangen und dabei eine Euphorie hervorrufende Pflanze (Khat) kauten. Diese Praxis führte jedoch vor allem zur Apathie und gelegentlich auch zur Demenz. Ein dermaßen ungesunder Ausdruck von Spiritualität, der von so vielen Menschen in ganz Nordostafrika praktiziert wurde, hat schließlich negative Auswirkungen auf die Entwicklung von Wirtschaft und Bildung. Natürlich gab es auch *Ulama* (muslimische religiöse Lehrer), die den Khat-Konsum für den spirituellen Gebrauch anprangerten und dafür plädierten, den Islam in größerer Übereinstimmung mit dem Koran zu leben. Unsere Botschaft an die Sufis war, dass der Messias und das Wirken des Heiligen Geistes ihre Sehnsucht nach Gott erfüllt. Aber mit einem wesentlichen Unterschied! Die Suche der Sufis führt zur Auflösung des Selbst und der eigenen Persönlichkeit, da man ins Universum absorbiert wird. Durch den Messias wird die Person nicht ausgelöscht oder ins Göttliche absorbiert. Stattdessen lädt der Messias Gläubige dazu ein, eine freudige, lebendige und Leben spendende Beziehung mit Gott und untereinander einzugehen.

Häufig traf ich mich mit Sufis in ihren Gebetszentren und begleitete sie auf ihrer Pilgerreise zum Grab eines ihrer Heiligen. Die Treffen öffneten wirklich viele Türen zu wichtigen Gesprächen, die in Jesus und dem Heiligen Geist gegründet waren. Die Sufis wurden auch von Muslimen als Menschen des Friedens angesehen.

In Zusammenarbeit mit anderen christlichen Gemeinschaften entstand in Garissa, im muslimischen Nordosten Kenias, ein ähnliches Zentrum wie das *Eastleigh Fellowship Center*. Dieses Zentrum gründete auf den Prinzipien der Sufis, Gemeinschaft zu pflegen. Die beiden Zentren, das eine in Garissa, das andere in Eastleigh, brachten den christlichen Glauben innerhalb der sie umgebenden Sufi-Gemeinschaften auf kontextuell angepasste Weise zum Ausdruck. In diesem Kontext schätzten die Muslime die christlichen Gemeinschaften von Eastleigh und Garissa als Gemeinschaften der Frömmigkeit, des Gebetes, Dienstes und Friedenstiftens.

Man kann den Gebetsdienst nicht genug würdigen, der aus dem Zentrum von Garissa heraus entstand. Eine kanadische Christin hatte die Vision für den Gebetsdienst für Somali, und ihr schloss sich ein kleines Team an. Auch inmitten von turbulenten und konfliktreichen Zeiten in ihrer Region hielten sie an ihrem Dienst des heilenden Gebets fest. Sie harrten aus, auch wenn ihr Leben bedroht war. Es gab Märtyrer; es geschahen Wunder. Manchmal berührte Jesus eine gebrochene Flüchtlingsfrau und offenbarte sich ihr als gnädiger Heiler. Dieses Gebetsteam hielt geduldig über zwei Jahrzehnte im Gebet aus.

Eine globale Sicht auf die Beziehungen zwischen Christen und Muslimen

Sechs Jahre nach unserer Ankunft in Kenia wurde uns klar, dass die Zeit gekommen war, wieder zu gehen, um den Afrikanern die Gelegenheit zu geben, unsere vielen verantwortungsvollen Aufgaben zu übernehmen. Daher zogen wir nach Lancaster County, Pennsylvania, unserer Heimat in den Vereinigten Staaten. In den darauffolgenden Jahren leitete ich die *Eastern Mennonite Mission* (EMM) sowohl in ihren lokalen als auch globalen Programmen. In diesen Aufgaben war es mir immer besonders wichtig, unter den Muslimen glaubwürdig zu leben und Jesus zu bezeugen.

Als ich 1988 meine administrative Verantwortung bei der EMM niederlegte, machten Grace und ich den Dienst unter Muslimen zu unserem Kernauftrag. Dabei ist das Friedenstiften und Zeugnis von Christus unsere Hauptaufgabe. Wir arbeiten in einem Team zusammen. Wir nennen uns *Christian/Muslim Relations Team, Peacemakers Confessing Christ*.[17] Erste Priorität des Teams ist es, freundschaftliche Beziehungen zu muslimischen Leitern in unserer Umgebung zu för-

---

17 Auf Deutsch etwa: Team für freundschaftliche Beziehungen zwischen Christen und Muslimen; Friedensstifter, die Christus bekennen.

dern. Wir schreiben und veröffentlichen Artikel und Bücher. Meine Bücher wurden in mehrere Sprachen übersetzt. Wir sind in Nordamerika tätig, aber auch international sehr engagiert. Vor kurzem war es unserem Team möglich, nach Osteuropa und Südostasien zu reisen und in mehr als einem Dutzend Seminaren zu unterrichten und Dialoge über das Friedenstiften zu führen. Über die Hälfte dieser Begegnungen wurden durch Muslime mitfinanziert. Wichtiges Anliegen unseres Teams ist es zudem, christliche Gemeinden darin anzuleiten, wie sie gemeinsam mit muslimischen Gemeinschaften Frieden stiften können.

Die ersten Gespräche damals in Mogadischu in der Teestube und viele darauf folgende Diskussionen waren für mich eine Art Schule, die mich lehrte, wie man Gespräche mit Muslimen in der ganzen Welt führen kann. Für mich ist das, was ich in Mogadischu gelernt habe, besonders wichtig für die vielen Gespräche mit Muslimen in meiner Heimat, auch für die Gespräche mit meinen Nachbarn in Lancaster, Pennsylvania.

Ich werde immer wieder auf Episoden dieses Lernprozesses zurückgreifen, wenn ich in diesem Buch von unserem Auftrag spreche, Frieden unter Muslimen zu stiften. Ich hoffe, diese Berichte sind ermutigend und fungieren für uns als „Augenöffner" für neue Möglichkeiten, wie wir trotz aller Herausforderungen freundschaftliche Beziehungen zwischen Christen und Muslimen so gestalten können, wie Jesus es uns in seinen Beziehungen in der damaligen pluralistischen Welt vorgelebt hat.

Fragen zur weiteren Diskussion

1. Beschreiben Sie eine freundschaftliche Beziehung zu einer Person, die einen anderen Glauben hat als Sie. Welche Verhaltensweisen oder Aussagen überraschen Sie manchmal in dieser Beziehung?

2. Stellen Sie sich vor, dass Sie aus beruflichen Gründen in ein muslimisches Land ziehen müssten. Was wären für Sie die größten Herausforderungen bei diesem Unterfangen?

3. Gläubige Muslime wollen, ebenso wie Christen, alle Lebensbereiche unter Gottes Herrschaft stellen. In welchen Bereichen können Muslime und Christen bei diesem Anliegen zusammenarbeiten? In welchen Bereichen wäre es schwierig? Woran könnte eine Zusammenarbeit scheitern?

4. Was sind die verschiedenen Kernaussagen und Ausrichtungen sowohl von muslimischen als auch christlichen Gemeinschaften? Welchen Unterschied bewirken sie im Leben von Muslimen und von Christen?

KAPITEL 1

Integer leben

„Der Imam in der Moschee wendet sich in seinen Predigten gegen dich. Sei vorsichtig!", riet mir mein Freund Farah. Wir waren einige Monate zuvor in Somalia angekommen. Ich antwortete ihm: „Wenn er etwas gegen mich hat, dann muss ich ihn treffen. Sag mir seinen Namen und ich werde gleich zur Moschee gehen und ihn treffen. Ich habe nichts zu verbergen. Bitte arrangiere ein Treffen."

Farah versprach mir, er werde mit dem Imam zu mir nach Hause kommen. Dieser kam dann auch mit einigen Schülern. Grace servierte gewürzten Tee und Dattelkekse. Der Imam begann: „Es gibt Gerüchte in der Stadt, dass du hoffst, du würdest in den Himmel kommen, wenn du stirbst. Wenn das wahr ist, will ich dir sagen, wie du in den Himmel kommen kannst."

Ich war erstaunt! Das hatte ich von einem Imam nicht erwartet, von dem ich gehört hatte, dass er gegen mich predigte. Mit einem Gefühl von Erleichterung antwortete ich ihm begeistert: „Das ist absolut wahr! Danke, dass du gekommen bist, um mir zu sagen, wie der Weg zum Himmel aussieht."

Der Imam vertraute mir Folgendes an: „Ich dachte, die Christen würden die Hölle dem Himmel vorziehen. Aber der Weg zum Himmel führt über die fünf Säulen, indem man sich den folgenden Pflichten des Islam unterwirft: zu bekennen, dass es keinen Gott außer Allah gibt und dass Mohammed sein Prophet ist; während dem Ramadan zu fasten; den Armen zu geben; fünf Mal am Tag zu beten und wenn möglich, die Pilgerreise nach Mekka zu machen."

„Im Grunde genommen erfülle ich diese fünf Pflichten und ich kann mich sicherlich noch dort verbessern, wo ich schwach bin,“ antwortete ich ihm. „Ich würde gern nach Mekka gehen, sobald ich es mir einrichten kann.“

„Gelobt sei Gott!“, sagte er. „Du bist Muslim geworden. Sei ein versteckter Gläubiger, sag es nicht deiner Frau, damit die Mission dir nicht den Lohn streicht. Und der Himmel möge dein Schicksal werden.“ Ich bat ihn: „Ich muss über mein Schicksal mehr wissen. Bitte erkläre mir den wahren Weg zum Himmel.“ „Es gibt eine Waagschale“, antwortete er. „Die Pflichten gehen in die eine Schale, die die guten Taten wiegt. Das Böse, das wir tun, geht in die andere Schale. Niemand weiß, welche Seite die schwerere ist, die mit guten oder die mit schlechten Taten gefüllte. Auch ich weiß das nicht. Aber der Islam ist die beste Hoffnung, von der wir wissen.“ Die Integrität des Imam beeindruckte mich. Ich erschrak darüber, dass er bekannte, keine wirkliche Sicherheit über sein ewiges Schicksal zu haben. Ich fragte daher: „Darf ich dir sagen, was Jesus, der Messias, dazu sagt? Jesus sagt, ‚Ich bin der Weg, die Wahrheit und das Leben.‘ Er verspricht, dass er der Weg ist. Also, was sollte ich dann wählen? Jesus oder den anderen Weg?“ Der Imam war erstaunt. Er antwortete: „Wenn Jesus versprochen hat, dass er der Weg ist, dann bestehe ich darauf, dass du weiterhin Christ bleibst!“

Mein Freund Farah sagte mir, dass der Imam nach dem Gespräch für mich einstand, wenn jemand kritisch von mir sprach, und den Leuten jeweils erwiderte: „Ich habe in Davids Haus mit ihm und seiner Frau Tee getrunken. Wir haben über die tiefen Dinge gesprochen, die Gott betreffen. Und ich bin zuversichtlich, dass dieser Mann in den Himmel kommen wird.“

Unser Gespräch fand in einem Umfeld statt, in dem die Verbreitung des Christentums illegal war. Doch die Verpflichtung zur Integrität, wodurch diese Themen ohne jeglichen Hauch von Doppelzüngigkeit besprochen wurden, öffnete unerwartete Türen zu authentischen Freundschaften.

Die Angestellten der SMM wurden von den Somali oft als Menschen voller Integrität beschrieben. Die Korinther sagten offenbar das

INTEGER LEBEN 31

Gleiche über Paulus. Er schrieb, dass die Kinder Gottes keinen Raum lassen für Doppelzüngigkeit. Vielmehr ist Christus immer ein „Ja" in allen Versprechen Gottes! Im gleichen Geist war Paulus daran gelegen, seine Versprechen gegenüber den Korinthern zu halten.[18]

Erinnern wir uns an die Freunde in der Teestube, die mich ausfragten, während wir Schwarztee mit Kardamom tranken. Leere Antworten hätten hier nichts genützt. Der Koran warnt vor doppeltem Spiel und davor, dass die Freundschaft von Christen mit Muslimen nur Fassade sein könnte, bei der heimliche Motive unter der Oberfläche versteckt sein könnten.[19] Die Fragen im Café wurden damals nicht aus Feindschaft heraus gestellt. Es waren ehrliche Fragen. Die Leute um mich herum wollten klarstellen, dass es nicht darum gehen dürfe, Somali zum christlichen Glauben zu bekehren. Daher antwortete ich: „Ich bin hier, weil Gott mich dazu beauftragt, mich gerufen hat." Diese Antwort fasziniert Muslime. Eine starke theologische Strömung im Islam glaubt daran, dass Gott alles lenkt, was geschieht. Es war für Somali daher verständlich, wenn auch überraschend, dass wir in Gottes Auftrag in Somalia waren.

Authentisches Zeugnis

Trotz allem waren meine Teestuben-Begleiter besorgt. Könnte ich Gottes Auftrag an mich dahingehend verstehen, dass ich für die Bekehrung der Somali zum christlichen Glauben arbeitete? Wenn das der Fall war, wie könnte sich dann unsere Bekanntschaft zu einer Freundschaft entwickeln? Die ganze Struktur des *Dar al-Islam* (Gebiet unter muslimischer Herrschaft) dreht sich in ihrem Wesen darum, die Integrität der Gemeinschaft zu schützen.[20] Das beinhaltet auch, die

---

18 Die Bibel: 2. Korinther 1,17–21.

19 Der Koran: Sure 58:14–19.

20 *Dar al-Islam* bedeutet „Haus des Islam". *Umma* bedeutet wörtlich übersetzt „Mutter". Die muslimische Gemeinschaft wird als *Umma* bezeichnet. Vier Jahrhunderte nach der Formierung der *Umma* kam der Ausdruck *Dar al-Islam* in Gebrauch, um die Idee von dem Geltungsbereich des Islam und von politischer Herrschaft auszudrücken. Auch wenn man von *Dar al-Islam* erst vier Jahrhunderte nach der *Hidschra* (der Umsiedlung

Muslime davor zu bewahren, dass sie die muslimische Gemeinschaft verlassen.

Muslime glauben, dass sie die Pflicht haben, der ganzen Welt den Islam bekannt zu machen. Tatsächlich enthält der tägliche Gebetsruf von den Minaretten das Zeugnis und die Einladung der Muslime an die ganze Welt. Im Folgenden gebe ich verkürzt die Bedeutung des Gebetsrufes wieder: „Gott ist der Allmächtige, es gibt keinen Gott außer Gott und Mohammed ist sein Prophet, daher kommt und erfahrt das Gute, kommt und betet an." Ein muslimischer Freund sagte mir, der Gebetsruf sei ein dringender Aufruf und ein Zeugnis, das sich an alle Menschen richtet.

In meinen freundschaftlichen Beziehungen zu Muslimen habe ich festgestellt, dass es ihnen recht schwer fällt, anzuerkennen, dass auch wir Christen zum Zeugnis berufen sind. Ich hatte viele Gespräche mit Muslimen, oft auch in ihren Moscheen. Dass wir als Christen dazu berufen sind, Zeugnis abzulegen und die Menschen die Freiheit haben, die Einladung der Christen anzunehmen, sind die größten thematischen Herausforderungen, die mir in Gesprächen mit Muslimen immer wieder begegnen.

Die islamische Gemeinschaft glaubt, der Islam sei Gottes ewig gültige Anleitung darüber, was wir zu glauben und zu tun haben. Diese ewige Anleitung ist unveränderbar. Daraus folgt, dass der Islam die erste, mittlere und letzte Religion der Menschheit ist. Wie kann dann also jemand ernsthaft erwägen, diese entscheidende Religion zu verlassen? Es ist daher sehr schwierig für einen Muslim, innerhalb seines religiösen Weltbildes genügend Raum zu finden, um einen anderen Weg zu wählen.

Die Bekehrung weg vom Islam hatte auch der stellvertretende Polizeipräsident der Stadt, in die wir nach unserer Ankunft in Somalia

---

von Mohammed und seinen Nachfolgern nach Medina 622 n. Chr.) sprach, so ist das Konzept des *Dar al-Islam* doch sehr wichtig, auch schon für den Beginn der muslimischen Bewegung. In diesem Text nutze ich beide Ausdrücke: sowohl *Dar al-Islam* als auch *Umma*, um mich auf die Entwicklung der islamischen Gemeinschaft zu beziehen. Dabei betont *Dar al-Islam* die politische und territoriale Dimension der Bewegung.

zogen, sorgenvoll vor Augen. Mein Auftrag war es, ein blühendes Internat im sekundären Bildungsbereich aufzubauen. Die Verbreitung des Christentums galt jedoch als illegale Handlung. Wir konnten die Studierenden daher nicht zum Bibelstudium einladen. Wenn jemand die Bibel studieren wollte, so mussten wir ihn oder sie bitten, eine Erklärung zu unterschreiben, dass das Studium auf eigenen Wunsch durchgeführt wurde. Wir hatten vor, diese unterschriebenen Erklärungen der Polizei vorzulegen, sollten wir jemals über das Bibelstudium befragt werden.

Den Behörden gegenüber Rechenschaft ablegen

Ich war Mitte zwanzig. Mich begeisterten die Herausforderungen und Möglichkeiten, die vor uns lagen. Dann wurde ich auf den Boden der Tatsachen gebracht, als ein Befehl des stellvertretenden Polizeipräsidenten eintraf, ich hätte in seinem Büro zu erscheinen. Das große Büro war voller Menschen. In ihrem Beisein konfrontierte mich ein Beamter: „Es wurde mir berichtet, dass einige Studierende, für die Sie Verantwortung tragen, Christen geworden sind. Das ist gegen das Gesetz. Ich ordne daher eine vollumfängliche Ermittlung an. Ich versichere Ihnen: Das wird aufhören!"

Ich hatte Angst, dass ein möglicher Ausruf „Allahu akbar" (Gott allein ist groß!) aller Anwesenden auf diese Worte folgen könnte. Ich betete still: „Heiliger Geist, Jesus versprach, du würdest uns sagen, was wir in so einer Situation antworten könnten. Bitte beeile dich! Es gibt keine Zeit zu verlieren!"

Ich bat darum, dass alle, bis auf einen Zeugen, das Büro verlassen mögen. Der Beamte stimmte dem zu, weil er das Anliegen verstand. Nur der Polizeichef blieb. Dann antwortete ich: „Ich will nicht darauf eingehen, ob Studierende zum Glauben an den Messias kamen. Nur Gott kennt die Herzen. Führen Sie Ihre Untersuchung durch und entscheiden Sie selbst darüber, was geschehen ist. Als Lehrer der Mennonitischen Mission dienen wir an der Schule als Gäste Ihres Landes. Wir sind dankbar für das Privileg, den Somali dienen und mit ihnen arbeiten zu können. Als Gäste wollen wir uns an das Gesetz Ihres Landes halten. Ich habe jedoch ein Problem und bitte Sie um Ihren Rat", fuhr ich fort. „Als ich vor vielen Jahren zum Glauben an Jesus, den Messias, kam, erfüllte mich der Heilige Geist mit Freude und Liebe. Ich kann diese Gaben Gottes nicht ignorieren. Manchmal kommt ein Student zu mir und sagt: ‚Ich sehe in dir die Gabe von Freude und Liebe. Ich glaube, diese Gaben sind durch den christlichen Glauben in dir entstanden. Bitte erkläre mir diesen Glauben und führe mich zu diesem Glauben.' Was soll ich tun? Was ist die richtige Antwort, wenn Studierende zu mir kommen und die Bibel studieren wollen? Wenn jemand glauben will, wie könnte ich oder auch die Regierung das verhindern? Sind nicht auch Sie ein freier Mann? Wie sollte ich diesen Studierenden antworten?"

Der stellvertretende Polizeipräsident unterbrach mich: „Sie haben Recht. Ich bin ein freier Mann. Niemand kann bestimmen, was ich glaube. Was die Studierenden angeht: Machen Sie so weiter wie bisher. Sie machen es richtig. Es wird keine weiteren Ermittlungen geben."

Das ganze Geschehen hatte Vertrauen bei den Behörden geweckt. Vertrauen entwickelt sich auf der Basis von Wahrhaftigkeit. Bei einer anderen Gelegenheit sprach ich mit einem hohen Regierungsbeamten – ich glaube, er war der Erziehungsminister. Zu dieser Zeit war ich Direktor der Mission. Ich sagte ihm, dass ich in allen Bereichen ganz der Offenheit und Integrität verpflichtet sei. Ich teilte ihm mit: „Wir als SMM wollen auf eine Art und Weise hier dienen, die die Gesetze des Landes respektiert. Angesichts des Gesetzes, das die Verbreitung des Christentums verbietet, ist das eine enorme Herausforderung. Daher möchte ich Ihnen gern beschreiben, wie wir darum bemüht sind, unsere Arbeit innerhalb des gesetzlichen Rahmens zu tun." Er antwortete mir: „Nein, sprechen Sie nicht von Ihrer Arbeitsweise. Wir wissen, wie Sie arbeiten. Setzen Sie Ihre Arbeit so fort. Wenn Sie Fehler machen, informieren wir Sie. Aber machen Sie keine Fehler."

Verlassen Sie das Land, wenn Sie hoffen,
dass meine Leute Christen werden

Ein wesentlicher Aspekt von Integrität in muslimischen Gesellschaften ist, sich mit dem Verdacht auseinanderzusetzen, christliche Mitarbeitende seien nur in das Land gekommen, um zu evangelisieren. Erinnern wir uns: Das war auch die erste Frage, die mir in der Teestube in Mogadischu in den ersten Tagen gestellt wurde. Die gleiche Sorge trieb den Beamten an, der Ermittlungen gegen unsere Schule einleiten wollte, weil Studierende Christen geworden waren. Hier steckt oft der Verdacht, der wahre Grund für die christliche Präsenz sei die Evangelisation und nicht der Dienst an den Menschen. Diesem Verdacht waren wir auch in Somalia ausgesetzt.

Auf den Philippinen begegnete ich dem gleichen Verdacht gegenüber dem christlichen Zeugnis. Kollegen und ich besuchten die Insel Mindanao im Süden der Philippinen, auf der es immer wieder zu militärischen Auseinandersetzungen zwischen der Regierungsarmee und muslimischen Separatistengruppen kam. Eine der mennonitischen Missionen hatte einen kanadischen Friedensbotschafter in das Dorf gesandt, das wir besuchten. Wir wurden im Dorf vorgestellt und genossen im Anschluss ein ausgezeichnetes Abendessen im Haus des Sultans, als Zeichen der Anerkennung für unsere Friedensbemühungen.

Während des Essens stellten einige Söhne des Sultans nervös hüstelnd die Frage: „Was ist der wahre Grund für Ihre Ankunft in unserer Stadt?" Der freundliche Vater, der Sultan, griff das Thema auf: „Ich bin der Nachkomme vieler Generationen von Sultanen, die die Verantwortung dafür trugen, dass diese Stadt muslimisch blieb und dass niemand die muslimische Gemeinschaft verließ, um Christ zu werden. Wir schätzen die Arbeit des Abgesandten, aber wenn Sie darauf hoffen sollten, dass Menschen aus unserer Stadt zu Christen werden, dann ist das religiöser Imperialismus, den ich niemals tolerieren werde. In diesem Fall sollten Sie nach Hause zurückkehren."

Natürlich verstand der Sultan unter Christentum mehr als nur den Glauben an Jesus. Er verstand das Christentum wie den Islam, nämlich als ein umfassendes geopolitisches System. Auf Mindanao standen diese unterschiedlichen Systeme seit Jahrzehnten im Konflikt miteinander. Daher war in ihren Augen jeder, der Christ wurde, auch jemand, der sich dem imperialen System des Feindes anschloss. Daher vermeide ich es in der Regel, in Gesprächen mit Muslimen davon zu reden, dass ich Christ sei. Ich bekenne mich lieber als jemand, der an Jesus, den Messias, glaubt.

Wir waren angesichts dieser Attacke des frommen und sanften Sultans ziemlich erschüttert. Es war offensichtlich, dass er fürchtete, wir würden unseren Dienst als Vorwand und Mittel zum Missionieren nutzen. Manche meiner christlichen Kollegen würden auf den Vorwurf vielleicht so antworten: „Oh nein, bestimmt nicht. Wir würden nie erwarten, dass sich ein Muslim aus eurer Stadt bekehren würde. Wir sind hier nur als Menschen, die mit ihren Gaben dienen wollen. Wir würden Muslimen sogar davon abraten, Christen zu werden." Was passiert aber, wenn sich doch ein Muslim entscheiden will, Christ zu werden? Es könnte das Vertrauen in der ganzen Region ruinieren. Die Integrität der christlichen Mitarbeitenden würde in Frage gestellt.

Da ich am Tisch des Sultans der Mann mit dem weißen Bart war, schauten mich alle an und waren gespannt, wie ich dem Sultan antworten würde. Ich betete still: „Herr, leite du dieses Gespräch."

Ich begann: „Danke, dass Sie Ihre Bedenken beschreiben. Ich möchte vier Anmerkungen machen. Erstens, wir sind uns darin einig, dass weder Christen noch Muslime missionieren sollten. Darunter verstehe ich, dass Geld oder andere Lockmittel benutzt werden, um Menschen von der eigenen Religion zu überzeugen. Wir verwerfen und verurteilen solche Praktiken überall in der Welt. Wir stimmen mit der Aussage des Koran überein, wo es heißt: ‚Es soll keinen Zwang in der Religion geben.'[21] Auch die Bibel benennt die Freiheit des Menschen, ohne Zwang zu wählen: ‚Wer durstig ist, der soll kom-

---

21 Der Koran: Sure 2:256.

men. Jedem, der es haben möchte, wird Gott das Wasser des Lebens schenken".[22]

Zweitens: Muslime haben mich ganz frei dazu eingeladen, Muslim zu werden. Sie tun das aus Wertschätzung heraus und sie denken, der Islam würde für mich ein großer Segen sein. Genauso sehnen sich Christen danach, dass andere Menschen an das Evangelium glauben.

Drittens wissen wir alle darum, dass niemand jemand anderen bekehren kann. Bekehrung ist eine Sache zwischen Gott und einer Person.

Viertens: Wir sind hier als Gäste, von Ihnen eingeladen. Und wenn Sie möchten, dass wir gehen, dann werden wir in Frieden gehen.

Unser Abgesandter kam als Diener von Jesus, dem Messias, der uns lehrte, zu lieben, sogar unsere Feinde. Tatsächlich hat Jesus sogar die Füße von Judas gewaschen, der ein Verräter war. Wir glauben, dass sowohl eine einzelne Person als auch eine ganze Gemeinschaft durch die Liebe des Messias Heilung erleben kann. Wir sind hier, um von dieser heilenden Liebe Christi Zeugnis abzulegen.

Angenommen, jemand aus Ihrer Stadt würde sich dafür entscheiden, uns in der Hingabe an Jesus, den Messias, zu folgen und sich zusammen mit uns im Liebesdienst für seine Feinde einsetzen. Was wäre, wenn wir dieser Person die Nachfolge verweigern würden und ihm oder ihr sagen würden, nur wir, als Gäste unter Ihnen, können an Jesus glauben und ihm nachfolgen, aber das sei keinem anderen erlaubt? Wäre es nicht religiöser Imperialismus, zu sagen: ‚Jesus, der Messias, ist nur für uns und nicht für alle anderen‘?"

Die Antwort kam prompt und emotional: „Oh, nein! Sie können unmöglich sagen, nur Sie könnten an Jesus, den Messias, glauben! Das wäre tatsächlich religiöser Imperialismus! Sie haben recht. Jesus ist für jeden Menschen da."

---

22 Die Bibel: Offenbarung 22,17b.

Fragt den Christen

Einige Jahre später bereiteten sich die jungen Männer im Dorf des Sultans für den Kampf gegen die Regierung vor. Sie rüsteten ihre Waffen, doch bevor sie in den Kampf zogen, trafen sich die Leiter der Gruppe mit dem Sultan, um ihn um Rat und seinen Segen zu bitten. Der Sultan erwiderte den Kämpfern jedoch, sie sollten ihre christlichen Gäste um deren Rat fragen.

Der ausländische Gast war überrascht, als ihn die Kämpfer, die sich auf den Kampf vorbereiteten, um Rat fragten. Er riet ihnen, nach Hause zu gehen, zu beten und zu hören, was Gott zu ihnen über den geplanten Angriff sage. Später kamen sie zu ihm zurück und sagten, sie würden nichts von Gott hören. Daher riet er ihnen, weiter zu beten. Nach einigen Tagen und immer wieder neuen Aufrufen zum Gebet berichteten sie dem Christen: „Gott hat gesprochen und gesagt, wir sollen nicht in den Krieg ziehen." Daher verkauften sie ihre Waffen und nutzten den Erlös für einen Schulbau!

Diese Veränderung war erstaunlich. Der Sultan, der zuvor gesagt hatte, unser Abgesandter solle nach Hause zurückkehren, falls wir uns erhofften, das Dorf würde sich zum Christentum bekehren, ermutigte nun die jungen Männer, den Rat dieses Christen zu suchen, ob sie in den Krieg ziehen oder davon absehen sollten. Ich nehme an, dass Jesus genau das damit meinte, als er sagte, seine Nachfolger seien das Salz der Erde. Obgleich dort noch keine christliche Gemeinde entstanden war, hatte das Salz des Reiches Gottes bereits die muslimische Gemeinde durch die christuszentrierte Gegenwart und das Zeugnis eines Friedensbotschafters des Messias verändert.

Das Salz der Integrität

Eine integre Person zu sein bedeutet in den meisten Gesellschaften, gegen den Wind zu segeln. Wir erleben Gegenwind, wenn wir sowohl subtil als auch mutig vorgehen. Ein Beispiel dafür ist ein Erlebnis aus einer unserer Schulen in Somalia: Studierende führten dort oft witzige Theaterstücke auf. In einem dieser Theaterstücke kommt ein Nomade, der nicht lesen und schreiben kann, für einen Tag in die Stadt und

INTEGER LEBEN   39

lässt sein Geld in der Moschee beim *Wadad* (ein ungelernter volksre-
ligiöser Leiter) zurück. Am Abend kommt der Nomade zu ihm und
verlangt sein Geld zurück. Der *Wadad* gibt jedoch vor, verrückt zu
sein und nicht zu verstehen, was der Nomade will. So kehrt der unge-
bildete Nomade als Bestohlener nach Hause zurück. Das Stück erntete
viel Gelächter. Am nächsten Tag analysierten die Studierenden das
Theaterstück. Der überwiegende Teil der Gruppe war der Meinung,
dass der *Wadad* das Richtige getan habe, weil er den Nomaden aus-
trickste. Ich war enttäuscht, denn ich hatte gehofft, dass wir, die an
die Bergpredigt glaubten, mit unserer Gegenwart als das nötige „Salz"
und „Licht" wirkten und Integrität vorlebten, die in der somalischen
Gesellschaft nicht vorausgesetzt werden konnte.

Die Lehrkräfte und Theologen der muslimischen Fakultät waren
ebenfalls wie wir von der Reaktion der Studierenden betroffen. Integrität ist eine Tugend, die sie durch ihre Lehre des Islam zu verbreiten suchten. Diese Theologen wussten um die ernste Warnung in der
islamischen Lehre: Wenn jemand einen anderen fälschlich anklagt,
so soll der Ankläger mit der Strafe bestraft werden, zu der der fälschlich Angeklagte verurteilt worden wäre. Innerhalb der muslimischen
Gesellschaft, in der wir arbeiteten, war die Ablehnung gegen falsche
Zeugenaussagen tief verwurzelt.

In unserer Schule unterstützten sich daher die muslimische und
christliche Spiritualität gegenseitig, wenn es darum ging, die Studierenden Integrität zu lehren und die Werte des *Wadad* im Theaterstück
zu kritisieren. Die Gegenwart der Christen schien die Muslime, unter
denen wir dienten, zu neuer Verpflichtung und Förderung der Integrität herauszufordern. Deshalb versicherten uns somalische Muslime
oft: „Wir vertrauen euch!"

Jesus bezeichnet seine Nachfolger als „Salz" und „Licht".[23] Die
Gegenwart der Christen soll überall, auch in muslimischen Gesellschaften, in Integrität gegründet sein. Ich konnte dieses Salz der Integrität auch bei meinem Besuch eines Christen in Zentralasien beobach-

---

23 Der Koran: Sure 2:256.

ten, der bemüht war, in seiner Region eine Hühnerzucht aufzubauen. Er organisierte mit einem Team von anderen Christen eine Verkaufsstelle für Hühnerfutter, um die wachsende Hühnerzucht in der Region zu stärken. Bauern brachten das selbst angebaute Korn zur Verkaufsstelle, wo es nach dem Wägen mit dem anderem Futter gemischt und weiterverarbeitet wurde. Die Gemeinschaft nannte die Waagschalen, mit denen das Futter gewogen wurde, „die Waagschalen der Wahrheit". Die Verkaufsstelle erarbeitete sich in der ganzen Gegend einen guten Ruf, da sie ihr Geschäft auf ehrliche Weise betrieb.

Das Salz und Licht gelebter Integrität muss alle Lebensbereiche durchdringen. Manche Länder stellen beispielsweise Visa für Geschäftsleute oder Visa für Menschen mit einem gesuchten Beruf, wie z. B. Englischlehrer aus. Diese Visa werden für ein bestimmtes Gewerbe erteilt. Es kommt jedoch auch vor, dass ein Empfänger in Wirklichkeit gar kein Geschäft eröffnet. Die eingetragene Firma ist nur eine Fassade mit einer Visitenkarte und Registriernummer, jedoch ohne eine tatsächliche Handelstätigkeit. Oder ein Englischlehrer unterrichtet nur wenige Stunden pro Woche Englisch, was jedoch nicht ausreicht, um ein entsprechendes Visum zu rechtfertigen. Werden Visa für einen bestimmten Beruf erteilt, so ist es unerlässlich, dass die Person, die ein Visum erhalten hat, sich in dem Beruf über das Mindeste hinaus einbringt. Erfahren Behörden von dem fragwürdigen Gebrauch des Visums und weisen den Mitarbeitenden aus, dürfen wir sie nicht anklagen, dass sie gegen Christen seien, wenn sie eigentlich von dem christlichen Mitarbeitenden nur erwarten, dass er mit Integrität seinem Dienst nachgeht.

Wenn jemand in einem Land als Missionar dienen möchte, ist es meiner Ansicht nach besser, wenn er sich, sofern das möglich ist, bei einer Missionsgesellschaft registriert. So verfuhren wir in Somalia, und auch andere mit der Kirche verbundene Organisationen registrierten sich als „Mission" oder manchmal auch als „Christlicher Dienst". In unserer SMM erhielten 40 Mitarbeitende ein Visum für den Dienst in einem Land, das zu 100 Prozent muslimisch war. Jedes Visum war mit einem bestimmten Dienst verbunden, den die Regierung anerkannt hatte. Ich diente als Direktor der SMM-Schulen.

INTEGER LEBEN   41

Meine Frau erhielt ein Visum als Hausfrau. Alle Unterrichtenden der
Bildungsabteilung der SMM bemühten sich, hervorragende Leistung
zu erbringen. Entsprechend hatten unsere Schulen den Ruf, die besten
des Landes zu sein. Wir bauten in Ergänzung zur Grundschule und
zur Middle School[24] eine erstklassige Highschool und ein starkes Bil-
dungsprogramm für Erwachsene auf. Man kannte uns als die Mission,
die Ausbildung anbietet.

Wir verstanden unsere Verpflichtung zur Erstklassigkeit als ein
Zeichen des Reiches Gottes. Unsere Schulen waren so etwas wie ein
Erkennungszeichen, und die ganze Nation war von unserer Hingabe
an Erstklassigkeit beeindruckt. Unsere Schulen waren keine Fassade.
Sie waren keine Tarnung zur Evangelisation. Wir beantworteten
Fragen zum christlichen Glauben. Es entstanden kleine christliche
Gemeinschaften. Das war kein Geheimnis. Aber die sich entwickelnde
Kirche war eher unauffällig. Unsere Präsenz war gezeichnet vom kon-
sequenten Lebensstil einer integren Hingabe. Wir waren nicht die ein-
zige christliche Organisation, die in Somalia diente. Erstklassigkeit
jedoch war das Erkennungszeichen jeder dieser vielen christlichen
Organisationen, die sich für die Entwicklung des Landes einsetzten.
Tatsächlich glaube ich, dass man rund um die Welt die christlichen
Organisationen an ihrer Exzellenz und Leidenschaft erkennt und sie
dafür schätzt.

Unschuldig wie die Tauben

Natürlich waren wir vorsichtig, wenn wir erklärten, wer wir waren.
Manchmal trage ich den Hut des Pastors. In Somalia war ich meist der
Lehrer. Zu anderen Zeiten war ich Universitätsprofessor oder Gelehrter. Reise ich in ein Land als Tourist ein, dann bin ich auch Tourist
und verhalte mich entsprechend. Manche reisen geschäftlich in ein
Land ein und sind dann dort auch als Geschäftsleute tätig. Wir wollen
in allem unserem Handeln weise sein. Es ist selten klug, „Flagge zu

---

24 Anmerkung der Übersetzerin: Weiterführende Schule des sekundären Bildungsbe-
    reichs nach der Elementary School (Grundschule) und vor der Highschool.

zeigen". Unauffälliger Dienst im Namen Christi ist weise, aber wir vermeiden Doppelzüngigkeit. Diese Einstellung führt uns zum nächsten Kapitel: uns unserer Identität bewusst zu sein. Jesus riet: „Seid klug wie die Schlangen und ohne Falsch wie die Ṭauben".[25] Wie immer ist dieser Rat Jesu ein guter.

Fragen zur weiteren Diskussion

1. Vergleichen Sie die Einschränkungen, die christliche Lehrkräfte in öffentlichen Schulen in westlichen Ländern (beispielsweise Kanada, USA, Frankreich, Deutschland oder der Schweiz) erfahren, mit jenen, die Christen in manchen muslimischen Gesellschaften erleben. Wie sollten sich christliche Lehrkräfte in solch restriktiven Systemen am besten verhalten?

2. Religionsfreiheit ist im Umgang von Christen mit Muslimen ein Schlüsselthema. Welche Vorgehensweise schlagen Sie bei diesem heiklen Thema vor?

3. Wie antworten Sie auf die These in diesem Kapitel, dass Dienst und Zeugnis zusammengehören? Was halten Sie von der Verpflichtung zum integren Dienst und Zeugnis, wie es in diesem Kapitel beschrieben wurde?

---

25   Die Bibel: Matthäus 10,16.

KAPITEL 2

Sich seiner Identität bewusst sein

Während der Okkupation des Iraks durch die Vereinigten Staaten nahm ich an einem Treffen von 80 muslimischen und christlichen Leitern in Zentraljava, Indonesien, teil. Ich sprach über den Frieden des Messias. Dann stellte jemand ganz hinten im Raum eine Frage. „Sie beschreiben den Messias als den einen, der seinen Feinden vergibt und den Kreislauf der Rache durchbricht", sagte die Person. „Aber Ihr Präsident, George Bush, sagt von sich, er sei Christ und hat doch Ihr Land in eine Reihe von Kriegen geführt. Wir sind verwirrt."

Die politische Ordnung und das Reich Gottes

Wie hätten Sie geantwortet? Der indonesische Moderator der Veranstaltung wies die Frage zurück, indem er sagte: „Es ist sehr unhöflich, einen Gast auf diese Weise mit einer Frage herauszufordern." Aber ich versicherte ihm, dass ich mich nicht verletzt fühlte, denn das sei eine wichtige Frage, die eine klare Antwort verdiene. Ich antwortete also: „Ich bin hier als Botschafter Jesu, des Messias, nicht als ein Repräsentant der Regierung der Vereinigten Staaten. Ich bin hier durch Gottes Gnade und versuche, das Reich Jesu, des Messias, zu repräsentieren. Sein Reich ist ewig und gründet in der leidenden, versöhnenden und vergebenden Liebe, die in Jesus offenbart wurde. Jesus schrie am Kreuz auf, weil er die Vergebung für die Sünden der Welt erwirkte.

Nationen kommen und gehen. Reiche kommen und gehen. Nationen und Reiche ziehen in den Krieg. Diese Kriege offenbaren unsere

Sündhaftigkeit. Das Reich Gottes aber ist ewig und ein Reich, das in der Leben spendenden Liebe Gottes gegründet ist. Die Gemeinschaft der Kirchen, der ich angehöre, hat vor Kriegsbeginn im Irak einen Brief an Präsident Bush gesandt und ihn eindringlich gebeten, nicht in den Krieg zu ziehen. Dem Brief waren 7 000 Unterschriften beigefügt. Wir versuchten, die Vereinigten Staaten davon abzuhalten, Krieg zu führen, aber wir wurden nicht gehört. Möge uns Gott vergeben, weil wir nicht mehr getan haben!"

Später erfuhr ich, dass diese Rede im nationalen Fernsehen übertragen wurde. Das Reich Gottes entspricht nicht der politischen Ordnung von Nationen oder Staaten, darin muss das christliche Zeugnis klar sein. Daher hatte die Rede Gewicht. Die Nachfolger Jesu gründen ihre Identität auf Jesus, den Messias, und auf sein Königreich. Die Kirche bezeugt dieses Reich.

Wir Christen sind auch Bürger von Nationen, und das beschert uns eine Herausforderung. Wie leben wir als treue Nachfolger des Messias und seines Reiches, während wir gleichzeitig Bürger einer Nation sind? Ich gebe zu, diese Realität bringt spezielle Schwierigkeiten für Christen mit sich. Gehört doch unsere letzte Loyalität dem Reich Gottes, nicht den Reichen dieser Welt.

Unsere besondere Aufgabe liegt darin, uns unserer Identität bewusst zu sein, wo auch immer wir auf der Welt dienen. In diesem Kapitel beschäftigen wir uns besonders mit den Fragen zur Identität von Christen, mit denen wir konfrontiert sind, wenn wir in muslimischen Gesellschaften leben und dienen. Das Gespräch aus Indonesien beschreibt nur ein Beispiel, wie diese Herausforderung aussehen kann.

Wie wir mit der Identität umgehen, hängt eng mit der Frage nach unserer Integrität zusammen. Identität und Integrität sind die zwei Seiten einer Münze. Schon seit Beginn der muslimischen Bewegung vor 1 400 Jahren bewegt die Frage der Identität die christlich-muslimischen Beziehungen.

In der Seele der muslimischen Gemeinschaft existiert das Gefühl des „Andersseins". Für sie gibt es einerseits die Welt der muslimischen *Umma* und andererseits die Welt der Nicht-*Umma*. Diese Realität

wird offensichtlich, wenn sich die muslimische Gemeinschaft fünfmal am Tag zum Gebet versammelt. Muslime haben es mir so erklärt:
„Alle Anbetenden, die sich zum Gebet einfinden und in Reihen, Fuß
an Fuß aufstellen, bilden eine Mauer, die die nicht-islamische Welt
ausschließt, während wir uns auf die *Kaaba*[26] ausrichten. Wir tun das
zeitgleich mit allen anderen Muslimen weltweit." Symbolisch drückt
die Gebetszeit aus, dass es prinzipiell zwei Gemeinschaften gibt: die
Gemeinschaft des Islam und die Gemeinschaft des Nicht-Islam. Die
Umma wird durch die Reihe der Anbetenden, die Seite an Seite, Fuß
an Fuß zusammenstehen, vor Bedrohungen von außen geschützt.

Auch Christen glauben, dass sie berufen sind, die Sündhaftigkeit
der Welt zurückzuweisen und abzuwehren. Jesus sagte, seine Jünger
seien nicht von dieser Welt.[27] Die Kirche drückt dieses Anderssein von
der Welt symbolisch durch ihren wöchentlichen Gottesdienst aus. Die
Andersartigkeit der Gemeinde von der übrigen Gesellschaft zeigt sich
auf vielfältige Weise, drückt sich aber besonders in der Taufe und der
Konfirmation/Firmung aus. Solche Anlässe machen deutlich, dass die
Kirche eine unverwechselbare Gemeinschaft inmitten vieler Gemeinschaften darstellt.

Sowohl Muslime als auch Christen haben dieses Verständnis von
Andersartigkeit, daher werden der Aufbau und die Pflege von ver-
trauensvollen Beziehungen zu einer besonderen Herausforderung.
Oftmals verbergen Christen ihre christliche Identität, um in der mus-
limischen Gemeinschaft akzeptiert zu werden, besonders, wenn sie als
Minderheit in einer muslimischen Gesellschaft oder Nation arbeiten.

Einander ermutigen

In den westlichen pluralistischen Gesellschaften sind auch Muslime
einem enormen Anpassungsdruck ausgesetzt. Das Buch *How Does It
Feel to Be a Problem? Being Young and Arab in America* gewährt einen

---

26 Anmerkung der Übersetzerin: Ein kleines, würfelförmiges Gebäude in Mekka, das ei-
    nen heiligen schwarzen Stein enthält.
27 Die Bibel: Johannes 15,18–19.

provozierenden Einblick in diese Situation. Der Autor, Moustafa Bayoumi, beschreibt das Leben von sieben jungen Araberinnen und Arabern aus Brooklyn. Yasmin ist eine von ihnen. Sie ist gläubige Muslima, die in Brooklyn geboren wurde. In ihrem ersten Jahr in der Highschool kandidierte dieser *Hidschab* tragende Teenager für den Vorsitz des Studierendenrates. Sie gewann die Wahl. Sie nahm ihre Verantwortung begeistert wahr. Dann kam die erste Tanzveranstaltung an der Schule. Respektvoll informierte Yasmin die Schulbehörde, dass sie als Muslima nicht mit einem gutem Gewissen daran teilnehmen könne.

Die Schulbehörde verlangte daher von ihr, von ihrem Amt zurückzutreten, denn es sei Vorschrift, dass die Person, die den Vorsitz innehabe, alle Tanzveranstaltungen der Schule besuchen müsse. Yasmin suchte auf allen Seiten Unterstützung, auch beim New Yorker Verwaltungsrat im Bildungsbereich. Sie traf überall auf eine Mauer der Ablehnung. Sie blieb mit ihrem Anliegen ganz allein. Im Buch werden auch keinerlei Christen genannt, die in ihrem einsamen Kampf an ihrer Seite gestanden hätten. Sie hatte keine Alternative und musste das Amt niederlegen. Dann hörte ein Anwalt, der auf Immigrationsrecht spezialisiert ist, von Yasmins Situation und erinnerte die Schulbehörde in einem einfachen Brief daran, dass die amerikanische Verfassung die Gewissensfreiheit garantiert. Die Schulbehörde nahm die Herausforderung ernst und hob die Regel auf, dass die Person, die dem Studierendenrat vorstand, alle Tanzveranstaltungen zu besuchen habe. Im nächsten Jahr kandidierte Yasmin erneut und gewann die Wahl ein zweites Mal. Sie wurde wieder als Präsidentin des Studierendenrates eingesetzt.[28]

Diese junge arabische Muslima stand freundlich und mutig inmitten von enormem Widerstand und Entmutigung für ihre Identität ein. Ich frage mich, wo denn die christlichen Studierenden waren! Yasmin moralisch zu unterstützen, hätte ein äußerst wichtiger Schritt

---

28   Moustafa Bayoumi, *How Does It Feel to Be a Problem? Being Young and Arab in America.* Penguin, New York 2008, 83–114.

sein können, eine junge Muslima zu ermutigen, die ganz zu ihren Prinzipien stand und gleichzeitig voller Ernst dem Land diente, das ihre Familie aufgenommen hatte.

Wie Yasmin kleiden sich überall auf der Welt viele muslimische Frauen und Männer erkennbar muslimisch. Muslime, die den *Kufi* (randlose Kopfbedeckung) tragen, zeigen damit stolz ihre muslimische Identität und wollen daran erkannt werden. Ein *Kufi* tragender Imam erzählte mir, dass es allerdings eine Herausforderung sei, erkennbar muslimisch gekleidet von Kanada in die Vereinigten Staaten zu reisen.

Versteckspiele vermeiden

Vor einigen Jahren machte mir ein Gespräch, das ich mit einem jungen Christen aus den USA führte, eine ganz gegensätzliche Haltung deutlich. Er arbeitete in Zentralasien und versteckte sein Christsein. Er erzählte mir begeistert von einem aktuellen Erlebnis: „Die jungen Männer, mit denen ich immer wieder rumhänge, stellten mir eine spannende Frage. Sie fragten mich, warum ich keine Frauen aufreiße und nicht trinke." Ich war begeistert: „Großartige Frage! Was hast du geantwortet?" – „Ich sagte ihnen, ich hätte weder an Frauen noch an Alkohol Gefallen."

Ich konnte meine Überraschung nicht verbergen. „Diese Frage war wie ein offenes Tor. Sie gab dir die Chance, das Evangelium zu verkünden und zu erklären, warum du Christus in Reinheit und Gerechtigkeit nachfolgst. Warum hast du diese offene Tür nicht genutzt, um Zeugnis über ein neues Leben mit Christus abzulegen?" „Oh, das konnte ich nicht", antwortete der junge Mann überrascht von meinem Kommentar. „Das hätte meine Deckung zerstört. Ich bin hier mit einem Geschäftsvisum. Ich kann das Geheimnis nicht aufdecken, dass ich Christ bin." Ich fragte nach. „Warum bist du hier? Stell dir vor, ein Engel erscheint jemandem in diesem Dorf und gibt eine Anweisung. So etwas passiert öfters in muslimischen Gesellschaften. Stell dir vor, die Anweisung lautet: ‚Geh und finde einen Christen, frag ihn nach dem Messias.' Würde diese Person im Gehorsam auf die Anweisung des Engels zu dir kommen, weil man weiß, dass du Christ bist?" Dieser nette junge Mann hatte Familie und Heimat verlassen, um in Zentralasien Christus zu dienen. Er sagte mir dann, nach seiner Kenntnis wisse niemand im Dorf, dass er Christ sei.

In fast schon dramatischem Kontrast zu diesem Versteckspiel berichtete mir ein asiatischer Geschäftsmann, er habe seine christliche Identität klar an der Wand seines Büros angeschrieben – obwohl er in einem Land lebte, in dem die Freiheitsrechte eingeschränkt waren. Er hatte ein ganzes Jahr lang die Anerkennung und Registrierung seines Geschäftes nach den dortigen Gesetzen vorangetrieben. Auf dem Registrierungsdokument musste man den Namen des Geschäftsführers angeben. Er hatte Jesus Christus als Geschäftsführer seines Unternehmens benannt. Die gesetzlichen Bestimmungen schrieben vor, dass man dieses Dokument sichtbar im Unternehmen ausweisen müsse. Daher hing es offen im Büro an der Wand.

Viele Kunden und Geschäftspartner fragten ihn: „Wer ist dieser Jesus, der deinem Unternehmen vorsteht?" Diese Fragen eröffneten ihm viele Gelegenheiten, das Evangelium weiterzugeben, und er hat tatsächlich Menschen in seinem Büro zum Glauben an Jesus geführt. Sein Unternehmen wächst. Er ist ziemlich reich geworden und investiert mit seinem Geld in christliche Dienste.

Identität in der Gemeinde von Philadelphia

Natürlich zeigen die meisten von uns nicht durch ein Schreiben an ihrer Bürowand, dass sie Christen sind. Aber wir alle müssen transparent in unserer Hingabe an Christus und an seine Gemeinde sein. Die Gemeinde von Philadelphia hört durch die Botschaft eines Engels in Offenbarung 3,7–13 eine bemerkenswerte Aussage über Identität. Der Engel verspricht dieser Gemeinde, dass Jesus ihr eine Tür öffnen wird, die niemand schließen kann. Für unseren Zweck interpretiere ich das als ein Versprechen einer offenen Tür im Engagement mit Muslimen (Kapitel 12 beschreibt die offene Tür für Philadelphia ausführlicher).

Nicht allen Gemeinden, die in der Offenbarung beschrieben werden, wird das Geschenk einer offenen Tür gemacht. Tatsächlich erhält nur Philadelphia die Gabe einer offenen Tür. Warum? Es ist bezeichnend, dass diese Gemeinde sich ihrer Identität sehr bewusst ist. Mehrere Aussagen beziehen sich auf die Identität der Gemeindeglieder:

1. Die Glieder der Gemeinde werden als standfeste Pfeiler beschrieben.

2. Der Name Gottes liegt auf ihnen. Man kennt sie als Menschen Gottes.

3. Der Name der Stadt Gottes, Neues Jerusalem, liegt auf ihnen. Die Stadt ist die Gemeinde. Menschen identifizieren die Gläubigen als Gemeindeglieder.[29]

4. Jesus selbst besiegelt ihre Identität, indem er ihnen seinen Namen verleiht. Das geschah in der frühen Kirche. Man gab den Gläubigen den Spitznamen „Christen". Sie wurden als Menschen wahrgenommen, die Christus ähnlich waren.

Die Gemeinde hat ihre Schwächen. Keine Gemeinde ist perfekt, alle haben ihre Schwachstellen. Ich höre oftmals von christlichen Missionaren, dass sie Gläubige mit muslimischem Hintergrund wegen solcher Schwachstellen nicht in die lokale Gemeinde einladen wollen. Es ist wahr, dass alle Gemeinden hinter dem Ideal zurückbleiben. Ich selbst weiß nur zu gut, dass auch unser *Christian/Muslim Relations Team* (Team für christlich-muslimische Beziehungen) Schwächen hat.

Trotzdem ist die Gemeinde die einzige Gemeinschaft in der Welt, die die Gnade Gottes in Christus bezeugt und daher von Freude angesteckt wird. Darum singen Christen, wenn sie sich zum Gottesdienst versammeln. Natürlich müssen Untergrundkirchen an manchen Orten ihren Gesang leise halten oder verstummen lassen. Dennoch

---

29 Der Ausdruck „Neues Jerusalem" hat mehrere Bedeutungen. Eine Bedeutung bezieht sich auf die Gemeinde. Der Name bezieht sich wahrscheinlich auch auf das Reich Gottes, das eine größere Weite als nur die Gemeinde beinhaltet. Die Bedeutung des Ausdrucks „Neues Jerusalem" braucht mehr Erklärung, als es in diesem Buch möglich wäre. Ich benutze „Neues Jerusalem" und „Stadt Gottes" als sinnbildlichen Ausdruck für „Gemeinde".

ist die lokale Gemeinde die einzige Gemeinschaft vor Ort, die sich im Namen Jesu trifft und seine Leben spendende Präsenz feiert.

Jesus hat versprochen: „Denn wo zwei oder drei in meinem Namen zusammenkommen, bin ich in ihrer Mitte".[30] Inmitten von Schwächen und Versagen steht Jesus in der Gemeinde, berührt die Anbetenden mit seiner erneuernden Gnade.

Eine bewusste Identität kann Türen öffnen

Auf meinen weltweiten Reisen werde ich oft gefragt, was mein Beruf sei. Normalerweise antworte ich so: „Ich bin Christ, der Christus in seiner Mission nachfolgen will, Heilung und Hoffnung zu den Nationen zu bringen." Oftmals benenne ich dann auch noch meine denominationelle Zugehörigkeit. Ich sage es so, weil Gemeindezugehörigkeit für mich sowohl universal als auch spezifisch ist.

Vor einigen Jahren bin ich von einer Vereinigung muslimischer Studierender in Großbritannien eingeladen worden, an öffentlichen Debatten teilzunehmen, die meist in Universitäten stattfanden. Als ich am Flughafen Heathrow ankam, fragte ich meinen Gastgeber, warum man mich eingeladen hatte. Er sagte: „Weil wir wissen, wer Sie sind." Ich forschte nach: „Wer bin ich?" Er antwortete: „Sie glauben an Jesus Christus. Wir sehen das in Ihren Büchern. Wir schätzen Christen, die wissen, wer sie sind, und klar über ihre Nachfolge Christi Auskunft geben können."

Identität beim Besuch einer Moschee

Es ist als Nicht-Muslim nicht immer möglich, Moscheen zu besuchen. In manchen Ländern oder Orten empfiehlt sich der Besuch nicht. Aber in den Vereinigten Staaten und in Ostafrika, wo ich einige Jahre lebte, kann man Moscheen besuchen. Ich frage immer, ob ich mit einer Gruppe von Christen kommen dürfe, und genieße die Gespräche nach der Gebetszeit. Ich beteilige mich nie an den *Salāt* (rituellen

---

30 Die Bibel: Matthäus 18,20.

Gebeten). Ich denke, das würde in Bezug auf meine Identität Verwirrung stiften, denn alle dächten, ich sei Muslim. Stattdessen sitzen wir im Hintergrund und beobachten die Gebete und beten selber still, dass der Heilige Geist bei den späteren Gesprächen dabei sein möge. Wenn die Muslime ihre Gebete beendet haben, sitzen wir im Kreis und die Gespräche beginnen. Manchmal drehen sich die Gespräche um Jesus, den Messias. Oftmals ist es so, als würde sich Jesus selbst in den Kreis einladen und die Gespräche dann auch leiten. Ich schätze, ich habe im Laufe der Jahre einige Hundert Moscheen besucht. Ich erinnere mich nicht an einen einzigen Besuch, bei dem Jesus total ignoriert worden wäre. Immer wieder verließ ich diese Begegnungen und dankte Gott für die offenen Türen, die es möglich machten, Jesus zu bezeugen. Und immer bin ich erneut eingeladen worden!

Ich glaube, das wäre nicht der Fall, wenn ich meine Identität nicht eindeutig leben würde. Ich denke, mein Gastgeber der engagierten Dialoge in England lag richtig. Ich bin willkommen, weil ich an Jesus, den Messias, glaube.

Einwände gegen das Versteckspiel

Manche meiner Mitchristen glauben, es würde Türen öffnen, wenn man seine Identität versteckt. Ich verurteile diejenigen nicht, die einen solchen Weg einschlagen. Ich möchte dennoch zwei Bedenken äußern. Der erste Grund dafür steckt im Koran selbst, der Kritik gegenüber denen ausdrückt, die sich als Muslime ausgeben, doch in Wahrheit Christen sind. Ich denke, wir sollten diese Warnung ernst nehmen. Wir können sie verstehen. Was würde ich denken, wenn ein Muslim in meine Gemeinde käme, sich als Christ ausgäbe und wir ihm die Sonntagsschule anvertrauen würden, nur um dann herauszufinden, dass er den Kindern beibringt, Mohammed sei das Siegel der Propheten? Wir wären entsetzt.

Der zweite Einwand betrifft unsere eigenen Seelen, wenn wir uns unserer Identität nicht bewusst sind. Mein Freund Ahmed Haile sagt gerne, wenn man einen Fuß in die Gemeinde und den anderen in die Moschee setzt, bekommt man davon einen geteilten Geist. Manche christlichen Gemeindeleiter, die in muslimischem Gesellschaften leben, meinen es gut und legen Bibel und Koran nebeneinander im Gottesdienstraum auf. Was aber sagt das über unsere Identität aus? Unterstellt es nicht, die Bibel und der Koran besäßen die gleiche Autorität? Ist das Haus dann nicht geteilt? Kann ein solches Haus Bestand haben?

Die Moschee ist nicht die Kirche. Der Koran ist der Mittelpunkt der Moschee. Christus aber ist der Mittelpunkt der christlichen Gemeinde. Wenn sich Muslime und Christen zum Dialog treffen, dann sprechen die einen von der Hingabe an die Autorität des Korans, die anderen sprechen von der Autorität Christi. Ein gesunder Dialog respektiert die Realitäten dieser beiden Mittelpunkte. Im nächsten Kapitel führe ich aus, was Kontextualisierung der christlichen Botschaft bedeutet. Hier will ich nur festhalten: Gesunde Kontextualisierung wäscht die Unterschiede nicht aus, sondern erkennt die beiden unterschiedlichen Mittelpunkte an.

Manche Nachfolger Jesu nennen sich „Muslime" oder bezeichnen sich als „Muslime, die an Jesus glauben". Alle Muslime glauben, Jesus sei ein bemerkenswerter Prophet. Ich denke, Muslime haben mir in tausend verschiedenen Situationen gesagt: „Du glaubst an Jesus und Muslime glauben an Jesus, daher sind wir alle Muslime."

Daher bestätigt die Aussage: „Ich bin ein Muslim, der an Jesus glaubt" nur die muslimische Annahme, dass wir alle am Ende Muslime sind. Technisch gesehen ist es wahr, da die Übersetzung des Wortes „Muslim" lautet: „einer, der an Gott glaubt und sich dem Frieden Gottes unterwirft". Aber was bedeutet hier „der Friede Gottes"? Ist die Unterwerfung unter den Koran das Gleiche, wie an Jesus zu glauben? Ich glaube das nicht. Meiner Meinung nach wirkt die Aussage, man sei „ein Muslim, der an Jesus glaubt" verwirrend für das biblische Zeugnis, dass Jesus, der Messias, Erlöser und Herr ist. Das biblische Bekenntnis, dass Jesus, der Messias, Erlöser und Herr ist, ist nicht das Gleiche, was Muslime meinen, wenn sie vom Glauben an Jesus sprechen.

Identität und gelebter Ausdruck

Identität findet immer ihren gelebten Ausdruck, zum Beispiel können Orte für uns Identität verkörpern. Im Islam verknüpft sich der Glaube mit der *Kaaba*. Für die christliche Gemeinde aber wird Glaube dort sichtbar, wo sich Menschen Gottes zum Gottesdienst versammeln. In der christlichen Bewegung gibt es keine *Kaaba*. Welche Rolle spielt dann aber ein Gemeindehaus, eine Kirche? In Indonesien nutzen die christlichen Gemeinden zwei Wege, wenn sie die Muslime mit dem Evangelium erreichen wollen.

Manche dort argumentieren, es sei wichtig, ein Gebäude zu haben, wenn man Muslime erreichen will. Für sie ist das Gebäude ein Ausdruck der Glaubensgemeinschaft und dass diese nicht nur ein vorübergehendes Phänomen ist, sondern eine etablierte Bewegung darstellt. Kirchgebäude drücken daher Dauerhaftigkeit aus. Das größte mennonitische Gemeindehaus der Welt steht in Semarang, Java, und hat Platz für 20 000 Menschen. Es ist oftmals voll besetzt; durch die bezeugende Arbeit der Gemeinde kommen meist Menschen muslimischen Hintergrundes zum Glauben.

Andere Christen, die im gleichen Land in einer ganz anderen Situation leben, gehen mit der Frage, wie sich Identität ausdrückt, ganz anders um. Für sie wäre es unmöglich, in ihrem starken muslimischen Umfeld ein Kirchengebäude zu errichten. Daher treffen sich diese Gläubigen unauffällig in ihren Häusern. Sie singen ihre christlichen Lieder gemäß ihrer lokalen Kultur nach dort bekannten Melodien. Ihre Art, sich unauffällig und als kleine Gruppen zu treffen, hilft ihnen, als Gemeinde inmitten einer streng muslimischen Gemeinschaft zu leben.

In beiden Umständen jedoch ist ihre Identität ganz klar. Beide Gemeinden treffen sich im Namen Jesu und bezeugen ihn als Erlöser und Herrn. In den Moscheen kennt man diese christlichen Gemeinden und weiß, dass sie nicht muslimisch sind. Sie sind christuszentrierte Gemeinschaften oder Gemeinden.

Symbole kommunizieren Identität

Im muslimischen Kontext sollten die Symbole und Praktiken einer Gemeinde klar bezeugen, dass der Messias der Erlöser ist, der vom Himmel kam. Die Symbole und Praktiken in einer Moschee verkünden, dass der Koran eine Gabe ist, die vom Himmel kam. Manche Christen wollen Muslimen den Messias bezeugen und benutzen daher islamische Rituale. Sie beugen sich beispielsweise nach Mekka, wenn sie beten. Wenn das die Praxis ist – was wird dann innerhalb muslimischen Kontextes tatsächlich verstanden? Besteht nicht die Gefahr, dass diese Symbole und Praktiken so wahrgenommen werden, als gäbe es keinen Unterschied zwischen der Moschee und der Kirche, zwischen Evangelium und Islam? Stiftet es nicht eher Verwirrung, wenn wir versuchen, muslimische Symbole und Praktiken zu übernehmen?

Menschen kommen zum Glauben an Jesus, weil sie bei ihm neues Leben und Freiheit finden. Der Islam bietet nicht die Gnade und Freude ewiger Erlösung an. Menschen kommen nicht zu Jesus, weil er ihnen das Gleiche wie der Islam bieten würde.

Erinnern wir uns daran, dass unsere Identität in Christus gegründet ist! Kein Symbol und keine Praktik kann die Realität angemessen vermitteln, dass in Christus das Leben eine Gabe des Heiligen Geistes ist. Christen brechen das Brot und trinken den Wein oder Saft als Symbol ihres Glaubens an Jesus, der gekreuzigt wurde und auferstand. Der Islam dagegen lädt ein zum Glauben und zur Hingabe an die Offenbarung von Gottes Willen, wie er zuerst in der Nähe Mekkas offenbart wurde, daher wenden sich die Muslime im Gebet der *Kaaba* zu.

Identität entdecken in Mogadischu

Vor einigen Jahren fand in Mogadischu eine ganze Reihe von Gesprächen über die Rolle des Gottesdienstes statt und darüber, wie der Glaube darin seinen Ausdruck finden kann. 20 somalische Messiasgläubige trafen sich über ein Jahr lang jeden Freitagmorgen und diskutierten darüber, welche Praktiken der christlichen Gemeinde ihrer Kultur angemessen und für die Menschen darin verständlich wären.

Es ging ihnen darum, wie Gläubige inmitten des religiösen und kulturellen Umfeldes somalischer Muslime Jesus kontextuell angepasst nachfolgen konnten. Internationale Teilnehmende waren bei den Gesprächen willkommen.

Jede Situation ist anders. Die Erfahrungen der besonderen Realität in Mogadischu lassen sich nicht einfach auf einen anderen Kontext übertragen. Trotzdem zeichne ich die Umrisse der Entscheidungen dieser Gruppe von somalischen Gläubigen nach. Denn der Bericht zeigt, wie diese eine Gemeinde mit kontextuellen Fragen gearbeitet hat. Ich glaube, der Prozess, durch den sie hindurchgingen, ist dabei wichtiger als die Entscheidungen, die sie dann trafen. Im Neuen Testament lesen wir von ähnlichen Prozessen, als sich die Gemeinde in Jerusalem traf, um über Fragen jüdischer und griechischer Praktiken zu befinden. Ihr Treffen wird „Jerusalemer Rat" genannt. Die Gläubigen in Somalia hatten ein ähnliches Treffen und nannten es „Mogadischu-Rat".

Die Gruppe entschied, sich *Somali Believers Fellowship* (Gemeinschaft gläubiger Somali) zu nennen. Manche benutzten den Ausdruck „Gläubige an den Messias". Sie vermieden es, sich als *Christen* zu bezeichnen, da dieser Ausdruck für viele an westliche Wertvorstellungen und Begleitbilder geknüpft ist. Sie vermieden es auch, konfessionelle Bezeichnungen zu gebrauchen.

Sie beschlossen, das Kreuz aus ihrem Versammlungsort zu entfernen, da es als Symbol von Götzendienst angesehen werden konnte. Sie kamen auch überein, dass sie sich nicht zum Gebet verneigen würden, da man sich im Islam immer zu einem Ort – der *Kaaba* – hin verbeugt. Im Gegensatz dazu verehren die Christen Gott als liebenden himmlischen Vater. In der somalischen Kultur stehen Söhne, wenn sie mit ihren Vätern sprechen. Daher empfanden sie als Söhne und Töchter Gottes das Stehen beim Gebet in der Gemeinde als angemessene Form. Sie beschlossen auch, das Vaterunser-Gebet regelmäßig zu

singen, und verstanden das als Ersatz für die *Fātiha*,[31] die sie vorher
als Muslime betend gesungen hatten.

Ihnen war klar, dass in ihrem muslimischen Kontext das Glaubensbekenntnis sehr bedeutsam ist. Daher entschieden sie, dass das Apostolische Glaubensbekenntnis ihre Form eines Bekenntnisses darstelle.
Sie mochten das Apostolische Glaubensbekenntnis, weil es sowohl
die Universalität der Kirche als auch ihr historisches Fundament
repräsentiert. Somali sind für ihren Stolz und ihre Unnachgiebigkeit
bekannt, daher sollte die gelegentliche Fußwaschung ein Ritual ihrer
Gemeinde sein. Damit wollten sie Jesus nacheifern, der die Füße seiner Jünger gewaschen hatte. Sie hielten das für eine wichtige Praxis,
da in ihrer Kultur eine Berührung der Füße eines anderen undenkbar
ist und somit einen radikalen Schritt symbolisiert. Beim Abendmahl
wollten sie möglichst gesüßtes, farbiges Wasser benutzen, sonst waren
sie auch bereit, Kamelmilch zu nehmen.

Diese somalischen Gläubigen wollten sicherstellen, dass sie mit
ihren Symbolen im Gottesdienst und in der täglichen Nachfolge ihre
Identifikation mit der weltweiten Kirche zum Ausdruck brachten.
Daher beschlossen sie, sich jeden Sonntag zum Gottesdienst zu treffen, und werteten das als Symbol ihrer Teilhabe an der universalen
Kirche, da diese sich meist sonntags zum Gottesdienst trifft. Später
verboten ihnen die Behörden die Versammlung am Sonntag, daher
trafen sie sich freitags.

Die somalischen christlichen Gläubigen waren nur kleine, ver-
sprengte Gemeinschaften. Die meisten internationalen Missionare,
die in Somalia dienten, schlossen sich der mennonitischen Gemeinde
an. Auch wenn sie sich selbst nicht Mennoniten nannten, bauten die
somalischen Glaubensgemeinschaften doch freundschaftliche Beziehungen mit der weltweiten mennonitischen Gemeinde auf. Diese
Beziehungen bestärkten die Somali in ihrer Wahrnehmung, zur weltweiten Familie von Gläubigen zu gehören. Sie brauchten diese Ver-
bindungen. Die Besucher aus der Ferne sowie die Besuche von Leitern

---

31 Anmerkung des Lektorats: Die *Fātiha* ist die erste Sure des Korans.

der somalischen Gemeinschaften anderswo waren große Ermutigungen für die Somali.

Sie legten großen Wert darauf, einheimische Lieder zu singen, deren Texte nach traditioneller Weise in Versform gesetzt waren. Sie bemühten sich auch um ein Gebäude, das sie als Begegnungs- und Versammlungsort nutzten. Aber es war bald klar, dass diese Idee scheitern musste, da es zu viel Widerstand aus dem muslimischen Umfeld gab. Daher trafen sich die Gläubigen über ein paar Jahre lang im Zentrum der SMM. Als die Gebäude der SMM von der marxistisch-revolutionären Regierung konfisziert wurden, stellte die katholische Kathedrale den somalischen Gläubigen einen besonderen Raum zur Verfügung.

Der somalischen Gemeinschaft der Christen war ihre Leiterschaft wichtig. Sie ermutigten die Person, die jeweils den wöchentlichen Gottesdienst leitete, sich würdevoll zu verhalten und die Leitung stehend wahrzunehmen. Mit der Zeit wurde auch einer der Gläubigen als ihr Pastor eingesetzt. Er vertrat die Gemeinschaft nach außen und gegenüber der Regierung. Der Mann war zudem ein wirkungsvoller Prediger und Lehrer von Gottes Wort.

Debatten um Kontextualisierung

Die Diskussion der somalischen Christen vor 40 Jahren über die Frage, wie sie gleichzeitig Somali und Gläubige an den Messias sein konnten, hat mit der Frage nach Kontextualisierung zu tun. Auch heute diskutieren Missiologen, die unter Muslimen arbeiten, intensiv die Fragen bezüglich der Kontextualisierung. Missionsleiter beschreiben diese Fragen oftmals mit Hilfe eines Kontinuums, das sie als C1–C6-Spektrum[32] definieren. Ein muslimischer Gläubiger, der sich am

---

32 Anmerkung der Übersetzerin: Johannes Reimer erklärt dazu im Artikel *Zur Frage einer kritischen Kontextualisierung der christlichen Botschaft in islamischen Gesellschaften* (in: *Evangelikale Missiologie* 3/28 [2012], 134ff): „In den letzten 35 Jahren wurden Kontextualisierungs-Modelle entwickelt, die den christlichen Glauben so nahe wie möglich an die Kultur, Form, Sprache und sogar den Glaubensausdruck bringen sollen. Der Amerikaner John Travis hat in seiner 1998 vorgelegten Systematisierung dieser Ansätze einen

C6-Spektrum ansiedeln lässt, ist jemand, der sich zum Glauben an den Messias bekennt, aber voll in der Moschee und den muslimischen Praktiken verwurzelt bleibt. Andererseits ist ein C1-Gläubiger jemand, der sich von seiner muslimischen Herkunft losgesagt hat und sich ganz im Leben der internationalen christlichen Gemeinde integriert hat. Die Gespräche in Mogadischu wurden nie in Anlehnung an dieses C1–C6-Spektrum geführt. Solche Überlegungen waren vor 40 Jahren noch nicht in Mode.

Tatsächlich aber passen die Entscheidungen, die wir in Mogadischu trafen, sehr gut zur Beschreibung des C4-Spektrums. Wir waren Gläubige innerhalb der *Somali Believers Fellowship*, die ihre Wurzeln in der somalischen Kultur hatten, aber sich eindeutig als Nachfolger des Messias identifizieren ließen.

Kernfrage in der Debatte über das C1–C6-Spektrum ist die, ob jemand, der an Jesus, den Messias, glaubt, weiter in der Moschee anbeten oder die Moschee verlassen soll. Die Gespräche in Mogadischu, die ich beschrieben habe, führten zu einem Konsens. Die Gemeinschaft ermutigte Gläubige an Jesus dazu, die Moschee zu verlassen. Dennoch entwickelten sie Rituale und Gottesdienstformen, mit denen sie das Evangelium kontextuell verständlich innerhalb ihres muslimischen Kontextes kommunizierten.

Beispielsweise ist die Verbeugung gen Mekka, während man die *Fātiha* rezitiert, im muslimischen Gottesdienst ganz zentral. Im Gegensatz dazu standen die Gläubigen der *Somali Believers Fellowship* im Gebet als Söhne und Töchter Gottes aufrecht vor ihrem himmlischen Vater. Das Vaterunser-Gebet ersetzte für sie die *Fātiha*. Das Apostolische Glaubensbekenntnis wurde zu ihrem Bekenntnis. Das alles sind Beispiele dafür, wie kontextualisierter Glaube aussehen kann, wenn Gläubige Wege suchen, um inmitten ihres muslimischen

---

Standard gesetzt (Travis 1998), der zwar nicht unumstritten ist, aber bis heute gebraucht wird. Travis führte hierfür den Begriff des C1- bis C6-Spektrums ein." Siehe John Travis, *The C1 to C6 Spectrum – A Practical Tool for Defining six Types of ‚Christ-centred communities'* („C") *found in the Muslim Context*, in: EMQ, 34/4 (1998), 407–408. Quelle: http://www.missiologie-afem.de/mediapool/79/797956/data/em_Archiv/em2012-3.pdf, besucht am 16.4.2015.

Umfeldes ihre christuszentrierte Anbetung auf bedeutsame Weise zu gestalten.

Christen mit muslimischem Hintergrund sind sich darin nicht alle einig. Möglicherweise drückte ein Leiter in Mogadischu es richtig aus, als er sagte: „Die Moschee ist nicht die Kirche und die Kirche ist nicht die Moschee. Der Tag, als ich begann, an Jesus, den Messias, zu glauben, war auch der Tag, an dem ich aufhörte, zur Moschee zu gehen. Weiterhin in die Moschee zu gehen, würde bedeuten, mit einer geteilten Seele zu leben."

Ein anderer Gläubiger im Sudan sagte zu mir: „Als einer, der an Jesus glaubt, gehe ich weiterhin in die Moschee, um anzubeten. Aber anstatt das muslimische Bekenntnis zu sprechen, bekenne ich in meiner Seele, dass Jesus Erlöser und Herr ist. Indem ich in der Moschee bleibe, öffnen sich viele Türen, um das Evangelium weiterzusagen, die sich nie geöffnet hätten, wenn ich die Moschee verlassen hätte." Es wird klar: Die Debatte geht weiter! Wir sollten aber nicht unwissend in die Debatte einsteigen. Ich wurde in all diesen Fragen sehr durch die Erfahrung und Theologie Ahmed Hailes geprägt und ich empfehle sein Buch *Teatime in Mogadischu*.

Das Evangelium der Freiheit

Die *Somali Believers Fellowship* ließ sich immer wieder vom Bericht in der Bibel anregen, als Jesus die Frau am Brunnen in Samaria traf. Jesus und die Samaritanerin führten ein lebhaftes Gespräch über wahre Anbetung. Mitten im Gespräch sagte Jesus: „Gott ist Geist. Und wer Gott anbeten will, muss von seinem Geist erfüllt sein und in seiner Wahrheit leben."[33]

Für die Gläubigen in Mogadischu war diese Aussage Jesu enorm befreiend und Leben spendend. Sie freuten sich darüber, dass das Evangelium sie von den islamischen Pflichten befreit hatte. Es befreite sie auch dazu, ihre ganz eigenen kontextuell adaptieren Formen der

---

33 Die Bibel: Johannes 4,24.

Anbetung und des Gottesdienstes zu suchen. Herzstück war dabei, Gott als ihren liebenden himmlischen Vater im Geist und in Wahrheit zu kennen.

Fragen zur weiteren Diskussion

1. Zur Zeit der Apostel haben Christen oft in jüdischen Synagogen oder im Tempel Gott angebetet. Was sind positive, was negative Aspekte, wenn Gläubige mit muslimischem Hintergrund weiterhin in der Moschee anbeten?

2. Denken Sie über die Entscheidungen der Gemeinde in Mogadischu in Bezug auf Kontextualisierung in ihrem Umfeld nach.

3. Wie können internationale Missionare junge Gemeinden mit muslimischem Hintergrund in ihrem Wunsch unterstützen, Kontakt zur weltweiten Kirche zu haben? Warum sind solche Kontakte für eine neue Gemeinde wichtig, die in einem muslimischen Kontext lebt?

4. Warum ist Identität so wichtig? Können Sie sich Situationen vorstellen, in denen es weise und richtig sein kann, die christliche Identität zu verstecken?

KAPITEL 3

Respekt erweisen

Gut 400 Muslime füllten die Moschee im Zentrum von London, um bei den Gesprächen dabei zu sein, die ich mit einem sehr bekannten muslimischen Geistlichen dort führte. Das Gespräch fühlte sich wie ein Marathon über drei Stunden an, denn es wurde engagiert über theologische Schlüsselfragen diskutiert. Dabei trafen das *Haus des Islam* und die Kirche aufeinander. Besonders scharf wurde die Auseinandersetzung, als es um die islamische Christologie ging, die sich sehr von der biblischen Christologie unterscheidet. Der muslimische Geistliche kritisierte unermüdlich die Kerngedanken des Evangeliums – das Leben und die Lehre Jesu, die Fleischwerdung Gottes im Messias, die Kreuzigung Jesu und seine Auferstehung. Ich versuchte ebenso überzeugt und innerlich betend Jesus, den Messias, in seiner ganzen Fülle zu bezeugen.

Am nächsten Tag überraschte mich mein muslimischer Gesprächspartner: „Gestern Abend haben Sie das Evangelium mit großer Klarheit verkündet und damit haben Sie Kernwerte der Muslime, die in der Moschee anwesend waren, herausgefordert", bemerkte er. „Alle hörten Ihnen mit gespannter Aufmerksamkeit zu. Niemand verließ die Veranstaltung. Es gab keine ‚Allahu akbar!'-Rufe. Die ganze Versammlung hörte Ihnen zu. Wissen Sie, warum das so war?" – „Bitte sagen Sie es mir", lud ich ihn ein. Er antwortete: „Wir hörten Ihnen zu, weil sie uns lieben und respektieren. Würden Sie das nicht tun, hätten wir Sie mit ‚Allahu akbar!'-Rufen niedergeschrien. Sie haben uns nicht nur respektiert, sondern auch jeden Angriff auf den Koran oder Mohammed vermieden. Hätten Sie das Podium benutzt, um den Islam anzugreifen, hätten wir Ihnen niemals zugehört."

Erinnern wir uns: Als ich in London für diese Gespräche anreiste, sagte mein Gastgeber, man habe mich eingeladen, weil ich Jesus nachfolge. Er sagte auch: „Wir erkennen, dass Sie Muslime lieben und respektieren." Es ist tatsächlich so: Menschen respektvoll zu begeggnen, öffnet Türen, um eine freundschaftliche Beziehung einzugehen und auch dafür, Christus zu bezeugen.

Die meisten Besucher in der Moschee hörten an diesem Abend das Evangelium zum allerersten Mal. Ich glaube, sie waren erstaunt über diese Gute Nachricht! Wäre ich respektlos gewesen, hätte sich diese Gelegenheit zum Zeugnis geschlossen.

Gegenseitigen Respekt fördern

Natürlich ist Respekt keine Einbahnstraße. An dem erwähnten Abend in der Moschee in London drückte ich mein Unbehagen darüber aus, was ich als Respektlosigkeit meines muslimischen Gesprächspartners gegenüber der Bibel empfand. Geradeheraus bemerkte ich: „Ich bin nicht hierhergekommen, um den Islam, den Koran oder Mohammed anzugreifen. Ich bin hier, um das Evangelium zu präsentieren. Und ich erwarte, dass Sie den Respekt erwidern, indem Sie weder die Bibel noch den Glauben der Kirche angreifen. Wir können verschiedener Meinung sein. Wir werden sogar anderer Meinung sein, wenn wir ehrlich zu unseren verschiedenen Grundvoraussetzungen stehen. Aber ich bitte Sie eindringlich, sich bei Meinungsverschiedenheiten dennoch respektvoll gegenüber dem biblischen Glauben zu verhalten. Der Koran nennt uns Christen ‚Menschen des Buches' und meint damit die Bibel. Tatsächlich warnt uns der Koran davor, von den Schriften abzurücken, die Gott uns anvertraut hat".[34]

Respekt erfordert nicht, dass wir einer Meinung sind. Es macht mich betroffen, zu sehen, wie Jesus von manchen Muslimen fehlinter-

---

34 Der Koran: Sure 5:82.

pretiert wird. Das führt mich dazu, mich in meiner Seele zu überprüfen: Interpretiere ich ebenso falsch, was Muslime glauben? Generell hat der Koran hohen Respekt für die Christen.[35] Ob Muslime Respekt für Christen zeigen, hängt sehr oft davon ab, wie respektvoll Christen mit Muslimen umgehen.

Es gibt aber auch Warnungen. Der Koran verurteilt diejenigen, die die Wahrheit des Islam gehört haben und sich doch von ihm abwenden. Ebenso scharf verurteilt er die Heuchler, die öffentlich ihre Loyalität zum Koran und zu Mohammed bekennen, aber in Wahrheit dann doch den Islam ablehnen.[36] Solche Menschen hätten kein ernsthaftes Herz. Muslime werden vor Christen gewarnt, die ihre Freunde werden wollen, aber den muslimischen Schriften nicht glauben.

Was denken Sie über Mohammed?

Während eines Besuches in Südasien nahmen mich ein lokaler Pastor und seine Mitarbeitenden zu der *Madrasa* (muslimischer Ort der Lehre) mit, an der der Imam und seine Kollegen 50 Studierende im Islam unterrichteten. Wir hatten eine spannende Unterhaltung mit dem Imam. Wir waren im Gebäudeinneren, während die Studierenden im Hof zusammengedrängt vor den zwei Fenstern standen. Sie hörten neugierig und engagiert zu. Ich bin mir sicher, dass dies das erste Mal war, dass Christen in ihrer *Madrasa* erschienen waren. Der Pastor lebte schon einige Jahrzehnte in der Gegend, hatte die muslimischen Leiter des Dorfes jedoch nie zuvor besucht. Die Christen hatten Angst, die Muslime vor den Kopf zu stoßen, daher hatten beide Seiten jeweils die Begegnung vermieden.

Die Unterhaltung verlief herzlich, als wir einander besser kennenlernten. Dann drehte sich der Imam zu mir um und fragte: „Was denken Sie über Mohammed und den Koran?" Wie sollte ich antworten? Ich schätze die Frage, denn meist eröffnet sie die Möglichkeit, um

---

35   Der Koran: Sure 5:51, 54, 57.
36   Der Koran: Sure 5:51, 54, 57.

die Erlösung, die wir in Jesus haben, zu bezeugen; ein Geschenk, das weder Mohammed noch der Islam anbieten.

Ich antwortete: „Danke für diese so wichtige Frage. Ich habe viel Respekt vor dem, was Mohammed tat. Beispielsweise konfrontierte er bestehende Ungerechtigkeiten seiner Zeit, etwa die Praxis in seiner Gesellschaft, weibliche Babys auszusetzen. Er griff auch den Götzendienst an. Als er starb, hatten die meisten arabischen Stämme den Götzendienst mit ihren polytheistischen Göttern aufgegeben. Während Mohammeds Lebenszeit wandten sich die Araber vom Polytheismus ab und beteten allein Gott, den Allmächtigen an, den Schöpfer der Welt. All das ist bemerkenswert. Ich möchte aber auch etwas sagen vom biblischen Zeugnis über Jesus, den Messias, denn ich glaube an die Bibel. Beginnend mit Adam und den Propheten, deren Schriften in der Bibel enthalten sind, lesen wir davon, dass Gott eines Tages einen Propheten senden würde, der die Wahrheit und auch der Erlöser von Sünde ist. Die Propheten versprachen, dass alle, die an ihn glauben würden, Vergebung der Sünden und die gnädige Gabe der ewigen Erlösung erhielten. Vor vielen Jahren kam ich zum Glauben an Jesus, den Messias, und tatsächlich erhielt ich durch ihn und durch die Gnade Gottes die Gabe der Erlösung. Mit großer Dankbarkeit bekenne ich, dass mir meine Sünden vergeben wurden und mein Schicksal das ewige Leben in der Gegenwart Gottes ist. Legen Mohammed und der Koran von Jesus, dem Messias, der die Wahrheit und der Retter der Welt ist, Zeugnis ab? Oder führt Mohammed uns in eine andere Richtung? Für mich ist Jesus, der Messias, mein Prophet und Retter. Er ist der Mittelpunkt meines Lebens, von ihm erhielt ich die Gabe der ewigen Erlösung.“

Sie dankten uns herzlich und luden uns ein, wiederzukommen, um bald noch mehr miteinander zu besprechen. Die Frage, die in der *Madrasa* gestellt wurde, ist eine gute Frage. Sie wirkt wie ein Test, ob wir respektvoll sind, wenn uns eine Tür geöffnet wird, um etwas über die Mission Jesu zu sagen. Manche Christen würden direkt eine Diskussion über die Qualitäten Mohammeds suchen. Christen sprechen das gern an, weil er sich nicht wie Jesus verhielt. Aber eine Kritik am Charakter Mohammeds ist nicht hilfreich und verschließt Türen.

Ich ziehe eine Antwort vor, die sich auf den Messias konzentriert und die Menschen ermutigt, darüber nachzudenken, ob der Islam mit dem biblischen Bericht über den Messias übereinstimmt oder ob der Islam eine ganz andere Richtung einschlägt. Ich möchte meine Antwort jeweils so formulieren, dass sie der christlichen Gemeinde eine Tür für weitere Gespräche öffnet und sie zum Nachdenken darüber anregen kann, wer Jesus ist.

Keine Mauern bauen

Ein Bekannter von mir hält in muslimischen Regionen Afrikas Seminare über Mohammed. Er steht dem Koran und Mohammed kritisch gegenüber. Das aber kann für die afrikanischen christlichen Gemeinschaften großen Schaden hervorrufen, in denen er diese Kritik äußert. Durch negative Bemerkungen prominenter amerikanischer christlicher Gemeindeleiter über Mohammed wurden schon große Bestürzung und Ärger ausgelöst, nachdem sie in Zeitungen in der muslimischen Welt veröffentlicht worden waren.

Ein Erlebnis, das ich während eines Restaurantbesuches in Asien machte, beschreibt ebenfalls, was Kritik an Mohammed bewirken kann. Ein Pastor, der auch dort saß, erkannte mich und kam an meinen Tisch. Er sagte: „Ich habe eine Botschaft an die Christen in Amerika. Haltet den Mund. Ihr macht Aussagen über Mohammed, und der Zorn der lokalen Muslime trifft uns. Wir bitten euch inständig, mit diesem Unsinn aufzuhören."

Wir sollten unser Reden dazu nutzen, Vertrauen und Respekt aufzubauen. Das schließt nicht aus, Bedenken zu äußern. Aber auch unsere Bedenken müssen auf eine Art und Weise ausgesprochen werden, die friedvolle Beziehungen ermöglichen, anstatt freundschaftliche Beziehungen niederzureißen. Ich verzichte darauf, einige unfreundliche Aussagen über Mohammed und Muslime zu wiederholen, die in den Medien des Westens zirkulieren. Das Tragische daran ist, dass zu oft abfällige Bemerkungen aus dem Mund von christlichen Gemeindeleitern kommen. Die Bibel ermahnt uns: „Wer sich am Leben freuen und gute Tage erleben will, der achte auf das, was er sagt. Keine Lüge, kein gemeines Wort soll über seine Lippen kommen. Vom Bösen soll er sich abwenden und das Gute tun. Er setze sich unermüdlich und mit ganzer Kraft für den Frieden ein."[37]

Der Koran und die Bibel

Glücklicherweise gibt es vieles in der Tradition des Korans und der Bibel, das sich vorteilhaft für Christen und andere Glaubensgemeinschaften auswirken kann. Der Koran stellt fest, dass Gott eine Welt pluralistischer Kulturen und Religionen erschaffen hat, sodass Muslime lernen müssen, sich respektvoll in einer pluralistischen Welt zu verhalten.[38] Es ist explizit ein Befehl an Muslime, Gelegenheiten zu nutzen, um auf respektvolle Art Freundschaften in einer multikulturellen und multireligiösen Welt aufzubauen.

Ich möchte mich ein wenig bei den Aussagen des Korans über den Respekt gegenüber der Bibel aufhalten (im Anhang findet sich eine lange Liste von Aussagen im Koran über die Bibel). Im Koran werden Christen als „Menschen des Buches" benannt, die zu respektieren sind. Juden und Christen werden als diejenigen angesehen, die die sogenannten früheren Schriften besitzen. Die Tora, die Psalmen und Evangelien werden im Koran ausdrücklich als Schriften der Offenbarung genannt. Mohammed wird aufgefordert, die Leute, die diese früheren Schriften besitzen, nach allem zu fragen, was er wissen möchte.[39] Christen wird befohlen, ihre Schriften nicht zu verstecken, sondern sie frei zugänglich zu machen. Christen sollen für ihre Schriften einstehen. Tun sie das nicht, haben sie nichts, worauf sie sich gründen können. Ich weiß, dass es Muslime gibt, die vehement darauf bestehen, dass die Bibel nicht vertrauenswürdig sei. Aber im Koran finden sich diese Einwände nicht, in ihm ist die Bibel als Schrift anerkannt, die den Christen und Juden anvertraut wurde.

---

37 Die Bibel: 1. Petrus 3,10–11.

38 Der Koran: Sure 5:48; Sure 11:118.

39 Der Koran: Sure 10:94.

Natürlich finden sich im Koran auch Einwände. Es gibt Verse im Koran, die die Christen davor warnen, ihre Schriften zu verschleiern. Es gibt sogar Anklagen, dass manche Menschen die Schriften verfälschen oder sie verdrehen. Ein anderer Vers drückt die Sorge aus, dass Christen ihre Schriften verstecken könnten. Es ist bedeutsam, dass der Koran den Christen befiehlt, für ihre Schriften einzustehen und sie frei zugänglich zu machen. Mehr noch, auch wenn der Koran Christen nicht vorwirft, den geschriebenen Text zu verändern, so warnt er doch alle Menschen davor, sich an den Schriften zu schaffen zu machen.

Obwohl der Koran die Bibel respektiert, gibt es doch unter den Muslimen weltweit die Annahme, dass die Bibel von ihrem Original abweicht und verändert worden sei. Dagegen glauben sie, der arabische Koran sei eine exakte Wiedergabe des himmlischen Originals. Das begründet einige Herausforderungen im Dialog zwischen Christen und Muslimen.

Viele Muslime können den ganzen Koran auswendig aufsagen. Durch die Jahrhunderte hindurch haben die besten Künstler in der muslimischen Welt komplexe Kalligraphien des Korans erstellt. Dieses Buch hat ganze Zivilisationen geformt. Daher sind der Schock, die Bestürzung und der Ärger verständlich, wenn Christen den Koran verunglimpfen. Ich schlage nicht vor, dass Christen den Koran als offenbarte Schrift akzeptieren sollten. Die Unterschiede zwischen den Kernaussagen des Korans und denen des Evangeliums zeigen, dass man nicht beide Bücher als gleich autoritative Schriften ansehen kann, die Botschaften sind ganz anders. Christen gründen sich auf die Bibel, nicht auf den Koran.

Aber das bedeutet nicht, dass wir mit dem Koran respektlos umgehen. Ich bin zum Beispiel beeindruckt, dass der Koran Jesus als Messias bezeichnet und dass er nach Aussage des Korans durch eine Jungfrau geboren wurde. Daher will ich respektvoll zuhören, wie Muslime die Jungfrauengeburt des Messias verstehen, die im Koran beschrieben wird, und sie dann einladen, das Zeugnis der Evangelien zur Bedeutung der Jungfrauengeburt und dem Messias-Sein Jesu zu hören.

Vor kurzem war unsere Familie Gastgeber für eine iranische schiitische Familie. Sie nahmen gern an unserem sonntäglichen Gottesdienst teil. Der Mann wollte jedoch als Hausvorstand lieber hinten im Gottesdienstraum stehen, als vorne auf einer Bank Platz zu nehmen. Der Grund dafür war, dass unter jedem Sitz eine Bibel in einem kleinen Fach lag. Er konnte sich nicht dazu überwinden, auf einer Bibel Platz zu nehmen. Nach dem Gottesdienst suchte er das Gespräch mit Gemeindegliedern und riet ihnen, von diesem Verhalten gegenüber der Bibel Abstand zu nehmen.

Für Muslime muss der Koran am jeweils höchsten Punkt in einem Raum liegen. Ist also eine Bibel im Raum, sollte sie ebenfalls so platziert sein, dass man ihr gegenüber Respekt ausdrückt. Daher vermeide ich es, meine arabisch-englische Übersetzung des Korans mitzunehmen, wenn ich vorhabe, mich mit Muslimen zu treffen. Ich nehme nur die englische Koranversion mit, sie wird in Englisch nicht als authentische Koranausgabe angesehen. Für Muslime stellt nur der arabischsprachige Koran den wahren Koran dar. Wenn ich also den Koran oder die Bibel benutze, vermeide ich es, sie auf den Boden zu legen. Es ist sicher ein Geschenk der muslimischen Gemeinschaft an die Kirche, uns zu ermahnen, unsere Schriften und die anderer Traditionen mit höchstem Respekt zu behandeln.

Einwände gegen eine respektvolle Haltung

Manche Christen werden diesem Aufruf zu einem respektvollen Umgang mit dem Koran und mit Mohammed widersprechen. Ein Kollege sagte mir einmal, wenn ein wenig Gift in einem Wasserkrug sei, so sei der ganze Krug vergiftet. Er argumentierte, der Koran würde weder die Fleischwerdung noch die Kreuzigung und Auferstehung Jesu akzeptieren, wie könne ich dann sagen, es gäbe im Koran Hinweise auf das Evangelium?

Der Koran benennt beispielsweise die jungfräuliche Geburt Jesu. Ich glaube, dass die Jungfrauengeburt Jesu wahr ist und dass sie daher auch im Koran als Hinweis auf das Evangelium fungieren kann. Mein Kollege stimmt damit nicht überein. Meine Einschätzung deckt sich jedoch mit einigen der frühen Kirchenväter. Ihr Umgang mit der griechischen Philosophie lässt sich vergleichbar auf den Umgang mit dem Koran übertragen. Es ist wahr, dass manche Kirchenväter, wie Tertullian, der Meinung waren, es gäbe nichts Wertvolles in der griechischen Philosophie. Andere aber, wie Clemens von Alexandria, glaubten, die Philosophie sei eine Vorbereitung auf das Evangelium. Er erkannte auch an, dass es innerhalb der Philosophie manche Themen gibt, die im Gegensatz zum Evangelium stehen. Dennoch sah er die Hand Gottes zum Beispiel in der philosophischen Kritik des Polytheismus wirksam werden. Ich empfehle den Ansatz des Kirchenvaters Clemens. In allem Bemühen, Zeugen für die Gute Nachricht zu sein, sollten wir „über den Tellerrand" hinaus schauen und auch in der muslimischen Bewegung das Wirken des Heiligen Geistes erwarten, der dort Samen der Wahrheit ausstreut. Diese Samen der Wahrheit dienen als Vorbereitung auf das Evangelium.

Die Hinweise auf das Evangelium erkennen

Wir halten Ausschau nach solchen Hinweisen im Koran und wissen dabei sehr wohl um die menschliche Tendenz, sich vom Evangelium abzuwenden oder es zu verzerren. Wenn ich den Koran lese, trauere ich über das Unverständnis oder die Ablehnung der Guten Nachricht. Der Koran versteht nichts von der rettenden Gnade Jesu. Zudem gibt es Abschnitte im Koran, die voller Gewalt sind, besonders gegenüber denen, die als Aggressoren gegen Muslime angesehen werden. Friedliebende Muslime und Christen bedauern, wie Militante diese Vorschriften benutzen, um ihre gewaltsame Vorgehensweise zu rechtfertigen.

Gleichzeitig ist mein Herz mit Dank gegenüber Gott über die vielen Stellen erfüllt, in denen der Koran vorbereitende Hinweise auf das Evangelium enthält. Ich bete darum, dass Gott mir die Augen dafür öffnet, wodurch er Muslime für das Evangelium vorbereitet hat. In der Missiologie nennt man solche Hinweise auch *erlösende Analogien*. Ich fürchte, dass wir solche Hinweise übersehen, wenn wir nicht respektvoll mit dem Koran umgehen. Diese Hinweise im Koran sind nicht das Evangelium. Sie laden aber Muslime dazu ein, den Mann zu erkunden, der für sie durch die Beschreibung im Koran eine geheimnisvolle Figur ist. Gemäß dem Koran ist Jesus ein Zeichen für alle Nationen. Wer ist also dieser Mann? Wir laden unsere muslimischen Freunde dazu ein, das Zeugnis des Evangeliums zu hören. Es klärt sie über Jesus auf, über den sich im Koran erstaunliche Hinweise finden.

Menschen des Buches

Sich respektlos gegenüber Mohammed und dem Koran zu verhalten, baut nur Mauern des Misstrauens und der Feindschaft zwischen Christen und Muslimen auf. Respektlosigkeit verschließt zudem die Augen der Christen dafür, wie der Heilige Geist Muslime darauf vorbereitet hat, das Evangelium zu hören – und diese Vorbereitung steckt manchmal in den Seiten ihrer eigenen Schriften.

Hin und wieder geht ein Bekannter von mir in Regionen in Afghanistan und Pakistan, die von den Taliban beherrscht sind, um dort über Frieden zu sprechen. Von ihm weiß man, dass er zu den „Menschen des Buches" gehört. Das ist sein Empfehlungsschreiben. Die Taliban halten sich an den Befehl ihrer Schriften, sich den „Menschen des Buches" gegenüber respektvoll zu verhalten. Ich habe selbst erlebt, dass es Türen öffnet, wenn man sich Muslimen als „Mensch des Buches" vorstellt. Darauf aufzubauen, dass der Koran zum Respekt gegenüber den „Menschen des Buches" aufruft, ist ein weiser Zugang, den wir in all unseren freundschaftlichen Beziehungen benutzen, besonders in Konfliktregionen. Wenn schon der Koran zum Respekt gegenüber den „Menschen des Buches" aufruft, um wie viel mehr sollten die Botschafter des Friedefürsten, dessen Name Jesus, der Messias, ist, sich um friedvolle Beziehungen bemühen?

Christen und Muslime tun gut daran, in ihren freundschaftlichen Beziehungen zueinander guten Willen zu zeigen, so wie auch der Koran zum Respekt gegenüber Christen aufruft. Solch guter Wille wurde schon in der Frühzeit des Islam sichtbar, als Mohammed 300 seiner Nachfolger nach Äthiopien sandte, um dort durch den christlichen König Armah Negash geschützt zu werden. Negash wurde niemals Muslim, aber seine Haltung, die Muslime mit offenen Armen zu empfangen, war durch die Jahrhunderte hindurch ein Zeugnis, dem Muslime wie Christen respektvoll nacheifern sollten.[40]

Fragen zur weiteren Diskussion

1. Überlegen Sie, welche Verhaltensweisen Mauern zwischen Muslimen und Christen aufbauen.

2. Was sind offene Türen, die sich im Koran finden lassen und die Respekt schaffen?

3. Wie beantworten Sie die Fragen: „Was denkst du über den Koran? Was denkst du über Mohammed?"

4. Wie sollten Christen den Koran im Dialog mit Muslimen gebrauchen? Was sind einige Formen, den Koran zu gebrauchen, die nicht weise sind? Nennen Sie Möglichkeiten, den Koran auf eine weise Art zu benutzen.

---

40 Alfred Guillaume, *The Life of Muhammed – A Translation of Ibn Ishaq's Sirat Rasul Allah*. Oxford University Press, Oxford 1998, 164–155. Anmerkung des Lektorats: Von dieser Biografie Mohammeds durch Ibn Ishāq (um 704–767), die nur in der Bearbeitung durch Ibn Hischām aus dem 9. Jh. überliefert ist, gibt es nur eine vollständige, inzwischen veraltete deutsche Übersetzung aus dem 19. Jh.

KAPITEL 4

Vertrauen aufbauen

„Wir vertrauen euch!" Diese Aussage hörten wir oft während unseres
Aufenthaltes in Somalia. Gerade in einer Gesellschaft, in der vielfach
das innerfamiliäre und persönliche Vertrauen zueinander schmerzlich zerrüttet war, war die Aussage, die SMM sei vertrauenswürdig,
eine wertvolle Zusicherung.

Grundlagen des Vertrauensaufbaus

Warum waren wir vertrauenswürdig? Vielleicht war in den vielen
Stunden, in denen wir gemeinsam Tee getrunken und Gespräche
geführt hatten, Vertrauen gewachsen. Wir pflegten mit vielen Somali
eine enge Freundschaft. Vielleicht lag es auch an unserer Freimütig-
keit und Integrität. Oder es war unsere Liebe zu den Somali. Vielleicht
hatten die Art und Weise unserer Einreise und unser Dienst im Land
eine Wirkung. Als die SMM das erste Mal nach Somalia kam, hatten sich die Vertreter der SMM mit Verantwortlichen der Regierung
getroffen. Sie wollten hören, welche Möglichkeiten der Zusammenarbeit und welche Bedürfnisse es in Somalia gab und wie die SMM
ergänzend ihre Begabungen einbringen könnte. Es herrschte großer
Bedarf im Bildungsbereich. Schulische Grundausbildung war in dem
Land dringend erforderlich, in dem damals 90 Prozent der Menschen
Analphabeten waren. An jedem der sechs Orte, in dem die SMM ihre
Arbeit aufnahm, bestimmten die lokalen Leiter, also die Menschen

aus dem Dorf, was wir tun sollten und was nicht. Nicht wir selbst setzten unsere Agenda, das taten die Einheimischen für uns.

Als wir 1973 Somalia verließen, siedelte sich unsere Familie in der übervölkerten Region von Eastleigh nahe Nairobi an, in der hauptsächlich Muslime und Somali lebten. Auch hier erkundeten wir bei der Bevölkerung, was ihre Bedürfnisse waren. Vom einen Ende von Eastleigh bis zum anderen baten die Menschen um einen Raum zum Lesen und um eine Bibliothek. Die Menschen wohnten meist zusammengepfercht in nur einem Raum, Schüler und Studierende hatten keinen Platz, um in Ruhe zu lernen. Wir kamen ihrem Wunsch nach, und schon bald bevölkerten gut 80 Studierende den Leseraum bis unter das Dach. Diese einfache Geste – einen Raum zum Studieren und Lernen am Abend anzubieten – veränderte sogar die akademische Erfolgsrate der Studierenden des ganzen Stadtviertels![41] Wir gewannen Vertrauen dadurch, dass wir den Menschen des Stadtviertels zuhörten, sie nach ihren Bedürfnissen fragten und dann Wege suchten, um ihre Wünsche gemeinsam mit ihnen zu verwirklichen.

Gezielte Schritte, um Vertrauen aufzubauen

Vor einigen Jahren wurden Badru Kateregga und ich von einer christlichen Entwicklungsagentur eingeladen, die inmitten eines durch und durch muslimischen Umfeldes arbeitete. Wir sollten Gespräche moderieren, die sich um die gemeinsame Grundlage von Christen und Muslimen in der Entwicklungszusammenarbeit drehten. Sie sagten uns, dass alle internationalen Mitarbeitenden Christen und alle lokalen Mitarbeitenden Muslime seien. Beide Seiten waren daran interessiert, über die Basis ihres Glaubens zu sprechen, wussten sie doch, dass der Glaube jeweils die Grundlage all ihres Wirkens in der Entwicklungsarbeit war. Sie konnten aber nicht über den Glauben reden, wenn sie einander nicht vertrauten. Unsere Aufgabe war, ihnen dazu zu verhelfen.

---

41 Mehr zum *Eastleigh Fellowship Center* ist in der Einleitung zu lesen.

Wir verbrachten zwei Tage mit den gut 30 christlichen und muslimischen Mitarbeitenden. Der Fokus der Gespräche lag auf dem Friedenstiften und darauf, auf welche Glaubensgrundlagen sie dafür zurückgreifen könnten. Unser Lehrbuch war das von uns beiden geschriebene Buch *Woran ich glaube – Ein Muslim und ein Christ im Gespräch*. Wir begannen unser Zweitagesseminar, indem die Muslime und Christen sich zunächst in getrennten Gruppen trafen. In jeder Gruppe wurde zusammengetragen, was sie an der jeweils anderen Gruppe schätzten. Das wurde dann zurückgemeldet. Die Muslime staunten, wie sehr die Christen sie wertschätzten. Gleichermaßen hörten die Christen staunend zu, als die Muslime ihre Wertschätzung ihnen gegenüber ausdrückten.

Viele hatten Freundschaft ganz hoch gewertet und alle sprachen von der Hingabe an Gott, die die jeweils andere Gruppe auszeichnete. Die gegenseitig ausgesprochene Wertschätzung prägte die Atmosphäre des weiteren Miteinanders. Jede Gruppe arbeitete in der Gewissheit, dass sie wertgeschätzt war, und sie fühlten sich daher ganz frei, über ihren Glauben und ihre Freundschaft zu sprechen, was sie bisher nicht gewagt hatten. Die schmerzlichste Dimension nahm unser zweitägiges Gespräch an, als Badru und ich über den Schmerz unserer Freundschaft sprachen, der in unserem unterschiedlichen Glauben begründet liegt. Badru sprach davon, dass er traurig sei, weil ich nicht glaube, dass der Koran Gottes letztgültige Offenbarung ist. Ich sprach von meiner Trauer darüber, dass ich nie bei Badru erlebt habe, dass er Jesus als Retter, den Gott gesandt hat, in Betracht zieht.

Die Treffen endeten damit, dass wir mit gut 40 Imamen aus ganz Somaliland[42] ein Fest feierten. Badru und ich waren beide eingeladen, eine Rede zu halten. Er sprach davon, dass der Dialog notwendig sei, um sich verstehen zu können. Ich erzählte von der Zusammenarbeit der mennonitischen Christen mit Muslimen, um Kindern Gutes zu

---

42 Anmerkung des Lektorats: Eine Region (und ein de facto unabhängiger Teilstaat) im Norden Somalias.

tun. Jesus hatte das vorgelebt und auch Mohammed hatte sich um Waisen gesorgt.

Die zwei leitenden Gelehrten, die für die ganze Region verantwortlich waren, machten mir einen Vorschlag, den sie als Schlussfolgerung des Abends verstanden. Sie boten an, dass jeder eine meiner Enkelinnen heiraten und dadurch einen Bund zwischen Muslimen und Mennoniten schließen würde, der die wunderbaren Beziehungen der letzten 60 Jahren stärken würde, an denen die Somali so viel Freude hätten. Das war ein feierlicher Vorschlag, der aus ihrer Sicht die bestehenden muslimisch-christlichen Beziehungen vorwärts bringen würde.

Ich dankte ihnen für ihren Vorschlag, der viel Vertrauen zum Ausdruck brachte. Doch solch ein wichtiger Schritt müsse durch die Eltern meiner Enkelinnen bestätigt werden. (Natürlich hätten auch wir Großeltern und die Enkelinnen selbst sicher ein paar Gedanken dazu ...)

Eine revolutionäre Präsenz

Das Vertrauen, das wir als SMM genossen, war bemerkenswert, besonders, weil unsere Anwesenheit ziemlich revolutionär war! Das traf besonders auf die Frauen im Team der SMM zu. Erinnern wir uns: Einige dieser Frauen waren beim Teetrinken in der Teestube kurz nach unserer Ankunft dabei. Allein ihre Gegenwart war schon revolutionär. In einer Gesellschaft, die überzeugt davon war, der Platz einer Frau sei in ihrem Heim, löste die Arbeit dieser Frauen Erstaunen aus. Die Frauen im Team der SMM waren allesamt gut ausgebildet, sie unterrichteten Management, leiteten Schulprogramme und organisierten medizinische Dienste. Ihre Arbeit war herausfordernd und wurde sehr wohl zur Kenntnis genommen.

Ich hörte einmal bei einem Gespräch einer der Frauen mit einem jungen somalischen Geschäftsmann zu. „Wir glauben, dass unsere Frauen in ihrem Heim arbeiten sollten", sagte er. „Dort ist ihr Platz." Unsere Mitarbeiterin antwortete ihm: „Das Zuhause ist ein guter Platz. Aber Gott hat für Frauen auch Türen geöffnet, um die Arbeit, die sie gern tun, außerhalb ihrs Heimes zu tun, so wie ich zum Beispiel medizinische Expertin wurde."

Manchmal erinnerten mich die Somali, die die Frauen unseres Teams beobachteten, an ein somalisches Sprichwort: „Eine Mutter, die ihr Kind wiegt, leitet die ganze Nation." Die Männer wussten, dass die Frauen in unserem Team durch ihr Vorbild auch eine Revolution unter den somalischen Frauen auslösten, die die somalische Gesellschaft auf Dauer verändern würde. Das Vertrauen, das die Frauen unseres Teams sich verdient hatten, war entscheidend dafür, wenn die Veränderung, die sie vorlebten, auch mit Wertschätzung angenommen werden sollte.

Die Mütter in unserem Team waren wichtige Vertrauensträgerinnen, denn ihre Berufung entsprach denen der Mütter in einem traditionellen somalischen Heim. Grace, meine Frau, besuchte oftmals mit unseren Kindern somalische Familien. Alle SMM-Familien machten Besuche bei Somalifamilien. Frauen, die sich in einer Nähgruppe trafen, wurden Freunde. Wöchentlich trafen sich somalische Frauen und Mädchen bei uns zuhause, um zusammen zu nähen. Dabei wurde viel geredet! Grace verknüpft einige ihrer schönsten Erinnerungen aus der Zeit in Somalia mit diesen Gruppen. Die Leichtigkeit und Freude bei diesen gemeinsamen Zeiten machten Freundschaften möglich und vertieften das Vertrauen zueinander.

Für Somali ist es ungewöhnlich, wenn jemand nicht verheiratet ist. Ebenso ungewöhnlich ist für sie der Segen der Monogamie oder eines guten Familienlebens. Die Leiterin unseres Buchladens entdeckte daher, dass das beliebteste Buch auf ihrem Regal jenes mit dem Titel „Die christliche Sicht von Familie" war. Wenn Schüler das Bild von Graces Eltern an ihrer Goldenen Hochzeit mit ihren zehn Kindern sahen, fragten sie oft: „Wie viele Frauen hatte dein Vater?" Grace antwortete dann: „Mein Vater hatte nie eine andere Frau, nur meine Mutter." Die Schüler riefen dann überrascht aus: „Von so etwas haben wir noch nie gehört! Ein Mann und eine Frau, die 50 Jahre zusammen sind. Das ist gut!"

Wer bezahlt euch?

Oft wurde ich gefragt: „Woher kommen die Gelder, damit die SMM in so vielen verschiedenen Entwicklungsprogrammen arbeiten kann?" Die meisten, die uns nicht kannten, vermuteten, dass unser Geld von irgendeinem Zweig der amerikanischen Regierung käme. Um die Highschool in Somalia bauen zu können, erhielten wir Geld aus Deutschland und den Niederlanden und nicht etwa von der amerikanischen Regierung. Im Gegenteil, das Geld stammte von Spendern aus Hunderten von christlichen Gemeinden, viele aus dem Osten von Pennsylvania, die sich meist sonntags zum Gottesdienst trafen. Sie spendeten freiwillig, weil sie dankbar für Gottes Gnade waren und gern die Liebe Gottes, die sie erfahren hatten, durch Missionare weltweit an Menschen in Not weitergeben wollten.

Viele Missionare dienen im internationalen Kontext in Unternehmen oder in ihrem Beruf. Über einige Jahre hinweg erhielt ich mein Gehalt von der kenianischen Universität in Nairobi. Andere Missionare arbeiten als Forscher oder Geschäftsleute. Es gibt unzählige Möglichkeiten, wie Christen im muslimischen Kontext tätig werden können und ihr Einkommen auf authentische Weise verdienen. Der Schlüssel zum Erfolg dabei ist, die Bestätigung und Einladung der muslimischen Gemeinde zu erhalten.

Missionsgesellschaften haben viele Möglichkeiten, sich einzubringen, und können damit auch unterschiedliche Quellen für das Einkommen ihrer Mitarbeitenden erschließen. Manche erhalten Regierungsgelder. Ich bevorzuge sehr, dass es eine klare Verbindung zwischen Spenden und christlichen Gemeinden gibt. Ich finde es hilfreich, wenn ich sagen kann: „Wir erhalten Gelder durch christliche Freunde und Gemeinden." Doch was immer die Quellen des Einkommens sind und auf welche Weise internationales Personal sich in einem Land einbringt, Transparenz bildet Vertrauen.

Islam im Lehrplan!

In Somalia haben wir sicher größtes Vertrauen gewonnen, als wir der Forderung der Regierung nachkamen, dass in unseren Schulen Islam unterrichtet werden sollte. Es stellte eine große Herausforderung an uns dar. Unsere evangelikale Partnermission beschloss daraufhin, lieber ihre Schulen zu schließen, als sich dieser Forderung zu beugen. Für die SMM spielte der Rat des kleinen Kreises somalischer christlicher Gläubiger eine wichtige Rolle. Wir glaubten, dass die lokale Gemeinde eine vorrangige Rolle bei solch einer Entscheidung zu spielen hätte, und sei der Kreis der Gläubigen noch so klein.

Damals, in den frühen 1960er-Jahren, gab es mehrere kleine Gruppen von christlichen Gläubigen. Diese Christen rieten uns, die Forderung der Regierung zu akzeptieren. Sie hielten daran fest, dass das Evangelium die Kraft Gottes ist und wir den Islam nicht zu fürchten hätten. Sie waren überzeugt davon, dass der Heilige Geist nicht an ein Verbot gebunden ist, selbst wenn in unseren Klassenräumen der Islam gelehrt werde und ein Verbot bestand, das Christentum zu propagieren.

Für die konservative Unterstützergruppe in den Vereinigten Staaten war diese Entwicklung sehr überraschend. Manche waren verärgert darüber, dass ihre Spenden an die Mission in Somalia nun dazu benutzt würden, um Schulen zu betreiben, in denen der Islam gelehrt wurde. Die amerikanischen Bischöfe riefen zu einem Fastentag auf und die Leiter unserer Missionsgesellschaft trafen sich mit den Bischöfen zum Gebet und zur Beratung. Schlüsselelement in der ganzen Beratung war jedoch der Rat der somalischen Gläubigen. Als die Amerikaner davon hörten, war auch ihre überwältigende Entscheidung, der Forderung der Regierung nachzukommen und umfänglich zu kooperieren, wenn die Regierung den Schulen Islamlehrer zuweisen würde.

Diese Entscheidung war der Wendepunkt. Die ganze Nation sah uns als solche an, die den Menschen in Somali dienten und den Islam nicht bekämpften. Die Gemeinschaft der christlichen Gläubigen entwickelte sich daraufhin auf bemerkenswerte Weise. Zu erlauben, dass in unseren Schulen der Islam gelehrt werden durfte, erwies sich als vertrauensbildende Maßnahme. Sie schien der Kirche sogar mehr Raum für Wachstum und Entwicklung zu geben. Somalische Gläubige sagten mir hin und wieder, dass das Vertrauen und die Wertschätzung der Regierung für die SMM wie ein Schutzschirm für die Kirche wirke, unter dem die Gemeinden den Somali wirkungsvoll dienen konnten.

Als die Gruppe der Gläubigen anwuchs, brauchten wir mehr Platz in der Schule, die ich leitete. Unser Wohnzimmer reichte für Treffen nicht mehr aus. Zusammen mit den Gläubigen bauten wir die Garage zu einem kleinen Andachtsraum um. Dann baten auch die Muslime um einen Gebetsraum. Zu diesem Zeitpunkt bauten wir mit deutschen Geldern die Highschool. Ein kleiner Teil des Geldes wurde für den Bau eines kleinen Gebetshauses für die Muslime genutzt. So kam es dazu, dass unsere Schule sowohl eine kleine Moschee als auch eine kleine Kapelle hatte. Auch das wirkte vertrauensbildend. Wir hatten mit diesen Entwicklungen nicht gerechnet. Aber dem Heiligen Geist zu folgen und auf den Rat der jungen Kirche zu hören, brachte uns auf neue Wege, die wir uns nie vorgestellt hatten. All diese Entwicklungen könnte man mit dem Wort Vertrauensbildung zusammenfassen.

Geld für Gefälligkeiten?

Unser erstes Kapitel beschäftigte sich mit der Frage der Integrität. Vertrauensbildung braucht Integrität. Wir haben nie Bestechungsgelder gezahlt. Wir gaben nie unter dem Tisch Geld an einen Regierungsbeamten weiter. Wir nahmen nie Bestechungsgelder an, um einen Studierenden aufzunehmen, der nicht für den Schuleintritt qualifiziert war. Mit dieser klaren Haltung machten wir uns nicht nur Freunde, aber es gab uns den Ruf, vertrauenswürdig zu sein. Mir gab man den Spitznamen „Baum". Studierende und ihre Eltern beschwerten sich, ich sei unverrückbar wie ein Baum. Aber ich wusste, dass das Vertrauen in die Schule dramatisch sinken würde, wenn wir von diesen Vorgaben abrückten. Wir würden herabsinken zu einer weiteren Schule, die nur auf einflussreiche und reiche Freunde hören würde.

Bibelstudien und Imame

Als vertrauensvoll zu gelten, spielte zudem eine wesentliche Rolle bei den heiklen Herausforderungen, denen wir uns zu stellen hatten, als es zu Bekehrungen kam oder wenn das Evangelium bezeugt wurde. Ein Team von sieben Mitarbeitenden arbeitete vier Jahre für mich in Nairobi, um einen Bibelkurs zu entwickeln, der auf die muslimische Weltsicht zugeschnitten war. Als der Lehrplan entstanden war, gingen wir damit in die muslimischen Regionen in Kenia, luden muslimische Studierende zum Mitmachen ein und baten sie um eine Bewertung.

Im Bibelkurs bezogen wir uns oft auf den Koran. Wir machten uns dabei Sorgen, dass unser Korangebrauch als eine Verzerrung der muslimischen Schriften oder ein Angriff auf Muslime angesehen werden könnte. Andererseits dachten wir, dass der prinzipielle Bezug zum Koran Vertrauen bilden würde. Wir waren der Meinung, dass im Koran Hinweise auf die Wahrheit des Evangeliums sichtbar sind. Wie schon vorher erwähnt, ist der Verweis des Korans auf Jesus als den Messias ein hilfreicher Hinweis, wenn uns auch klar ist, dass das Verständnis des Korans von Jesus, dem Messias, vom biblischen Zeugnis abweicht.

Wenn Muslime die Bibel benutzen, um den Islam zu predigen, reagieren wir mit Bestürzung. Wir verstehen das als Verdrehung der biblischen Botschaft. Ebenso sind Muslime entsetzt, wenn Christen die Botschaft des Korans manipulieren. Daher sollten wir darum bemüht sein, bei unserem Gebrauch des Korans seine Botschaft nicht zu verdrehen. Das bedeutet nicht, dass wir uns nicht auf den Koran beziehen würden, aber wir luden Muslime dann ein, die biblische Botschaft zu hören.

Bei der Auswertung unseres Kursmaterials spielte ein pakistanischer Gelehrter eine wichtige Rolle. Er predigte nahe unseres Zentrums in Eastleigh und attackierte den christlichen Glauben, den wir verkündigten. Wir hatten ihn und seine Anhänger schon mehrmals zum Essen und zu Gesprächen über die Evangelien zu uns ins Zentrum eingeladen. Er war ein streitbarer Gesprächspartner. Daher brachte ich den Bibelkurs zu ihm. „Ich möchte nichts in der muslimischen Gemeinde hier tun, von dem du nichts weißt, denn mir ist eine vertrauensvolle Beziehung zu dir und den Muslimen, unter denen wir leben, wichtig", erklärte ich ihm. „Dies ist ein Bibelkurs, der für Muslime geschrieben wurde. Wir haben einige Male den Koran zitiert. Bitte bewerte den Kurs selbst. Schau dir an, wie wir den Koran zitiert haben, ob wir seine Botschaft verdreht haben oder sonst irgendwie respektlos gegenüber dem Islam waren. Wir fragen nicht nach deiner Genehmigung, den Kurs zu verteilen, denn in Kenia ist Religionsfreiheit garantiert. Aber wir wollen durch unser Tun nicht auf irgendeine Weise den Islam angreifen. Ich komme in zwei Wochen zurück, um deine Kritik zu hören." Nach einer Tasse Tee verließ ich ihn. Zwei Wochen später kam ich zurück.

Der Gelehrte dankte mir, dass ich ihm die Gelegenheit gegeben hatte, den Kurs zu bewerten, und sagte dann: „Dies ist ein bemerkenswerter Kurs, der den christlichen Glauben sehr akkurat beschreibt. Ich würde nie Muslime darin entmutigen, zu verstehen, woran Christen glauben, daher werde ich die Verteilung des Kurses in unserer Gemeinde unterstützen. Tatsächlich muss ich sagen, dass euer Gebrauch des Korans und eure Kommentare über den Islam exzellent sind. Ihr habt nichts gesagt, was den Islam angreifen würde oder unwahr wäre. Das dritte Kapitel aber hat mich sehr geärgert. Es hat mich sehr beunruhigt." Dann fuhr er fort, mir detailliert darzulegen, was in dem Kapitel falsch sei.

Ich war bestürzt über seine vehementen Einwände, die sich auf das Kapitel über den menschlichen Zustand bezogen. Im Islam glaubt man, dass Adam nur einen Fehler macht, der durch Belehrung behoben werden kann. Adam braucht keinen Erlöser, denn er ist grundsätzlich gut. Nach biblischem Glauben haben sich Adam und Eva sowie die ganze Menschheit von Gott abgewendet. Wir brauchen mehr als nur Belehrung. Wir brauchen einen Retter, wir brauchen Erlösung.

Ich bat den Imam, mir dabei zu helfen, den Abschnitt, der ihn so ärgerte, neu zu schreiben. Wir arbeiteten uns also gemeinsam durch das dornige Feld. Wir hielten fest, dass Adam und Eva sich aus Ungehorsam gegen Gott von Gott abwendeten. Wir alle haben Anteil an dieser Abwendung von Gott durch Adam und Eva. Wenn wir uns von Gott abwenden, erfahren wir Trennung von Gott, Sündhaftigkeit und Tod.

Am Ende unserer gemeinsamen Arbeit sagte mein turbantragender muslimischer Berater: „Ich stimme nicht mit der Theologie überein, aber ich kann verstehen, was du sagst." Das war bemerkenswert: Dieser Gelehrte, der in unserer Straße den Islam per Lautsprecher predigte, half mir nun dabei, das Evangelium so zu erklären, dass Muslime es verstehen würden.

Die Entscheidung, den Bibelkurs *People of God* von Muslimen bewerten zu lassen, verbesserte die Akzeptanz des Bibelkurses. Wir suchten auch ausgiebig den Rat von Christen. Einer der Berater war ein Christ mit einem Doktortitel im Fach Islam. Unser christlicher Gelehrter traf sich über vier Jahre lang monatlich mit uns. Einige im Team derer, die den Kurs entwickelten, waren Christen mit muslimischem Hintergrund. Das ganze Team machte sich dafür stark, das Evangelium auf verständliche Weise zu kommunizieren. Inzwischen hat dieser Kurs ostafrikanische Muslime über mehrere Jahrzehnte erreicht, tausende Kursmaterialien zirkulieren in Ostafrika. Der Kurs wurde sogar in etwa 45 Sprachen übersetzt. Soweit ich weiß, gab es nur eine Beanstandung des Kurses, seit er unter Muslimen verbreitet wird.

Kurz nach Erscheinen des Bibelkurses veröffentlichte eine Zeitung in einem asiatischen Land auf der Titelseite einen Artikel über den Kurs und bemerkte, dass Muslime den Kurs für einen muslimischen Kurs halten könnten, obwohl er christlich ist. Der Autor des Artikels erklärte, woran man den Kurs als christlichen Kurs erkennen kann. So konnten Menschen einen Bericht über die Erlösung durch Christus in der Zeitung lesen, weil der Inhalt des Kurses beschrieben wurde!

Der Kurs wurde akzeptiert, weil wir sicherstellten, dass wir nicht mit Hilfe des Korans etwas sagten, was gar nicht seine Botschaft ist. Diese Art, den Koran einzusetzen, bildete Vertrauen. Wir greifen den Koran nicht an oder behaupten, er verkünde das volle Evangelium. Wir sehen den Koran stattdessen als muslimische Schrift an, die Hinweise auf das Evangelium enthält.

Halima verbürgt sich für das Evangelium

Freundschaftliche Beziehungen sind wichtiger als das Bestreben, jede theologische Nuance richtig auszudrücken. Menschen meldeten sich für den Kurs an und schrieben uns, sie würden gerne jemanden aus dem Team kennenlernen, das den Kurs entwickelt hatte. Das würde für sie sicherstellen, ob der Inhalt des Kurses vertrauenswürdig und hilfreich sei. Hier spielte Halima eine wichtige Rolle. Halima war eine Somali aus Eastleigh, eine kleine, würdevolle Sechzehnjährige. Sie war gern mit unserer Familie zusammen und fragte Grace, ob sie sie über die Bibel lehren würde. Grace und Halima trafen sich regelmäßig und erforschten die Evangelien mit Hilfe des *People-of-God*-Bibelkurses. Es dauerte nicht lange und Halima rief während eines Treffens aus: „Ich glaube an Jesus!"

Um die gleiche Zeit kam ein Bruder von Halima nach Eastleigh, der sonst gut 500 km weit entfernt wohnte. Er hörte von ihrer Glaubensentscheidung und schlug sie zusammen. Sie traf sich mit uns zum Gebet und bat Gott ganz besonders darum, dass sie ihrem Bruder verzeihen könne.

Sie wollte ihrem Herrn dienen und in ganz Kenia das Evangelium verkündigen. Dank ihrer zuverlässigen und gewinnenden Haltung wurden hunderte Kursmaterialien verteilt. Wer ins Büro kam, wollte Halima treffen, ihre Ausstrahlung und Freude versicherte allen, dass der *People-of-God*-Kurs ein guter Kurs sei.

Die Gute Nachricht innerhalb der muslimischen Weltsicht verkünden

Als wir den Bibelkurs entwickelten, verglichen wir das mit dem Besteigen einer Leiter. Den Kurs zu beginnen, entspricht dem Ersteigen der ersten Leitersprosse. Jede Lektion ist eine weitere Sprosse, die einen näher zum höchsten Punkt bringt. Dann können die Studierenden das Evangelium verstehen oder bekehren sich hoffentlich zu Christus. Ist eine Sprosse mit zu großem Abstand eingesetzt, kann der Bibelschüler von der Leiter fallen. Daher stellten wir uns bei jedem Kapitel vor, wie die Studierenden Sprosse für Sprosse die Leiter erklimmen, und bemühten uns, nur angemessene Abstände zwischen die Sprossen zu setzen. Wir bemühten uns auch, so zu schreiben, dass die Studierenden jede Sprosse als Abenteuer und nicht als Bedrohung empfanden. Die schriftlichen Antworten der Studierenden, die den Kurs abgeschlossen hatten, machten tatsächlich deutlich, dass der Kurs ein überraschendes Abenteuer für sie war und sie die Gute Nachricht durch die biblischen Erzählungen entdeckt hatten.

Die Schriftstellen, die wir im Kurs benutzten, fungierten als bedeutsame Brücke vom Islam hin zur Guten Nachricht. Die Schriften, von denen Muslime neben dem Koran wissen, sind die Tora, die Psalmen und die Evangelien. Daher verweisen wir meist auf diese Schriften. Wir eröffnen den Kurs mit der Zusicherung, dass „Gott die Tora offenbart hat". Das erste Buch der im Ganzen vierteiligen Serie gründet sich ganz auf diese Schriften.[43] Muslime sind sehr neugierig auf die Tora. Sie berichtet zum Beispiel viel mehr über Abraham als der Koran. Die Art der biblischen Erzählung fasziniert viele Muslime.

Wir benutzen den Koran vorsichtig. Wie schon erwähnt, sagt der Koran über Jesus aus, er sei der Messias. Aber der Koran sagt nichts über die volle Bedeutung Jesu als Messias. Der Koran beschreibt sogar, dass Jesus nur eine begrenzte Mission hatte, in kurzer Zeit und nur auf Israel bezogen. Daher sagen wir nur, dass der Koran feststellt, dass Jesus der Messias sei. Dann laden wir die muslimischen Leser dazu ein, zu erforschen, was die Schriften, die Gott den Christen anvertraut hat, über Jesus offenbaren.

Das ist kein geringschätziger Umgang mit dem Koran. Tatsächlich sagt der Koran, dass Jesus die früheren Schriften erfüllte. Daher laden wir Muslime ein, die Bibel zu erkunden und zu sehen, dass sie von Jesus im Einklang mit der Aussage des Korans feststellt, dass Jesus die Schriften erfüllte.

---

43 Der Koran: Sure 3:3.

Von Vertrauen zum Glauben

Vor einigen Jahren besuchte ich Singapur und erwähnte dort den Kurs in einem meiner Seminare. Ein Mann, der ganz hinten im Saal stand, winkte und bat um das Wort. Er rief: „Ich bin hier wegen dieses Kurses! Ich komme aus Lahore in Pakistan. Ich bekam diesen Bibelkurs und lernte Jesus kennen, als ich die Schriften und die hilfreichen Kommentare im Kurs studierte."

Wie konnte das passieren? Der Zugang zum Koran und zur Bibel, den unser Team gewählt hat, baut Vertrauen auf. Durch dieses Vertrauen entstanden mehr Interesse und der Wunsch, mehr zu hören, und der Mann öffnete sich für die Gute Nachricht. Entscheidend für den ganzen Weg des Mannes aus Lahore war die vertrauenswürdige Person, die ihn mit der Bibel vertraut machte.

Der Apostel Paulus schreibt: „Wie sollen sie aber den anrufen, an den sie nicht glauben? Wie sollen sie aber an den glauben, von dem sie nichts gehört haben? Wie sollen sie aber hören ohne Prediger? Wie sollen sie aber predigen, wenn sie nicht gesandt werden? Wie denn geschrieben steht (Jesaja 52,7): Wie lieblich sind die Füße der Freudenboten, die das Gute verkündigen!"[44]

Fragen zur weiteren Diskussion

1. Welche Hindernisse können den Aufbau von Freundschaften zwischen Muslimen und Christen erschweren?

2. Überlegen Sie sich, welche Schritte hilfreich sind, damit sich freundschaftliche Beziehungen entwickeln können.

3. In Somalia betrieben zwei christliche Organisationen Schulen, als die Verordnung kam, dass an allen Schulen auch der Islam gelehrt werden müsse. Eine Organisation schloss daraufhin die Schulen, die andere Schule akzeptierte die Verordnung. Diskutieren Sie die

---

44 Die Bibel: Römer 10,14–15 (Übersetzung: *Luther 1984*).

Vor- und Nachteile dieser unterschiedlichen Reaktionen. Wie würden Sie in einer ähnlichen Situation entscheiden?

4. Was halten Sie davon, einen muslimischen Gelehrten um seine Bewertung eines christlichen Bibelkurses zu bitten? Was sind Vorteile und Nachteile, wenn man sich in einem Bibelkurs auf den Koran bezieht?

5. Diskutieren Sie den Vergleich des Bibelkursstudiums mit dem Erklimmen einer Leiter, wenn man damit Muslime zum Bibelkurs einladen will.

6. Wie können Sie und Ihre Gemeinde freundschaftliche Beziehungen zu Muslimen aufbauen?

KAPITEL 5

Gespräch über die verschiedenen Glaubensgrundlagen

Was ist die Kirche? Was ist das *Haus des Islam*? An dieser Stelle ist eine Klärung der Begriffe und der beiden Fragen erforderlich. In diesem Kapitel geht es darum, was geschieht, wenn die Kirche auf das *Haus des Islam* trifft. Wie wirken sich die jeweils verschiedenen Ausgangspunkte aus, die das *Haus des Islam* und die Kirche formen? Uns ist bewusst, dass es signifikante Ähnlichkeiten zwischen den beiden Gemeinschaften gibt. Wenn ich in eine Synagoge oder in eine Moschee gehe, erlebe ich das ganz anders als den Besuch eines Hindutempels mit seiner Unzahl von Göttern. Das ist so, weil der Hinduismus den abrahamitischen Einfluss nicht erlebt hat.

Die abrahamitischen Religionen

Die abrahamitischen Religionen glauben an den einen Gott, der der Schöpfer der Welt und der persönlich, gerecht, transzendent und allmächtig ist. Das unterscheidet sich enorm von einem Weltverständnis, das das Universum als eins mit den Gottheiten ansieht. Es ist bemerkenswert, dass die Anhänger der abrahamitischen Religionen die Hälfte der Weltbevölkerung ausmachen. Die Anhänger dieser Religionen glauben, dass sie einen Missionsauftrag in der Welt haben. In der Tora lesen wir vom Auftrag der Familie Abrahams, alle Nationen zu segnen. Muslime drücken diese Berufung anders aus: Abraham soll Imam über alle Nationen sein. Segen gehört implizit oder explizit zu all diesen Religionen, die Abraham als ihren Glaubensvater bezeichnen.

Bevor ich damit fortfahre, die Entdeckungen meiner Reise mit Muslimen zu beschreiben, will ich zunächst die Natur der beiden Häuser untersuchen, die die muslimische Gemeinschaft und die Kirche darstellen. Was ist das Wesen des *Hauses des Islam*? Was ist das Wesen der Kirche? Wir müssen nochmals gründlich die Kernüberzeugungen anschauen und erforschen, was diese Glaubensformen jeweils ausmacht.

Das Haus des Islam: *Umma*

Umma bedeutet „Mutter". Die muslimische Gemeinschaft wird *Umma* genannt. Die Gemeinschaft kümmert sich wie eine Mutter um die muslimischen Gläubigen. Ich benutze die beiden Begriffe *Umma* und *Haus des Islam*, wenn ich mich auf die muslimische Gemeinschaft beziehe.

Das *Haus des Islam* setzt sich aus zwölf Säulen zusammen (manche Muslime würden von nur zehn Säulen sprechen). Sie umfassen sechs sogenannte Glaubensgrundsätze und sechs sogenannte Säulen der Pflichten, insgesamt ist also die islamische Gemeinschaft auf zwölf Säulen gegründet. Wo immer man in der Welt Muslime trifft, kann man sie danach fragen: „Was sind die Glaubensaussagen und Pflichten der Muslime?" Kennen diese Muslime die Lehre des Islam, werden sie antworten: „Es gibt fünf (vielleicht sechs) Säulen von Glaubensgrundsätzen und fünf (vielleicht sechs) Säulen von Pflichten." Im Folgenden fasse ich jede Säule kurz zusammen.

Die sechs Glaubensgrundsätze:

1. *Glaube an den einen Gott.* Muslime sprechen von den 99 Namen Gottes, des einen und einzigen Gottes. Jede *Sure* (Kapitel) im Koran, außer der ersten, beginnt mit: „*Im Namen des barmherzigen und gnädigen Gottes.*" Im muslimischen Verständnis von Gott spielt diese Eigenschaft der Barmherzigkeit eine große Rolle.

2. *Glaube an die Propheten.* Das umfasst alle biblischen Propheten und Tausende weiterer Propheten. Jede Volksgruppe auf der Welt hat Propheten. Muslime glauben, dass Mohammed das Siegel der Propheten ist, er ist der abschließende Prophet, der alle anderen Propheten ersetzt, aber seine Endgültigkeit schließt alle 124 000 Propheten, die Menschen rund um die Welt gedient haben, ein.

3. *Glaube an die Bücher Gottes.* Es werden einige Bücher explizit genannt: die Tora, die Psalmen, die Evangelien und der Koran. Der Koran schließt auch die Schriftrollen Abrahams als Schriften ein, die Abraham erhielt und niederschrieb. Jedoch glauben Muslime, diese Schriften, die Abraham erhielt, seien verloren. Muslime glauben, die Christen und Juden besäßen frühere Schriften, aber Muslime erkennen nur den Koran als endgültige Offenbarung an, die alle vorherigen Schriften zusammenfasse und ersetze. Alle Bücher dieser Offenbarung stammen von einem himmlischen Original, das als „bewachte Tafel" bezeichnet wird.

Die historischen Erzählungen in den biblischen Schriften stellen eine besondere Herausforderung dar, da sie sich sehr vom Koran unterscheiden, der eher Anweisungen gibt als erzählt. Auch wenn der Koran die Authentizität der biblischen Schriften stützt, ist der Glaube unter den Muslimen weit verbreitet, dass die biblischen Schriften verändert wurden. Wie sonst ließe sich die Verknüpfung von Erzählung und Lehre in der Bibel erklären?

Muslime haben eine geschichtliche Beschreibung Mohammeds, aber der Koran enthält keine historischen Darstellungen. Die umfassenden historischen Aufzeichnungen nennt man *Hadith* oder auch „Die Traditionen". Die *Hadith* sind Texte über Mohammed, die seine Freunde über die Zeitspanne von zweihundert Jahren nach seinem Tod gesammelt und zusammengestellt haben. Die *Hadith* gelten nicht als geoffenbarte Schriften. Es sind Berichte darüber, was Mohammed sagte, tat und bestätigte.

Wenn Muslime die Bibel lesen, erscheint sie ihnen wie eine Mischung aus Heiliger Schrift und Traditionen. Dennoch sind sie neugierig auf die Bibel, denn in ihr gibt es Berichte der Propheten, auf die sich der Koran bezieht, aber von denen er nicht die ganze Geschichte erzählt. Der Koran zeichnet zum Beispiel Josef nur mit wenigen Strichen und gibt einige Hinweise auf seine Geschichte. Die Bibel aber berichtet Josefs Geschichte vollständig und mit interessanten Details. Daher wundert es nicht, dass viele Muslime an den biblischen Erzählungen interessiert sind. (In Kapitel 7 sind weitere Kommentare zu den Fragen zu lesen, die Muslime über die „Verfälschung" der biblischen Schriften stellen. Im Anhang findet sich zudem eine Liste von Koranstellen, die sich auf die Bibel beziehen.)

4. *Glaube an Engel.* Diese Säule ist wesentlich für Muslime, da es um ihr Verständnis von Offenbarung geht. Muslime glauben, dass Gott den Islam zu Mohammed durch die Vermittlung von Engeln herabsandte. Der Islam wird im arabischsprachigen Koran als geoffenbartes Wort Gottes mitgeteilt. Die geoffenbarte Herabsendung des Korans wird mit *Tanzil* bezeichnet.

5. *Glaube an das letzte Gericht.* Muslime glauben, dass es eine Waage gibt. Auf der positiven Waageschale sammeln sich die erfüllten islamischen Pflichten und die Taten eines gerechten Lebens. Auf der negativen Waagschale werden alle Versäumnisse islamischer Pflichten und falsches Verhalten gesammelt. Das Endgericht wird als eine Zeit enormer Furcht beschrieben, dem sich die ganze Menschheit gegenübersieht. Alle warten auf das endgültige Urteil, das Gott selbst ausspricht. Das Urteil entscheidet über Himmel oder Hölle als Schicksal jedes Einzelnen. Für manche wird die Hölle eine kurze Zeit der Bestrafung bedeuten, nach der dann doch der Zugang zu einer Ebene des Paradieses erlaubt wird. Für andere wird die Hölle ewiges Urteil bedeuten. Die Ausübung der muslimischen Pflichten wird in erster Linie leidenschaftlich dadurch motiviert, die Leiden der Hölle zu vermeiden. Bei meinen klaren Worten über diese Säule muss man jedoch bedenken, dass es enorme Debatten über Gericht und Belohnung unter den Muslimen gibt.

6. Vorherbestimmung. Diese letzte Säule wird von Muslimen nicht immer genannt, aber sie ist ein wichtiger Strang im Glauben und der Praxis der sunnitischen Muslime. Es ist die Überzeugung, dass Gott in seiner Souveränität alles, was geschieht, vorherbestimmt. Diese Säule hat zu großen theologischen Kontroversen geführt. Wie kann es Raum für eine Wahlfreiheit innerhalb einer Theologie geben, die von der umfassenden Souveränität Gottes ausgeht? Diese Säule wird vielfach nicht erwähnt – wegen der vielen Debatten im Islam über die Frage des freien Willens und der Souveränität Gottes.

Die sechs Säulen der Pflicht

1. Das Glaubensbekenntnis. Es gibt keinen Gott außer Allah und Mohammed ist sein Prophet. Wer dieses Bekenntnis absichtlich in der Gegenwart zweier männlicher Muslime als Zeugen ausspricht, ist Muslim.

2. Das vorschriftsgemäße rituelle Gebet. Dieses rituelle Gebet wird fünfmal am Tag gebetet. Die Anbetenden richten sich nach Mekka aus und beugen sich vor Gott. Der Inhalt ist in der *Fātiha* zusammengefasst, der eröffnenden Sure des Korans. Die *Fātiha* wird insgesamt siebzehn Mal täglich wiederholt, da sie an den fünf Gebetszeiten am Tag mehrmals wiederholt wird. Manchmal gibt es kleine Abweichungen, wie oft die *Fātiha* betend wiederholt wird. Die Ausübung der Gebete nimmt, einschließlich der Waschungen, ungefähr eine Stunde pro Tag in Anspruch.

3. Almosen für die Armen geben. Dieser Akt der Großzügigkeit kommt denen, die in Armut leben, zugute.

4. Fasten während des Ramadans. Das Fasten geschieht tagsüber. Nachts wird gefeiert. Ramadan ist der Monat, in dem nach dem Glauben der Muslime die Offenbarung des Korans begann. Offenbarung bedeutet Selbstdisziplin, aber auch Feier. Daher verkörpert der Rhythmus von Fasten und Feiern im Ramadan eine Erinnerung an die Gabe der Offenbarung.

5. *Die Pilgerreise nach Mekka unternehmen.* Muslime sollten, wenn es möglich ist, einmal im Leben die Pilgerreise unternehmen. Während der Pilgerreise wird die Sage von Ismael und Hagar nachvollzogen, die nach Wasser suchten, als sie aus Abrahams Heim weggeschickt wurden. Tausende von Tieren werden in Erinnerung an Ismael geopfert. Muslime glauben, dass er durch Gottes Bereitstellen eines gewaltigen stellvertretenden Opfers vom Tod erlöst wurde.

6. *Dschihād oder das Eifern auf dem Weg Gottes. Dschihād* meint die Hingabe daran, die Integrität des *Hauses des Islams* zu erhalten. Es gibt zwei Formen des *Dschihād:* die kleinere und die größere. Der größere *Dschihād* ist der Kampf der Seele – das Bemühen, ein ernsthafter Muslim zu sein, dessen Hingabe innerlich wie äußerlich übereinstimmt. Der kleinere *Dschihād* ist die Verteidigung des *Hauses des Islams,* der dann notwendig wird, wenn es bedroht ist. Der kleinere *Dschihād* kann verschiedene Ausdrucksformen haben. Zum einen gibt es den *Dschihād* mit dem Stift oder dem Mund, der den Islam apologetisch verteidigt. Zum anderen kann es den Gebrauch des Schwertes als letztes Mittel meinen, wenn alle anderen Versuche, das *Haus des Islam* zu schützen, versagt haben.

Diese einfache Konstruktion der sechs Glaubensgrundsätze und der sechs Säulen vereinen das *Haus des Islam* rund um die Welt. Alle Muslime, die mit dem Islam vertraut sind und sich zum Islam halten, werden sich diese Säulen zu Eigen machen. Sie definieren die muslimische Theologie, Weltsicht und Lebensführung. *Tauhid* bedeutet die Integration der zwölf Säulen innerhalb der *Umma,* die alle Bereiche des Lebens unter die Herrschaft Gottes bringt.

Nachdem ich einem muslimischen Freund beim Gebet zugesehen hatte, fragte ich: „Wirst du nicht müde, täglich eine Stunde für das Gebet zu investieren und dich 34 Mal pro Tag zu verbeugen und 17 Mal die *Fātiha* zu beten?" Dieser Mann war als Chirurg sehr beschäftigt. Er aber antwortete begeistert: „Wenn ich mich im Gebet verneige, fühle ich mich vom Willen Gottes überflutet. Denke ich an Gott, meinen Schöpfer, dann ist eine Stunde Gebet am Tag gar nicht genug, um meine Dankbarkeit auszudrücken."

Beim fünfmaligen Gebet am Tag richtet sich die weltweite muslimische *Umma* auf einen Mittelpunkt aus: den schwarzen Stein in Mekka, der von einem als *Kaaba* bekannten Bau umfasst ist. Alle Muslime verbeugen sich mit ihrer Verneigung zur *Kaaba* hin.

Professor Amir, ein muslimischer Gastdozent in den Vereinigten Staaten, beschreibt die Bedeutung des schwarzen Steines in der *Kaaba* so: „Er wird für einen heiligen Stein gehalten, der vom Himmel herabkam, um Adam und Eva zu zeigen, wo sie einen Altar bauen sollten. Dann wurde er Teil der *Kaaba*, die Abraham errichtete, und nach der Errichtung des Islam setzte sich die Bedeutungsbildung fort. Der Stein wird vor allem symbolisch dafür benutzt, ein Gefühl der Heiligkeit und der Anbetung Allahs zu wecken, da er Teil des Hauses Gottes, der *Kaaba* ist".[45]

Kurzer Vergleich zwischen der *Umma* und der christlichen Gemeinde

Während eines christlichen Treffens, an dem ich über das *Haus des Islam* sprach, fragte ich die Zuhörenden: „Gibt es etwas, das Sie diesem Haus gerne anbieten möchten?" Ein Mädchen von vielleicht zwölf Jahren hob die Hand und antwortete: „Errettung. Es gibt keine Errettung in diesem Haus."

Muslime würden ihr wahrscheinlich zustimmen. Als ich vor einigen Jahren mit Badru Kateregga das Buch *Woran ich glaube – Ein Muslim und ein Christ im Gespräch* schrieb, schlug ich ihm vor, er solle ein Kapitel über die Erlösung im Islam schreiben. Er lehnte ab und sagte, dass es im Islam kein Konzept der Erlösung gebe, so wie es ein Verständnis von Erlösung in den Evangelien gebe. Er erklärte mir, der Islam sei die Anweisung, was man glauben und wie man

---

45 Professor Seyed Amir Akrami, ein Gastgelehrter an der *Eastern Mennonite University*, in einer E-Mail an David Shenk vom 13. Juni 2014.

sich verhalten solle. Der Islam gibt Handlungsanweisungen, aber weiß nichts von Erlösung.

Daher schrieb mein Kollege damals ein Kapitel über den Frieden der Unterwerfung unter den Willen Gottes. Er erklärte, dass Gott im Islam denen, die sich seinem Willen unterwerfen, das Paradies anbieten könne, aber Gott komme nicht zu uns herab, um uns zu retten und zu erlösen. Wenn ich Muslimen zuhöre, ist klar, dass sie sich nach einer ewigen Belohnung durch Gott, ihren barmherzigen Schöpfer sehnen. Der Islam ist die Anweisung, wie man sich verhalten soll auf der Reise auf das letzte Gericht zu.

Die christliche Gemeinde dagegen wird als Tempel des lebendigen Gottes beschrieben. Die Kirche ist kein Gebäude, wie man es oft versteht. Sie wird vielmehr durch die Menschen gebildet, deren Zentrum Jesus, der Messias, ist. Die Gemeinde ist eine Gemeinschaft von Menschen, die durch die Gnade Gottes erlöst wurden, die sich in Jesus, dem Messias, offenbart hat.

Die große Stadt: die Gemeinde

Das Buch der Offenbarung, das die Schriften der Bibel beschließt, enthält überraschende Bilder für das Haus Gottes, das die Gemeinde genannt wird.[46] Die Gemeinde wird als große und wunderschöne Stadt beschrieben, die vom Himmel herabkommt. Sie wird auch „Braut des Lammes (Christus)" genannt. Dieses Bild macht eine freudige und liebende Beziehung deutlich. Die Beschreibung der Gemeinde als Stadt aus dem Himmel bedeutet, dass die Gemeinde Gottes Schöpfung ist, sie kommt vom Himmel. Dennoch stammen alle Materialien der Stadt von der Erde. Es zeichnet eine Vision von Gott und von denen, die an ihn glauben, wie sie zusammen daran arbeiten, die Stadt Gottes zu formen. (Ich benutze hier beide Begriffe, den der Stadt Gottes und der Gemeinde, um die Gemeinschaft der Gläubigen zu beschreiben, die Jesus, dem Messias, nachfolgt.)

---

46 Die Bibel: Offenbarung 21.

Die zwölf Tore

Die Stadt ist umgeben von einer Mauer mit zwölf Toren, die aus großen Perlen bestehen. Diese Tore sind die zwölf Stämme Israels und die Tore stehen immer offen, alle Menschen sind willkommen. All das begann mit der Berufung Abrahams. Gott rief Abraham, die Welt seiner Vorfahren zu verlassen, die in polytheistischen Praktiken verfangen war. Gott versprach, dass durch Abrahams Samen alle Nationen gesegnet werden würden. Abrahams Enkel Jakob (später bekannt als Israel) hatte zwölf Söhne. Jeder dieser Söhne begründete einen Stamm in Israel. Ihre Geschichte enthält viel Auf und Ab, Treue und Versagen. Inmitten all dessen war Gott am Werk, um die Nationen darauf vorzubereiten, sein Geschenk der Erlösung zu empfangen, das sich durch das Erscheinen des versprochenen Messias erfüllen würde.

Wir haben schon erwähnt, dass der Koran Wertschätzung für die biblischen Schriften zeigt. Muslime glauben, dass sie alle Propheten und Schriften Gottes respektieren sollen, einschließlich der alttestamentlichen Schriften. Über Mose steht im Koran mehr geschrieben als über alle anderen Propheten. Mohammed hatte die Hoffnung, dass seine Mission als Fortsetzung der Propheten Israels verstanden würde. Der moderne Konflikt der Muslime mit Israel begann schon zur Zeit Mohammeds und er verschleiert die Bedeutung der Propheten und Schriften, die durch Israel zu uns kamen.

Beispielsweise hörte die Menschheit durch Gottes Offenbarung an den Propheten Mose zum ersten Mal die erstaunliche Neuigkeit: „Am Anfang schuf Gott Himmel und Erde".[47] Der Koran anerkennt die Bedeutung dieser Propheten und Schriften, besonders in der *Sure 17*, die u. a. Kinder Israels (*Bani Israil*) genannt wird.

---

47 Die Bibel: Genesis 1,1.

Die zwölf Fundamentsteine

Die Stadt aus dem Himmel hat auch zwölf Fundamentsteine. Diese Steine sind die zwölf Apostel. Jeder ist ein wertvolles Juwel und bringt seine spezielle Begabung ein.[48] Das apostolische Zeugnis sowie die Schriften der Apostel bilden das Fundament der Kirche.

Muslime berufen sich auf die zwölf Säulen, die das Haus des Islam tragen: die sechs Glaubensgrundsätze und die sechs Säulen der Pflichten. Die Stadt Gottes, wie sie in der Offenbarung beschrieben wird, besteht aus zwölf Toren und zwölf Fundamentsteinen. Die Tore sind der Eingang zur Stadt und sie stehen immer offen. Sie laden sowohl die Nationen als auch die Könige zum Eintreten ein! Die Stadt ist ewig, sie ist fest auf dem Leben und Zeugnis der Apostel errichtet.

Das Lamm als Zentrum der Gemeinde

Wir haben gesehen, dass Muslime glauben, dass der Wille Gottes, wie er im Koran offenbart ist, das Zentrum der *Umma* darstellt. Im Zentrum der Gemeinde, wie es im Buch der Offenbarung dargestellt wird, treffen wir auf ein verwundetes Lamm – das aufrecht steht. Jesus wird das Lamm Gottes genannt. Das verwundete Lamm, das doch aufrecht steht, ist der gekreuzigte und auferstandene Jesus Christus, der im Zentrum der Gemeinde steht.

Die Gemeinde trifft die *Umma*

Manchmal werde ich von Einladungen überrascht, an Treffen der Gemeinde und der *Umma* teilzunehmen. Mit ihren unterschiedlichen Glaubensgrundlagen gibt es zwischen Gemeinde und *Umma* eine Reihe von Übereinstimmungen und Unterschieden. Das habe ich auch in Teheran im Iran vor ein paar Jahren so erlebt. Auf meinem Schreibtisch war die Ankündigung einer internationalen Konferenz über islamischen Messianismus in Teheran gelandet. Ergänzend

---

48 Die Bibel: Offenbarung 21,14.19–20.

wurde dazu eingeladen, Artikel einzusenden. Ein Thema für einen solchen Artikel hieß: „Die messianische Hoffnung in abrahamitischen Religionen." Ich schrieb zurück und bot an, einen Artikel über die messianische Hoffnung im christlichen Glauben beizutragen. Die Veranstalter luden mich daraufhin zu einem Vortrag ein. Später zeigte sich, dass auch zwei weitere Christen referierten.

Im Iran ist der schiitische Islam die vorherrschende Religion. Ihr Zweig schiitischer Theologie[49] lehrt, dass der zwölfte Imam verschwand, der ein Nachkomme von Mohammeds Tochter Fatima war. Er ist unter dem Namen Mahdi (eine Erlöserfigur) bekannt. Die iranischen Schiiten glauben, dass der Mahdi mit Jesus wiederkommt, um den Islam in aller Welt zu verbreiten. Seine Rückkehr geschieht, wenn die iranische Gesellschaft dem Islam treu ist. Darum geht es bei der iranisch-islamischen Revolution: treuen Gehorsam dem Islam gegenüber auf die Wiederkunft Jesu und des Mahdi hin zu fördern.

Bei der oben genannten Veranstaltung versammelten sich mindestens zweitausend geistliche Gelehrte aus aller Welt in einem Rundbau in Teheran. Im Foyer gab es einen Videofilm, der in einer Schleife wiederholt wurde und verkündete: „Jesus kommt bald mit dem Mahdi wieder. Bist du bereit?" Während der Konferenz hörte ich 21 Predigten über den Mahdi. Die längste Ansprache hielt der damalige iranische Präsident Mahmoud Ahmadinejad. Er verknüpfte den islamischen Messiasglauben mit dem Zustand der Welt. Ich sprach kurz mit Ahmadinejad und lud ihn zu zukünftigen Gesprächen mit nordamerikanischen Gemeindeleitern ein. Als ich dann selbst meinen Vortrag hielt, bat ich alle Anwesenden zu winken, wenn sie auf diese Weise Grüße an die christlichen Gemeinden senden wollten, die ich rund um die Welt besuchte. Ich brach fast in Tränen aus beim Anblick

---

49 Anmerkung des Lektorats: Innerhalb des schiitischen Islam gibt es verschiedene Strömungen, darunter die *Zaiditen* (Fünferschia) und die *Ismailiten* (Siebenerschia), sowie die im Iran vorherrschende Zwölferschia. Wie auch bei der Trennung von Sunniten und Schiiten liegen diesen Spaltungen unterschiedliche Ansichten in Bezug auf die legitimen Nachfolger Mohammeds als Anführer der islamischen Gemeinschaft zugrunde. Die Schiiten sehen in Mohammeds Schwiegersohn Ali ibn Abi Tālib und dessen leiblichen Nachkommen die einzig rechtmäßigen Nachfolger (*Imame*).

einiger Tausender schiitischer Gelehrter aus aller Welt, die dann winkend ihre Grüße an Kirchen rund um die Welt sandten.

Ich sprach 20 Minuten. Ich dankte für die Einladung und sagte, ich würde über das Evangelium sprechen. Ich sprach über das Leben Jesu und fing mit seiner Geburt durch eine Jungfrau an. Meinen Vortrag begann ich mit der ersten Predigt, die Jesus in seiner Heimatstadt Nazareth in der Synagoge gehalten hatte. Grundlegend für meinen Vortrag war die Aussage: „Heute hat sich diese Voraussage des Propheten erfüllt".[50] Ich sprach von Jesu Leben, Lehre, Kreuzigung, Auferstehung und Auftrag.

Dann sagte der Moderator mit Nachdruck: „Ihre Zeit ist um." Ich schloss meinen Vortrag mit einem Auszug aus dem Vaterunser: „Dein Reich komme, dein Wille geschehe, wie im Himmel, so auf Erden."[51] Zurück auf meinem Sitz, setzte ich schnell den Kopfhörer auf. Der Leiter der Veranstaltung sagte daraufhin: „Wir wussten all das über Jesus nicht. Wir werden uns damit auseinandersetzen, was Herr Shenk uns heute vorgetragen hat. Meine Botschaft an euch Christen ist: Macht eure Bücher für uns zugänglich, damit wir unser Studium beginnen können." Alle Bücher, die ich im Vortrag erwähnt hatte, waren biblische Texte. Meine Seele war voller Dankbarkeit über diese bestätigende Rückmeldung.

Von Frauen überrascht

Auch einige Frauen referierten bei dieser Konferenz. Ich war überrascht darüber, denn ich hatte geglaubt, dass Frauen im Iran unterdrückt würden. Diese Frauen jedoch hatten entweder einen Doktortitel oder befanden sich in akademischer Ausbildung. Sie hielten klare, kraftvolle und kreative Vorträge, die auch vom Publikum gut aufgenommen wurden.

Einige Jahre später nahm ich an einem weiteren Gespräch im Rahmen einer akademischen Veranstaltung zwischen Iranern und

---

50 Die Bibel: Lukas 4,18–21.

51 Die Bibel: Matthäus 6,10.

Nordamerikanern in Nordamerika teil. Die Theologen und anderen Wissenschaftler wurden von gut einem Dutzend iranischer Frauen begleitet. Das Treffen beschäftigte sich mit den Ähnlichkeiten und Unterschieden in muslimischer und christlicher Anthropologie. Nach dem Ende des formalen Dialoges nahmen die Frauen an einem Kurs einer christlichen Universität über christliche Zugänge des Friedenstiftens teil. Soweit ich verstanden hatte, war dieser Austausch von einer der theologischen Ausbildungsstätten im Iran organisiert worden.

Ich erzähle diese Begebenheit als Herausforderung an unsere Zerrbilder, damit wir über über die Rolle der Frau in der muslimischen Gesellschaft nachdenken. Offensichtlich gibt es da viele Unterschiede zu unserer Gesellschaft. Wenn wir die sozialen Veränderungen betrachten, die die Rolle der Frau in den westlichen wie auch muslimischen Gesellschaften stärken, tun wir gut daran, mit den schon stattfindenden tiefgreifenden Veränderungen in vielen muslimischen Gesellschaften vertraut zu sein.

Gemeinschaften, die Heilung für die Nationen bringen

In den abschließenden Abschnitten der Bibel haben wir gesehen, dass die Stadt Gottes Heilung zu den Nationen bringt. Ich will kurz der Bedeutung dessen für die Gemeinde nachgehen, wenn sie eine Gemeinschaft sein soll, die Heilung unter den Nationen bringen und ein Licht für die Nationen sein soll. Dabei bedenke ich besonders die Beziehung der Gemeinde zur *Umma*.

Jesus versprach, dass, wo zwei oder drei sich in seinem Namen treffen, er in ihrer Mitte sei.[52] Die Zahl zwei oder drei ist bedeutsam. In vielen Regionen der muslimischen Welt besteht die christliche Gemeinde wortwörtlich nur aus zwei oder drei Gläubigen. In manchen Gegenden gibt es viele Gläubige, aber sehr oft sind es nur sehr wenige.

---

52 Die Bibel: Matthäus 18,20.

Jesus ist das Licht inmitten der Gläubigen, ganz egal, ob es viele oder wenige sind. Er steht als der gekreuzigte und auferstandene Messias in der Mitte der Stadt. Er sorgt für das Licht in der Stadt. Er sorgt auch für das Licht unter den Nationen. Wir treffen die Nationen, wenn sie in sein Licht kommen. Wir treffen die Erlösten, die Buße getan haben und deren Namen im Buch des Lebens des Lammes stehen. Wir sehen sie in die Stadt hineinströmen.

Was bedeutet es, wenn die Nationen im Licht der Stadt Gottes wandeln und die Könige in Ehrerbietung in die Stadt kommen? Wir verstehen das wohl besser, wenn wir etwas mehr über den Nahen Osten wissen. Vor einigen Jahren trafen sich zwei meiner Bekannten mit dem inzwischen verstorbenen König Hussein von Jordanien. Er sagte ihnen, die Kirchen im Nahen Osten seien die einzige Hoffnung für die Region, denn sie seien die einzigen Gemeinschaften, die authentische Versöhnung lebten. Ungefähr zur gleichen Zeit hatte Bischof Elias Chacour in Galiläa ein Buch mit dem Titel *Blood Brothers* (Blutsbrüder) über Versöhnung geschrieben.[53] Der König sagte, er habe persönlich 5 000 Exemplare der Bücher gekauft und an seine Familie, an alle Mitglieder seiner Regierung und an jeden politischen Führer des Nahen Ostens gesandt. Die Versöhnung und Vergebung, von der der Bischof schreibe, sei ein Zeugnis für Heilung, das dringend nötig sei, sagte Hussein.

Rund um die Welt sehen wir die treue Gemeinde, die die Gegenwart des Lammes in ihrer Mitte begrüßt und zu einer Gemeinschaft wird, die Heilung und Gnade bringt. Sicherlich ist das gemeint, wenn Jesus als Licht der Stadt beschrieben wird: das Licht, das den Nationen den Weg weist.

Heilung für die Einzelnen

Jesus ist nicht nur derjenige, der die Nationen heilt, er ist auch der Heiler für jeden Einzelnen. Ich betone in diesem Buch die Auswir-

---

53 Elias Chacour and David Hazard, *Blood Brothers*. Zondervan, Grand Rapids, MI, 1984)

kungen des heilsamen Friedens Jesu auf Gemeinschaften und Nationen, weil die Herausforderungen unserer momentanen geopolitischen Gegebenheiten in den muslimisch-christlichen Beziehungen so groß sind. Genauso wichtig ist es aber, sich die heilende Gnade Jesu für jeden Einzelnen bewusst zu machen.

Im Frühjahr 2014 besuchten Grace und ich ein Land, wo das Konvertieren zum Christentum verfassungswidrig ist. Wir trafen eine Person, die dem Messias unter Lebensgefahr nachfolgt. Warum tut sie das? Sie sagte uns, der Grund sei, dass Jesus, der Messias, sie gefunden und sie in ihm ewige Errettung gefunden habe. Sie erzählte uns von dem Frieden, mit dem der Messias sie berührt und ihre Seele geheilt habe. Solche Berichte hören wir aus allen Ecken der Welt. Menschen kommen zu Jesus, denn er heilt die Einzelnen.

Der Soziologe Philip Jenkins hat zahllose Bücher über die weltweite Kirche geschrieben. Nach dem Erscheinen eines seiner Bücher über den christlichen Glauben im globalen Süden hörte ich im *National Public Radio* ein Interview mit ihm. Der Interviewer fragte ihn: „Professor Jenkins, was halten Sie für die Ursache, dass sich der christliche Glaube im globalen Süden ausbreitet?" Er antwortete: „Jesus. Durch Jesus wächst die Kirche. Jesus ist der Heiler, nicht unbedingt immer körperlich, aber er heilt jeden Einzelnen." Ich glaube, dieser Professor hat Recht!

Ein Leben spendender Fluss

In der Beschreibung der Stadt treffen wir auch auf den Fluss des Lebens.[54] Der Fluss entspringt am Thron Gottes und kommt vom Lamm. Der Fluss ist der Heilige Geist, der durch die Straßen der Stadt fließt und den Baum des Lebens hervorbringt, der Früchte in jeder Jahreszeit hat und Blätter zur Heilung der Nationen trägt. Welch ein außerordentlicher Fluss! Die Früchte des Baumes sind die Früchte des Heiligen Geistes: Liebe, Freude, Frieden, Geduld, Freundlichkeit,

---

54 Die Bibel: Offenbarung 22,1–4.

Güte, Treue, Besonnenheit und Selbstbeherrschung.[55] Die Blätter stehen für gerechte Menschen, die durch ihr rechtschaffenes Verhalten die Gemeinschaften und Nationen zum Besseren verändern.

Die Kirche steht in der besonderen Verantwortung, Gemeinschaft der Versöhnung zu sein. Die Kirche ist die einzige Gemeinschaft auf Erden, die glaubt, dass Jesus, der Messias, der gekreuzigt wurde und auferstand, der Mittelpunkt von Gottes großartigem Plan zur Heilung der Nationen ist. In der Kirche wird die Gute Nachricht verkündigt: Gott ist Liebe. Die Tore stehen immer offen. Alle sind willkommen!

Fragen zur weiteren Diskussion

1. Was ist der Auftrag einer jeden der drei abrahamitischen Religionen? Jede dieser Religionen glaubt, dass Gott Wahrheit offenbart. Was ist der Mittelpunkt der Offenbarung für jede der drei abrahamitischen Religionen?

2. Beschreiben Sie die sechs Glaubensgrundsätze und die sechs Säulen der Pflicht, auf die das *Haus des Islam* gegründet ist.

3. Beschreiben Sie die zwölf Tore und die zwölf Fundamentsteine, die das Neue Jerusalem (die Kirche) ausmachen.[56]

4. Was bedeutet für Muslime die Verneigung gen Mekka?

5. Das Lamm ist der Mittelpunkt des Neuen Jerusalems.[57] Was bedeutet es, wenn das Lamm der Mittelpunkt der Gemeinde ist?

---

55 Die Bibel: Galater 5,22–23.

56 Die Bibel: Offenbarung 21,12–15.

57 Die Bibel: Offenbarung 5,6; 21,22–23; 22,1.

KAPITEL 6

Gastfreundschaft leben

Die ewig offenen Tore der Stadt Gottes, wie sie im Buch der Offenbarung beschrieben werden, erinnern mich an die Gastfreundschaft, wie sie im Zuhause eines meiner afrikanischen Pastorenkollegen in Nairobi gelebt wurde. Er erzählte mir, dass er als Kind im Landesinnern von Kenia lebte. Sein Vater trat regelmäßig zur Essenszeit vor das Haus und sah in die Ferne. Er hielt Ausschau danach, ob etwa ein Fremder die Straße zu ihrem Zuhause entlang kam.

Wenn sein Vater dann einen Fremden entdeckte, erhob er seine Stimme und rief ihm laut zu: „Hallo! Es ist Abendessenszeit. Komm in mein Haus und iss mit uns!" Das ist die Haltung der Gastfreundschaft, die wir auch in den Versen der Offenbarung antreffen, in denen die Stadt beschrieben wird, die vom Himmel kommt.

Auch das *Haus des Islam* hat offene Türen. Alle sind willkommen. Fünf Mal am Tag ergeht von den Minaretten rund um die Welt die Einladung, islamische Gastfreundschaft zu erleben und Gott anzubeten. Das muslimische Zeugnis und ihre Einladung sind eindeutig formuliert: „Gott ist der Allerhöchste. Ich bezeuge, dass Mohammed der Prophet Gottes ist, daher: Komm und erlebe das Gute. Komm und bete mit uns."

Wie ich es weiter vorne im Buch schon getan habe, ist es auch an dieser Stelle hilfreich, die Stadt Gottes, wie sie im biblischen Buch der Offenbarung beschrieben wird, und das *Haus des Islam* miteinander zu vergleichen. Es ist sinnvoll, die verschiedenen Gemeinschaften als einladende Gemeinden zu verstehen. Ebenso wichtig ist es, zu verstehen, wozu Menschen eingeladen werden. Ich werde in diesem Buch nun den Begriff *Umma* benutzen, wenn ich mich auf das *Haus des Islam* beziehe und den Begriff Kirche/Gemeinde, wenn ich mich auf Gläubige beziehe, die an Jesus, den Messias, glauben.

Gastfreundliche Gemeinschaften

Sowohl die gläubige Gemeinde wie auch die muslimische *Umma* sind gastfreundliche Gemeinschaften. Der Koran ermutigt Muslime sogar dazu, mit den Christen in Gastfreundschaft und guten Taten zu wetteifern. Der Koran bezeichnet die Christen als Menschen mit Barmherzigkeit im Herzen.[58] Christen und Muslime werden dazu ermutigt, gemeinsam zu feiern.[59] Der Koran lobt opferbereite Großzügigkeit:

> Die Frömmigkeit besteht nicht darin, dass ihr euch (beim Gebet) mit dem Gesicht nach Osten oder Westen wendet. Sie besteht vielmehr darin, dass man an Gott, den jüngsten Tag, die Engel, die Schrift und die Propheten glaubt und sein Geld – mag es einem noch so lieb sein – den Verwandten, den Waisen, den Armen, dem, der unterwegs ist [...], den Bettlern und für (den Loskauf von) Sklaven hergibt, das Gebet verrichtet und die Almosensteuer bezahlt. Und (Frömmigkeit zeigen) diejenigen, die, wenn sie eine Verpflichtung eingegangen haben, sie erfüllen, und die in Not und Ungemach und in Kriegszeiten [...] geduldig sind. Sie (allein) sind wahrhaftig und gottesfürchtig.[60]

Das ist wirklich eine Aufforderung zu Großzügigkeit! Wir haben schon oft diese beeindruckende Großzügigkeit bei Muslimen erlebt, wie sie auch in den geistlichen und ethischen Lehren im Koran beschrieben wird.

Als ich vor einigen Jahren in Somalia war, besuchte ich einen der Studenten aus der Schule in seinem Zuhause. Wir fuhren mit einem Auto dorthin, was – gemessen an dem armen Dorf, woher der Student

---

58 Der Koran: Sure 57:27.
59 Der Koran: Sure 5:5.
60 Der Koran: Sure 2:177.

kam – einen enormen Reichtum unsererseits ausdrückte. Als wir uns bei ihm zuhause hinsetzten, gab seine Mutter einem Kind ein paar Münzen und schickte es los, um einen winzigen Beutel von rotem Süßungsmittel zu kaufen, das sie dann in einen Topf mit Flusswasser für ihre Ehrengäste gab. Ich wusste, dass das verschmutzte Flusswasser für mich gefährlich sein würde. Also erinnerte ich den Herrn daran, dass er versprochen hatte, dass uns sogar Schlangen nichts anhaben könnten, und trank dieses extravaganteste Geschenk, das meine freundliche Gastgeberin anbieten konnte.

Einer unserer Söhne reiste über ein halbes Jahr durch den Nahen Osten, nachdem er das College abgeschlossen hatte. Die Reise kostete ihn fast nichts, da er durch die einheimische Gastfreundschaft versorgt wurde. Sogar bei einem dreiwöchigen Aufenthalt in Algerien wurden alle seine Kosten von seinen Gastgebern übernommen, darunter Lastwagenfahrer und ein muslimischer Sultan. Als er wieder an der algerischen Grenze ankam, waren die Zöllner nicht erfreut darüber, dass er so wenige Devisen eingesetzt hatte. Für einen Moment sah es fast so aus, als wollten sie ihn nochmals zurück in die Wüste schicken, um dort mehr Geld auszugeben!

Unser Vater ist gastfreundlich!

Wir haben wirklich sehr oft muslimische Gastfreundschaft erlebt. Aber die Christen sind nicht von der Aufforderung ausgenommen, gastfreundlich zu sein. Ein Gespräch, das ich vor ein paar Jahren führte, gibt ein anschauliches Beispiel für christliche Gastfreundschaft gegenüber Flüchtlingen, von denen die meisten Muslime waren. Ich war gerade dabei, die Erinnerungen von Ahmed Ali Haile, einem somalischen Nachfolger Jesu, des Messias, aufzuschreiben. Ich fragte seine Kinder im Teenageralter, was dabei besonders erwähnt werden müsse. Sie zierten sich ein wenig, aber ihr Vater ermutigte sie fröhlich: „Ihr wollt nur nichts sagen, weil ihr berichten müsstet, dass euer Vater ein Diktator ist. Ihr seid nur zu nett, um es so zu sagen." „Oh nein", riefen sie da, „Vater ist kein Diktator! Das solltest du unbedingt aufschreiben: Unser Vater ist total gastfreundlich. Selbst wenn ein Flüchtling aus Somalia früh am Morgen um zwei Uhr vor unserer Tür stand, hat Vater ihm einen Platz zum Schlafen gegeben. An unserem Tisch saßen immer Gäste. Vater war gastfreundlich und hat diese Überzeugung an die ganze Familie weitergegeben. Gastfreundschaft war bei uns zuhause immer ein starker Ausdruck unserer Liebe zum Messias."

Ich fragte nach: „Aber die Gastfreundschaft eures Vaters vertrieb euch oft genug nachts aus euren Betten, um einem Fremden ein Bett zu geben, den ihr nicht kanntet – nur um dann selbst auf dem Boden weiterzuschlafen." „Ja, das ist wahr. Aber Gastfreundschaft bedeutet doch, den Fremden gerade dann willkommen zu heißen, wenn es unbequem ist."

Diese Familie kaufte gut 100 Pfund Zucker pro Monat, damit ihre Gäste süßen Tee trinken konnten! Die meisten ihrer Gäste löffelten fünf Teelöffel Zucker in ihre Tasse Tee, das relativiert die große Menge ein wenig, aber nur ein klein wenig. An ihrem Tisch waren Gäste immer zu einer Mahlzeit willkommen. Diese Familie hatte offene Herzen für alle, die zu ihnen kamen. Ihr Erbe ist ein bemerkenswertes Zeugnis für die liebevolle Fürsorge für Flüchtlinge und Unterdrückte.

Das Einzige, was ich an unseren sechs Jahren in Nairobi zutiefst bedauere, ist die Tatsache, dass wir uns den somalischen Flüchtlingen gegenüber nicht großzügig genug verhalten haben. Es war zu leicht, sich überfordert zu fühlen, und wir taten daher wenig. Wir machten uns auch große Sorgen wegen der Regierung, die es nicht gern sah, wenn Flüchtlingen geholfen wurde. Klar ist: Wir haben nicht genug getan. Mir tut das sehr leid und ich bat einige Somali um Vergebung. Der Freund, dessen Erinnerungen ich aufschrieb, hat meinem Herzen zu einer größeren Großzügigkeit verholfen.

Ein Becher kalten Wassers

Jesus versprach denen seinen Segen, die in seinem Namen anderen einen Becher kalten Wassers geben würden.[61] Wir haben diesen Segen

---

61 Die Bibel: Markus 9,41.

erlebt. Auch wenn wir in der Flüchtlingskrise nicht Nahrungsmittel verteilten, so stand doch unser Zuhause immer offen. Grace hatte auf unserem Küchenschrank immer Bananen und Brot für hungrige Gäste bereit stehen, die an unserer Tür klopften. Da wir das einzige Telefon in einem sehr bevölkerten Quartier in Nairobi besaßen, wurde unser Wohnzimmer gelegentlich zur Telefonvermittlungsstelle. In dem aus fünf Wohnungen bestehenden Komplex in Eastleigh, in dem auch wir lebten, reservierten wir eine Wohnung für Somali, die kein Dach über dem Kopf hatten. Viele Leute nutzten das und Graces Kochkünste waren sehr geschätzt!

Auch die Kinder trugen zur Gastfreundschaft bei. Unsere Familie hatte eine gute Beziehung zum Imam der Moschee und zu seiner Familie. Unsere Töchter wurden beste Freundinnen seiner Töchter, und wenn er krank wurde, lud er mich zu sich ein, für ihn um Heilung zu beten. Unsere Söhne erhielten ihre ersten Lektionen über Straßenfußball von den Jugendlichen der Moschee und der Kirche. Unsere Kinder halfen uns auf ihre ganz eigene, bemerkenswerte Weise, in Eastleigh anzukommen.

Als nach sechs Jahren in Nairobi die Zeit des Abschieds von Kenia kam, gaben uns unsere Freunde und Kollegen viele Abschiedsfeste und hielten viele Ansprachen. Ich hatte an der Universität gelehrt, Bücher geschrieben und in vielen Programmen als Leiter gewirkt. Aber all diese Engagements wurden kaum in den Abschiedsreden erwähnt, wenn überhaupt. Was wir aber hörten, war die Wertschätzung unserer Gastfreundschaft. Menschen drückten ihre Dankbarkeit aus: „Grace hatte immer einen Becher kalten Wassers oder heißen Tees bereit, wenn jemand zu Besuch kam." Als ich den Reden zuhörte, wurde mir klar, dass diese freundlichen Zeichen der Gastfreundschaft, die Grace und unsere Kinder erwiesen hatten, eine zentrale Dimension unseres Dienstes gewesen waren.

Sprache: die Herausforderung der Gastfreundschaft

Sprache schafft eine Realität von tiefgreifender Bedeutung, wenn es darum geht, Gastfreundschaft zu erweisen und zu empfangen. Ich will das illustrieren: Über viele Jahre hinweg besuchten christliche Freunde regelmäßig mit mir die „Moschee auf dem islamischen Weg" in Baltimore. Die Moschee war durch einen Afroamerikaner gegründet worden, der nach seiner Bekehrung zum Islam für zehn Jahre nach Saudi-Arabien ging, um dort Arabisch zu lernen und seine islamischen Studien zu vertiefen. Als Imam wusste er, dass das Arabischstudium wichtig ist, denn Muslime glauben, der Koran sei in der arabischen Sprache zu Mohammed gesandt worden. Ich war eines Abends in der Moschee, als ein älterer Mann von der Straße hereinkam. Das geschah, kurz nachdem der Imam wieder nach Baltimore zurückgekehrt war.

Der ältere Mann kam nach ganz vorne im Raum, wo wir mit dem Imam saßen, und sagte: „Ich möchte Muslim werden." Die Versammlung brach in lautes Lob Gottes aus. Dann sagte ihm der Imam, er müsse das Glaubensbekenntnis in Arabisch nachsprechen: „Es gibt keinen Gott außer Allah und Mohammed ist sein Prophet." Als der Mann das Bekenntnis gesprochen hatte, sagte der Imam zu ihm: „Du bist nun Muslim. Es gibt eine Verpflichtung. Die Gebete, die du sprechen musst, sind auf Arabisch und auch der Koran ist auf Arabisch geschrieben. Du musst Arabisch lernen! Schreib dich im Arabischkurs ein, der hier in der Moschee stattfindet, bevor du heute Abend von hier weggehst."

Das Schauspiel an diesem Abend – einen Arabischkurs für einen älteren Mann anzubieten, der zum Islam konvertiert war – wirkt wie ein Fenster in die weltweite *Umma* hinein. Wo immer die *Umma* in Gemeinschaften rund um die Welt anwächst, sie verbreitet damit auch die arabische Sprache. Die Verbreitung des Islam geht mit der Verbreitung der arabischen Sprache einher.

Diese Wirklichkeit wurde an diesem beschriebenen Abend in der Moschee sichtbar. Ungefähr ein Jahr nach dem Ereignis war ich wieder einmal in der Moschee zu Besuch und traf dort einen Imam aus Saudi-Arabien an, der neben dem einheimischen Imam saß. Als wir Fragen stellten, sagte der Imam, der die Moschee gegründet hatte, zu uns: „Ich gebe eure Fragen an unseren Bruder aus Arabien weiter, denn er kann viel besser Arabisch als ich!" So war die Moschee in

Baltimore nicht nur ein Ort für Arabischkurse, sondern die Autorität der lokalen Moschee wurde auch dem übertragen, der am besten Arabisch konnte. Es wird vorausgesetzt, dass diejenigen, die am besten Arabisch sprechen, auch die besten Lehrer des Islam seien.

Vergleichen Sie diesen Austausch in der Moschee mit den Erfahrungen, die ich in der Kirche meiner Kindheit unter dem Volk der Zanaki in Tansania machte. Während des Gottesdienstes stand eine über 90-jährige Frau, von Gelenkschmerzen gebeugt, zwischen dem Chorgesang auf und hielt eine Übersetzung des Matthäusevangeliums in die Zanakisprache hoch. Sie sang laut: „Dieses Buch sagt uns alles über Jesus – es sagt uns, wie wir erlöst werden. Glaubt der Botschaft im Buch!"

Sie sang und lobte Gott in ihrer Muttersprache. Es fühlte sich an wie das Pfingstereignis in der frühen Kirche in Jerusalem. Als an Pfingsten die Gemeinde zusammenkam, hörten Menschen „aus allen Völkern unter dem Himmel" die Gute Nachricht in ihrer eigenen Sprache:

> „Alle diese Leute sind doch aus Galiläa, und nun hören wir sie in unserer Muttersprache reden; ganz gleich, ob wir Parther, Meder oder Elamiter sind. Andere von uns kommen aus Mesopotamien, Judäa, Kappadozien, Pontus und der Provinz Asia, aus Phrygien, Pamphylien und aus Ägypten, aus der Gegend von Kyrene in Libyen und selbst aus Rom. Wir sind Juden oder Anhänger des jüdischen Glaubens, Kreter und Araber. Doch jeder von uns hört diese Männer in seiner eigenen Sprache von Gottes großen Taten reden!"[62]

Das Wort Gottes in der Sprache aller Menschen weltweit ist eine Gabe kultureller und linguistischer Gastfreundschaft, die die muslimische *Umma* nicht nachmachen kann. Ein Element, das den christlichen Glauben anziehend macht, ist die Überzeugung, dass Gott keine Sprachbarrieren aufrichtet oder Sprachanforderungen stellt. Die Kirche lädt Menschen aller Sprachen zur Anbetung in ihrer Muttersprache ein!

---

62 Die Bibel: Apostelgeschichte 2,5–12.

Gastfreundschaft leben und erleben

Die Ausführungen weiter oben unterstellen nicht, dass Muslime ungastlich seien. Gerade die Gastgeber der Moschee in Baltimore haben uns einige Male zum Essen eingeladen, während wir uns unter ihre Gemeinschaft mischten. Der Koran ist eindeutig in seinen Aussagen: Muslime und Christen sollten zueinander gastfreundlich sein. Muslime erzählen gern zwei Geschichten aus der Frühzeit ihrer Bewegung. Die erste Erzählung haben wir schon erwähnt: als die Christen in Äthiopien die verfolgten Muslime aus Mekka beherbergten.

Ebenso bedeutsam ist eine Erzählung eines Besuches von Christen aus dem Jemen bei Mohammed. Er lud sie in die Moschee in Medina ein, damit sie dort beten könnten und einen Platz fanden, um sich von ihrer Reise zu erholen. Im gleichen Geist werden Muslime ermutigt, den Christen Gastfreundschaft zu gewähren und die der Christen anzunehmen.[63]

Ein gemeinsames Wort

Solche vorbildhaft erwiesene Gastfreundschaft wie bei dem erwähnten Besuch wurde kürzlich in einem Brief von Muslimen an die weltweite christliche Kirche empfohlen. Der Brief ist datiert auf den 13. Oktober 2007 und war sehr überraschend. Es ist wahrscheinlich das erste Mal, das sich eine Vertretung von Muslimen aus aller Welt mit einem Brief an alle Christen wendete. Der Brief wurde in dem Bewusstsein geschrieben, dass Muslime und Christen als Vertreter der halben Weltbevölkerung eine besondere Verantwortung für den Weltfrieden tragen. Er betont, dass die Liebe zu Gott und dem Nächsten ein gemeinsamer Ausgangspunkt sein könne.[64] Die Briefschreiber hielten fest, dass die beiden Liebesgebote Kernverpflichtungen in Tora

---

63 Alfred Guillaume, *The Life of Muhammed*, 270–277.
64 Die Bibel: Markus 12,29–32.

und *Indschil* (Evangelium) sind. Der Brief ist lang und umfasst gut 40 Seiten.[65]

Es ist nicht überraschend, dass auf den Brief mit dem Titel „A Common Word" („Ein gemeinsames Wort") unterschiedliche und manchmal leidenschaftliche Antworten verfasst wurden. Manche betrachteten ihn als kühnen Versuch der Muslime, das Evangelium zu untergraben; andere sahen ihn als eine der erstaunlichsten Entwicklungen in den Beziehungen zwischen Muslimen und Christen an. Mindestens eine Person schreibt eine Doktorarbeit über „A Common Word".

Ich kann in diesem kurzen Buch nicht alle Folgen des Briefes ausführen. Aber ich habe mich sehr darüber gefreut, zu einigen Veranstaltungen eingeladen zu werden, an denen der Brief diskutiert wurde. In einem Forum waren muslimische Repräsentanten aus Mekka dabei, die mir sagten, sie hofften darauf, mich nach Mekka einladen zu können, um ihnen das christliche Verständnis der Dreieinigkeit vorzutragen. Sie sagten, da mein Name David sei und ich an den einen Gott glaube, hofften sie, für mich eine Einladung erwirken zu können. Bis jetzt wurde noch keine Einladung ausgesprochen, aber das Anliegen zeigt doch manche der offenen Türen, Gespräche zu führen und Zeugnis von Christus abzulegen, die diese durch den Brief ausgelösten Treffen ermöglichten. Viele Muslime wie auch Christen hatten bis dahin nie solche Dialoge von Herz zu Herz erlebt, die diese Foren nun ermöglichten.

---

65 Der ganze Brief mit dem Titel „A Comon Word Between Us and You" („Ein gemeinsames Wort zwischen uns und euch") ist auf der offiziellen Website www.acommonword. com zu lesen. Eine Antwort der *Mennonite Church USA* darauf findet sich hier: http:// www.acommonword.com/the-response-of-the-mennonite-church-to-a-common-word/, besucht am 4.2.2015.

Wie man sich bei gemeinsamen Mahlzeiten
von Muslimen und Christen verhält

Natürlich setzen Begegnungen von Christen und Muslimen eine respektvolle Verhaltensweise voraus.[66] Für Christen, die Muslime einladen, ist es Pflicht, ihnen *halal*-Gerichte (also Lebensmittel, die im Islam erlaubt und legal sind) vorzusetzen. Die meisten Städte haben einen *halal*-Lebensmittelladen, wo man Fleisch kaufen kann, das nach muslimischen Vorschriften zubereitet wurde. Sollte in der eigenen Stadt kein *halal*-Fleisch zu erhalten sein, dann tut es auch ein vegetarisches Gericht. Versichern Sie den muslimischen Gästen, dass das Essen *halal* oder vegetarisch ist. Zudem müssen Gastgeber darauf achten, dass Kochgeschirr oder Geschirr und Besteck nicht mit Schweinefleisch oder anderen verbotenen Lebensmitteln in Berührung kamen. Muslimische Gäste werden es schätzen, wenn ihre christlichen Gastgeber ihnen zusichern, dass sie sensibel auf deren Essensrichtlinien geachtet haben.

Manche Christen, die von Muslimen in ihr Haus eingeladen wurden, zögern, dort Fleisch zu essen, das nach muslimischen Vorschriften zubereitet wurde, da diese auch beinhalten, dass bei der Tötung des Tieres der Name Allahs angerufen wird. Nach meinem Urteil ist hier der Rat des Paulus an die Korinther hilfreich. Er rät dazu, dass wir alles Essen im Namen Jesu dankbar annehmen können, der alle Lebensmittel rein gemacht hat.[67] Miteinander zu essen ist eine wunderbare Möglichkeit, Freundschaften zu schließen und Vertrauen wachsen zu lassen. Ich denke über Gastfreundschaft so: Diejenigen die im *Haus des Islam* leben, und denjenigen, die im Haus der Stadt Gottes wohnen, besuchen einander.

---

66 Bruce A. Dowell/Anees Zaka, *Muslims and Christian at the Table – Promoting Biblical Understanding among North American Muslims*. P&R Publishing, Philipsburg, NJ 1999, 171–216. Das Buch gibt hilfreiche Anregungen dazu, wenn man Muslimen Gastfreundschaft anbietet oder von ihnen eingeladen wird.

67 Die Bibel: 1. Korinther 10,23 –27.

Muslimische Gäste willkommen heißen

Meist sind Muslime erfreut, wenn sie zu Christen nach Hause eingeladen werden. Das erlebten auch Freunde von uns, als sie einen muslimischen Nachbarn mit seiner Familie zum Essen einluden. Die Familie kam in ihren besten Kleidern, sie hatten sich offensichtlich über die Einladung gefreut. Es stellte sich dann heraus, dass sie schon gut 30 Jahre in den Vereinigten Staaten lebten, aber das erste Mal von einer christlichen Familie zum Abendessen in ihr Haus eingeladen wurden. Es war ein wunderbarer Abend!

Kürzlich hatten meine Frau und ich eine schiitische Familie mit zwei Töchtern im Teenageralter bei uns zu Gast. Gleich bei ihrer Ankunft sagten sie uns in dringendem Ton, es sei Gebetszeit. Sie mussten dafür wissen, in welcher Richtung Mekka liegt, aber das wussten wir nicht. Daher starteten sie ihren Computer, um Mekka auszumachen, und wir stellten einen Raum zur Verfügung, wo sie ihre Gebete verrichten konnten. An diesem Abend hatten wir hervorragende Gespräche, manche drehten sich um Glaubensfragen. Am nächsten Morgen nahmen sie an unserer Morgenandacht teil, die wir regelmäßig zusammen halten und zu der auch die Bibellese gehört. Wir sagen ein Lied mit dem Titel *I Owe the Lord a Morning Song*. Die Familie schätzte unsere Anbetungszeit am Tagesbeginn. Sie lud uns in den Iran ein und versprach uns, dass wir dann Gäste bei ihnen sein würden.

Gastfreundschaft von Gemeinschaft zu Gemeinschaft

Vor einiger Zeit luden Mitglieder einiger Kirchen unserer Stadt und einer großen Moscheegemeinde gemeinsam zu einem Wochenende der Gastfreundschaft ein. Dazu gehörte auch ein Fest. Vermutlich war der Teil des Anlasses der beste, als man einander Geschichten über Erfahrungen mit dem Glauben erzählte und auch von den Herausforderungen hörte, denen man sich als Nachfolger Gottes in den Vereinigten Staaten stellen muss. In der Folge wurde ein kleines Team damit beauftragt, herauszufinden, welche weiteren Möglichkeiten gegenseitiger Gastfreundschaft denkbar wären. Die Christen machten dabei klar, dass sie Nachfolger Jesu sind und die Gastfreundschaft zu leben versuchen, die Gott uns allen im Leben und im Auftrag des Messias anbietet. Die Muslime, hauptsächlich Immigranten, freuten sich darüber, dass sie ihren Freundeskreis ausbauen konnten. Die beiden Gemeinschaften bieten nun gemeinsam Arabischkurse für Kinder aus Immigrantenfamilien an, da die Eltern fürchten, ihre Kinder würden ihre Arabischkenntnisse verlieren, wenn sie immer besser Englisch sprechen können.

Sowohl in Somalia als auch in Nairobi nutzten wir den Anlass des Weihnachtsfestes. Muslime feiern den Geburtstag Mohammeds nur sehr schlicht. Das Fastenbrechen am Ramadan und das Opferfest bei der jährlichen Pilgerreise nach Mekka werden viel feierlicher begangen als die Erinnerung an Mohammeds Geburt. Dennoch ist der Geburtstag des Messias eine gute Gelegenheit, um Nachbarn zu einer Feier einzuladen. In Somalia und Nairobi schlachtete die kleine Gemeinde von Christen an Weihnachten jeweils eine Ziege und bereitete sie zu einer besonders köstlichen Mahlzeit zu. Wir luden dann viele muslimische Freunde ein. Es gab wunderschöne Musik, viele Lieder drehten sich um Jesus, dessen Geburtstag wir ja feierten. In Somalia führten wir dann meist die Weihnachtsgeschichte auf. Wenn wir kein Anspiel hatten, erzählten wir die Weihnachtsgeschichte.

Meistens erhalten wir Weihnachtskarten von Muslimen und denken, sie freuen sich auch, wenn wir ihnen als ihre christlichen Freunde eine Karte senden. Ich machte es mir nicht zur Angewohnheit, an den muslimischen Feiertagen Karten zu verschicken, aber meist schreibe ich im Monat der Pilgerreise an muslimische Freunde und sage ihnen, dass ich für die Pilger bete. Ich bete für sie auch um Offenbarung der Wahrheit während ihrer Pilgerfahrt.

Wie wir schon erwähnt haben, war Somalia sehr restriktiv. Wir haben in der Regel die somalischen Behörden informiert, wenn wir eine christliche Feier planten. Wir versicherten ihnen, es gebe keinen Alkohol. Wir hofften mit dieser Information Störungen zu vermeiden. Es gab nie Einwände über unsere Anlässe, sondern viel Wertschätzung.

Ein südindischer Beamter der Vereinten Nationen und seine Frau luden die somalischen Beamten, mit denen er zusammenarbeitete, zur Weihnachtsfeier ein. Zu der Feier gehörte, dass man den ganzen *Messias* von Händel anhörte, dann folgten Delikatessen und fröhliche Gespräche. Seine Familie erhielt immer herzliche Dankesworte von den somalischen Beamten. Es ist erstaunlich, wie Gastfreundschaft Türen öffnet, die sonst verschlossen blieben.

Zusammenfassend kann man sagen, dass der Koran Muslime dazu ermutigt, eine freundschaftliche und großzügige Haltung gegenüber Gästen zu zeigen. Tatsächlich sollen Muslime darum wetteifern, gastfreundlich zu sein.[68] In vielen Gemeinden freuen sich auch Muslime und Christen an gegenseitiger Gastfreundschaft; Christen laden Muslime zu ihren Festen ein und Muslime laden die Christen zu sich ein.

Bei Freundschaften vorsichtig sein

Während es einerseits wahr ist, dass der Koran zu gegenseitiger Gastfreundschaft zwischen der *Umma* und der Kirche einlädt, so gibt es andererseits doch auch Warnungen vor möglichen Gefahren, die aus dem guten Willen zur Gastfreundschaft entstehen können. Die Sorge ist die, dass durch Gastfreundschaft und Freundschaft Muslime vom Islam zum christlichen Glauben weggelockt werden könnten. In diesem Fall formuliert der Koran deutlich: eine solche Freundschaft muss beendet werden.[69]

Sollte sogar durch Gastfreundschaft eine Romanze zwischen einem christlichen Mann und einer muslimischen Frau entstehen, muss diese Freundschaft beendet werden, es sei denn, der Mann bekehrt sich zum Islam. Eine Romanze zwischen einem muslimischen Mann und einer christlichen Frau dagegen ist erlaubt, die Kinder gehören zum Mann und werden als Muslime erzogen. Diese Tatsache bedeutet, dass es nicht weise ist, wenn sich Muslime und Christen ineinander verlieben. So argumentiert auch Paulus, wenn er im Brief an die

---

68 Der Koran: Sure 4:86.

69 Der Koran: Sure 2:109; Sure 3:69.

Korinther zu ähnlichen Themen in Korinth Stellung nimmt.[70] Seine Ermahnung gilt sicher auch für romantische Beziehungen zwischen Christen und Muslimen.

Christen teilen die Sorge, dass Gastfreundschaft als Mittel zur Evangelisation missbraucht werden könnte. Würde ein Muslim eine Freundschaft mit meinen Enkeln schließen und sie in seine Moschee einladen, würde ich auch Bedenken hegen. Ich sehe daher die muslimischen Vorbehalte nicht als feindselig an. Ich verstehe die Sorgen, denn jeder Muslim versteht seinen Glauben als einen Schatz und genauso sehe ich meine Nachfolge Jesu als wertvollen Schatz an.

Beziehungen zu muslimischen Nachbarn aufbauen

Als ich in einem afrikanischen Land ein Seminar über treues christliches Zeugnis unter Muslimen durchführte, stellte ich den Studierenden die Aufgabe, sich mit einem muslimischen Nachbarn zu treffen. Sie sollten die Nachbarn danach fragen, welche Vorschläge sie zugunsten friedvoller Beziehungen zwischen Muslimen und Christen hätten.

Die Studierenden hätten fast rebelliert. Sie hatten Angst, die Muslime würden sie angreifen. Das machte nur klar, wie dringend nötig es war, gute freundschaftliche Beziehungen aufzubauen. Ich ließ ihnen die Freiheit, die Aufgabe freiwillig zu erfüllen. Sie würde als zusätzliche Leistung gewertet. Wenn ich mich richtig erinnere, haben dann nur drei von 30 Studierenden die Aufgabe nicht angepackt. Die anderen waren begeistert über die Auswirkungen. Die Muslime freuten sich über das Interesse der Christen an ihnen und dass sie ihnen wert genug waren, Fragen zu stellen. Alle Muslime hatten enthusiastische Vorschläge. Nur einer wurde von der Klasse verworfen: dass christliche Frauen muslimische Männer heiraten sollten.

Manchmal erhalte ich einen Anruf und jemand fragt mich, wie man freundschaftliche Beziehungen mit muslimischen Kollegen auf-

---

70 Die Bibel: 2. Korinther 6,14–15.

bauen könne. Vor einiger Zeit fragte jemand: „David, ein Muslim zog in meine Nachbarschaft. Was ist dein Rat?"

Mein Rat ist: Heißt die muslimische Familie willkommen und lernt euch kennen. Lernt mehr über eure neuen Nachbarn. Findet heraus, welche Sorgen sie sich über ihre Nachbarschaft machen. Helft ihnen, wo ihr könnt, sich in ihr neues Umfeld einzugewöhnen. Wartet nicht zu lange damit, sie zum Essen einzuladen. Versichert ihnen, dass das Essen *halal* oder vegetarisch ist. Und genießt die Zeit zusammen. Wie schon in den vorherigen Kapiteln erwähnt, schätzen die meisten Muslime ein Gespräch über Gott. Wahrscheinlich wird euer Nachbar euch nach eurem Glauben und eurer Gemeinde fragen. Es kann gut sein, dass sie nach einer Zeit gern eine Bibel von euch annehmen, wenn ihr sie als wertvolles Geschenk mit persönlicher Widmung eines Freundes überreicht. Vielleicht würden sie auch gern mit euch zusammen die Bibel lesen. Viele Muslime finden die biblischen Erzählungen und die Botschaft der Erlösung faszinierend. Nährt die Beziehung!

Mein bester Freund in meiner Nachbarschaft ist ein Muslim. Ich erfreue mich sehr an unseren Gesprächen bei einer Tasse Kaffee oder bei einem gemeinsamen Frühstück!

Politische Auswirkungen von Gastfreundschaft

Ich habe zwei Ereignisse zu Mohammeds Zeit erwähnt, die beeindruckende Beispiele von Gastfreundschaft sind. Das erste war die Aufnahme von dreihundert Muslimen aus Mekka im christlichen Äthiopien. Sie flohen vor den Verfolgungen aus Mekka, um Schutz zu finden. Das andere Ereignis betrifft Christen aus dem Jemen, die in der Moschee von Medina willkommen geheißen wurden, in der sie sich erfrischen und einen Gottesdienst abhalten konnten. Beide Ereignisse werden oft von modernen Muslimen als Beispiel idealer muslimisch-christlicher Beziehungen gemammt.

Solche Großzügigkeit kann auch politische Auswirkungen haben. Beispielsweise hat die Schweiz Tausenden von muslimischen Flüchtlingen Gastfreundschaft gewährt. Das ist großzügig und richtig. Aber es gab eine spezielle Herausforderung. Die Muslime wollten

Moscheen mit Minaretten bauen. In einem Referendum wurde darüber abgestimmt und die Schweizer stimmten gegen den Bau von
Minaretten. Moscheen sind jedoch weiterhin erlaubt.

Wie weit sollte die Gastfreundschaft von Christen gegenüber Muslimen gehen? In Großbritannien hat der anglikanische Erzbischof
von Canterbury angedeutet, die Kirche solle dem Wunsch der Muslime nachkommen, im häuslichen Bereich das islamische Gesetz der
Scharia anwenden zu können. Das hat eine erbitterte Debatte ausgelöst. Würde das bedeuten, Polygamie für Muslime in Großbritannien
zuzulassen, wie es das Gesetz der Scharia erlaubt?

Frankreich zieht die Linie sehr klar, indem es den Staat als unab-
dingbar säkular erklärt. Muslimischen Mädchen und Frauen ist dort
das Tragen des *Hidschāb* in Regierungsgebäuden und Schulen verboten, in der Öffentlichkeit dürfen sie ihn tragen. Das öffentliche Tragen
des *Nikāb*, der das ganze Gesicht verschleiert, ist hingegen verboten.
Vielen Muslimen erscheinen diese Restriktionen als Verletzung der
Religionsfreiheit.

Im Kontrast dazu herrscht in Kanada eine Politik der bewussten
Ermutigung zur Multikulturalität. Doch auch dort gibt es Ausnahmen, die Muslime durch christianisierte oder säkularisierte Normen
einschränkt, die die kanadische Gesellschaft aufrecht erhält. Im Islam
gehören zum Beispiel Kinder nach einer Scheidung zum Vater. In
Kanada entscheidet ein Richter, wer das Erziehungsrecht nach einer
Scheidung hat.

Wie sollte also der Geist der Gastfreundschaft Muslime und Christen in solchen Herausforderungen über unterschiedliche Werte leiten? Wir müssen einen Weg finden. Es ist eine Sache, Muslime aus der
Nachbarschaft an einem Sonntag zum Tee einzuladen. An anderen
Orten geht es aber um ganz andere Fragen, wenn Muslime Minarette
bauen wollen.

Diskussion über Kernwerte

Ich empfehle bei solchen Diskussionen keine relativistische Einstellung zu Werten. Ein Grund, warum Muslime so gern in den Westen

immigrieren, ist ihre Wertschätzung für die christianisierten Werte des Westens. Diese Werte sollten nicht verschleudert werden. Sie sind ein Geschenk, das wir nicht wegwerfen sollten.

Die Frage um die Werte führte zu einer heftigen Debatte, als ich vor einigen Jahren in einem vollbesetzten Auto von London zum Flughafen Heathrow mitfuhr. Meine muslimischen Gastgeber versuchten, mich von den Werten der muslimischen Gesetze der Scharia zu überzeugen, die zu einer moralischen Verbesserung des dekadenten Großbritanniens führen würden. Ich widersprach vehement.

Dann war es einige Minuten lang still, bis mein Gastgeber sagte: „Wenn wir ehrlich wären, würden wir alle David zustimmen. Wir lieben den Westen und seine Freiheiten, die wir genießen. Deshalb fliegt heute Abend niemand von uns nach Pakistan, sondern wir gehen alle nach Kanada, weil wir die kanadischen Werte lieben."

Beispiele der Fürsorge

Bei einer Gelegenheit vertraute mir eine Versammlung muslimischer Immigranten an, dass in ihrer Stadt außerhalb von Philadelphia die Kirchen ihre Verbündeten seien, die sie am meisten schätzen. Als sie Land brauchten, um eine Moschee zu bauen, und Probleme wegen der bauamtlichen Zonenausweisung auftraten, standen die Kirchen an der Seite der Muslime, um sie in ihrem Recht auf den Bau einer Moschee zu stärken. So ist das nicht immer. Aber ich freute mich darüber, dass diese Moschee die christlichen Kirchen als solche erlebten, die sie wirklich willkommen hießen.

Von einer anderen muslimischen Gemeinschaft erfuhr ich, dass sich nach dem Angriff auf das World Trade Center lokale Pastoren mit den Leitern der Moschee getroffen hatten, um anzubieten, dass christliche Frauen muslimische Frauen zu ihrem Schutz beim Einkaufen begleiten würden, wenn sie dies wünschten. Diese Geste des guten Willens und der Unterstützung wurde sehr geschätzt.

Tausende von muslimischen Studierenden aus aller Welt leben in Studentenwohnheimen in Kanada und den Vereinigten Staaten. Manche werden nie von christlichen Familien eingeladen. Ich habe schon erwähnt, dass einer meiner Freunde vor ein paar Wochen irakische Studierende mit auf einen Ausflug auf den Fluss Susquehanna nahm. Die Studierenden waren begeistert. Ich nehme an, sie werden dieses Erlebnis auf dem Fluss an einem Sonntagnachmittag nie vergessen. Gastfreundschaft ist eine Freude!

Als ich in Sarajevo, Bosnien, einen Kurs über den Islam gab, waren die meisten Teilnehmenden frühere Muslime. Ich fragte eine der Teilnehmerinnen, die ungefähr 50 Jahre alt war: „Wie bist du Christ geworden?" Ihr liefen Tränen über die Wangen, als sie sagte: „Ich wurde Christin, weil eine Christin zu meiner besten Freundin wurde."

Fragen zur weiteren Diskussion

1. Beschreiben Sie, welche Art von Gastfreundschaft Sie schon erlebt haben. Wodurch wird erlebte Gastfreundschaft für Sie bedeutsam?

2. Beschreiben Sie Ihre Erfahrungen, als Sie selbst Gäste eingeladen hatten.

3. Stellen Sie sich vor, wie es wäre, selbst Flüchtling zu sein. Gäbe es Möglichkeiten, wie Ihre Gemeinde proaktiver werden und Flüchtlingen Gastfreundschaft erweisen könnte?

4. Denken Sie über den Aufruf der Bibel und auch des Korans nach, gastfreundlich zu sein.

KAPITEL 7

Fragen beantworten

Die *Umma* stellt vier Fragen an die Kirche. Ich höre diese Fragen von Muslimen weltweit, wenn wir uns treffen. Lese ich die frühe Geschichte der christlich-muslimischen Beziehungen, stoße ich auch dort auf die gleichen Fragen, die schon seit tausend Jahren gestellt werden.

1. Wurden die christlichen Schriften im Vergleich zur ursprünglichen Offenbarung verändert?

2. Was bedeutet es, wenn Christen Jesus den Sohn Gottes nennen?

3. Was ist die Bedeutung der Dreieinigkeit?

4. Wie konnte der Messias gekreuzigt werden?

Es gibt oftmals noch eine fünfte Frage: Was denkt ihr über Mohammed? Jene Frage haben wir bereits angesprochen. Die vier anderen Fragen müssen beantwortet werden, wenn wir beim Bezeugen der Guten Nachricht glaubwürdig sein wollen.

Meist finden solche Gespräche nicht beim Teetrinken statt, sondern entstehen bei unerwarteten Gelegenheiten. Als wir einmal die 50 Meilen von Mogadischu bis zu unserem Zuhause in Jowhar, Somalia, in einem klapprigen Bus hinter uns brachten, rief uns ein Mitfahrer, der ganz vorne saß, über den Lärm des Radios im hinteren Teil des Busses zu: „Wer seid ihr?" Ich nannte ihm meinen somalischen Namen, David Sheikh. „Oh", rief er dann aus, „dann bist du Muslim?" „Tatsächlich bin ich ein Nachfolger von Jesus, dem Messias", antwortete ich. „Dann glaubst du, dass Gott eine Ehefrau hatte, die ihm einen Sohn gebar?" In solch einer Situation wäre es nicht weise und auch gar nicht möglich, ein Gespräch zu führen. So beschränkte ich mich darauf, vehement zu verneinen, dass Gott eine Ehefrau habe! Aber ich lud den Mann ein, mich für ein Gespräch zu treffen.

Fragen akzeptieren

Manchmal erlebe ich solche Fragen als Konfrontation oder in der Absicht gestellt, mich in eine Ecke zu drängen. Manche muslimischen Debattierer sind unfreundlich und respektlos. Aber das ist eher ungewöhnlich. Schon oft nach einem gemeinsam verbrachten Abend in der Moschee sagte der Imam am Ende der Gespräche: „Sollten wir Muslime in irgendeiner Weise unfreundlich oder verletzend gewesen sein, so bitten wir um Vergebung."

Ich erlebe die Fragen von Muslimen meist als ernsthafte Versuche, Angelegenheiten zu verstehen, die sie verwirren. Ein Beispiel dafür war ein Gespräch vor einigen Jahren, an dem ich im *Interchurch Center* in Manhattan teilnahm. Mitten in unseren Diskussionen und bei der Suche nach Antworten fragte ein hochangesehener muslimischer Theologe: „Wie können Sie glauben, dass Jesus gekreuzigt wurde? Das hieße doch, dass Gott nicht fähig war, ihn vom Kreuz zu retten. Das kann nicht sein."

Sechs Monate später war ich in Bangladesch und unterhielt mich mit Bauern, die nicht lesen und schreiben konnten. Auch sie fragten mich: „Wie können Sie glauben, dass Jesus gekreuzigt wurde? Das ist unmöglich, denn Gott ist allmächtig und er würde nie zulassen, dass der Messias gekreuzigt würde."

Zwölftausend Meilen voneinander entfernt wurden doch die gleichen Fragen gestellt – einmal von einem hochangesehenen muslimischen Theologen, das andere Mal von ungebildeten Bauern. Und sie alle stellten die Fragen mit dem Ausdruck von Verblüffung und in großer Ernsthaftigkeit.

Wurde die Bibel verändert?

Die erste Frage, die Muslime stellen, bezieht sich meist auf die Bibel. Viele Muslime halten die biblischen Texte für „verfälscht". In ihrer Verwirrtheit gegenüber der Bibel scheint ihnen das die einzig logische Erklärung zu sein. Es ist wichtig, die Gründe für diese Annahme zu verstehen. Zuerst ist da die Verblüffung darüber, dass die biblischen Texte sich sowohl aus Erzählungen als auch aus prophetischen Anweisungen zusammensetzen. Der Koran erzählt nicht; auf geschichtliche Ereignisse bezieht er sich durch Parabeln, aber er enthält keinerlei historische Erzählungen. Muslime glauben, dass alle wahren Schriften von der „bewachten Schreibtafel" vom Himmel herab auf die Erde gesandt wurden. Schriften, die historische Erzählungen enthalten, passen nicht in die muslimische Vorstellung.

Ein anderer Grund der Verwirrung sind die vielen verschiedenen Bibelübersetzungen und auch die Widersprüche zwischen der Bibel und dem Koran. Erwähnenswert ist die Verleugnung der Kreuzigung Jesu im Koran, während die Kreuzigung und Auferstehung wesentlicher Bestandteil aller vier biblischen Evangelien ist.

Die Frage der Glaubwürdigkeit der Bibel ist theologisch grundlegend. Muslime glauben, dass Mohammed nur ein Kanal war, durch den der Koran zu den Menschen kam. Es gibt für sie keine menschliche Vermittlung außer der Vorstellung, dass ein Mensch der Kanal der Offenbarung war. In der Bibel jedoch kommt Gott selbst zu den Menschen, um uns zu retten. Die Bibel ist der Bericht über die Heilsgeschichte, die vom Mitwirken der Menschen ausgeht. Die muslimische Annahme, dass „die Bibel verändert wurde", gründet in der fundamentalen Unterschiedlichkeit unseres Verständnisses darüber, wie Offenbarung vonstatten geht.

Trotzdem glaube ich, dass es hilfreich ist, die Fragen der Muslime nach der Glaubwürdigkeit der biblischen Schriften konstruktiv zu beantworten. Ich habe schon in Kapitel 5 festgehalten, dass es keine Stelle im Koran gibt, die ausdrücklich besagt, die Juden oder Christen hätten die schriftlichen biblischen Texte verändert. Es gibt die Andeutung im Koran, dass Menschen in böser Absicht Schriften falsch zitieren und falsch auslegen. Das wird meist mit zwei Koranstellen belegt: eine warnt die Christen davor, die Bibel nicht falsch zu zitieren, die andere warnt davor, falsche Schriften aufzuschreiben.[71] Gegenüber solchen Menschen, die andere täuschen, werden schlimme Drohungen ausgesprochen, was sie im Gericht erwarten wird. Wir akzeptieren diese Warnungen und halten fest, dass diese Verse aber nicht beschuldigen, dass die Bibel selbst verändert worden sei.

Es hilft, deutlich zu machen, dass der Fund der sogenannten Qumranschriften oder Schriftrollen vom Toten Meer bestätigt, dass die alttestamentlichen Texte, die die Christen besitzen, eine getreue Überlieferung der ältesten alttestamentlichen Manuskripte darstellen. Es hilft auch, zu erklären, dass es mindestens 5 000 alte Manuskripte des Neuen Testamentes gibt. Unsere Gelehrten können durch das Studium der Manuskripte bestätigen, dass die Bibel eine getreue Überlieferung der Urtexte ist.[72]

Trotzdem bleiben Herausforderungen bestehen. Wir können nicht der Realität ausweichen, dass es unter den Muslimen die weitverbreitete Annahme gibt, Juden und Christen hätten die originalen biblischen Texte, die Gott den „Menschen des Buches" anvertraut hatte, verfälscht.

Bei einem meiner Moscheebesuche warf der Imam seine Hände in die Luft und erklärte: „Es gibt im Koran so viele Verweise darauf, dass die Bibel verfälscht ist, dass ich sie gar nicht alle nennen könnte." „Bitte, nennen Sie mir einen solchen Vers", bat ich ihn. Aber dann konnte er doch keinen einzigen Vers nennen.

In einer anderen Moschee ließ sich der Imam über die Tragödie aus, dass die Bibel durch die Christen verfälscht worden sei. Ich wandte mich ihm zu und sagte: „Bitte hören Sie auf die Weisheit eines Mannes mit grauem Haar. Wir alle wissen, dass Gott selbst die Schriften schützt. Das sagt sowohl der Koran als auch die Bibel. Also lassen wir doch die Debatte über die Verfälschung der Schriften sein und

---

71 Der Koran: Sure 3:78, Sure 2:79.

72 David W. Shenk, *The Holy Book of God*, 59–60.

unterhalten uns lieber darüber, was uns unsere Schriften lehren." Er willigte ein. Wir hatten dann an diesem Abend ein bemerkenswert gutes Gespräch über die Inkarnation und das Kreuz im christlichen Glauben.

Was bedeutet es, wenn ihr Christen vom Sohn Gottes sprecht?

Das bringt uns zur nächsten Frage: Was bedeutet die Inkarnation? Wir müssen gleich mit einem klaren Widerspruch und einer Bestätigung beginnen. Zuerst warnt der Koran davor, zu glauben, Gott habe eine Ehefrau gehabt, die ihm einen Sohn geboren habe. Damit stimmen wir überein. Wir glauben auch nicht, dass Gott eine Frau gehabt hätte, die ihm einen Sohn gebar.[73]

Was heißt es aber, wenn die Kirche Jesus, den Messias, als Sohn Gottes bekennt? Gott selbst nannte Jesus seinen Sohn. Als der Engel Gabriel der Jungfrau Maria die Empfängnis des Messias ankündigte, sagte der Engel, schon das Kind würde Sohn Gottes genannt werden. (Auch der Koran erklärt, dass Gabriel zur Jungfrau Maria kam und ihr sagte, sie sei auserwählt, Jesus auszutragen.) Zweimal während des Dienstes Jesu sagte Gott vom Himmel herab, dass Jesus sein geliebter Sohn sei.[74]

Meist rede ich von zwei Bedeutungen Jesu als dem Sohn Gottes. Erstens ist er das Wort, zweitens steht er in einer vollkommenen Beziehung zu Gott, sie sind eins.

Der Koran bezeichnet Jesus auch als Wort (*Kalimatullah*) und erklärt dazu, Jesus sei auf geheimnisvolle Weise durch das Wort Gottes erschaffen worden, so wie Gott sprach und dadurch Adam erschaffen wurde.[75] Wenn der Koran also vom Messias als dem Wort spricht, meint er damit nicht die Inkarnation. Es meint, dass Gott Jesus im Leib einer Jungfrau erschaffen hat.

---

73 Der Koran: Sure 4:171.
74 Die Bibel: Lukas 1,32; Matthäus 3,17; Lukas 9,35.
75 Der Koran: Sure 4:171.

Dennoch laden wir unsere muslimischen Freunde dazu ein, die biblische Bedeutung von Jesus als dem Wort zu bedenken, wie es das Evangelium bezeugt. Das Evangelium sagt:

„Am Anfang war das Wort. Das Wort war bei Gott, und das Wort war Gott selbst. Von Anfang an war es bei Gott. Alles wurde durch das Wort geschaffen, und nichts ist ohne das Wort geworden. Von ihm kam alles Leben, und sein Leben war das Licht für alle Menschen. ... Das Wort wurde Mensch und lebte unter uns. Wir selbst haben seine göttliche Herrlichkeit gesehen, wie sie Gott nur seinem einzigen Sohn gibt. In ihm sind Gottes vergebende Liebe und Treue zu uns gekommen".[76]

Man kann Gott nicht vom Wort trennen, es ist der volle Ausdruck Gottes. Gott ist eins, denn Gott und das Wort sind eins. Gott kann nicht lügen. Wenn wir seinem Wort begegnen, dann begegnen wir auch der vollkommenen und wahren Offenbarung Gottes.

Dennoch bleibt da eine große Ratlosigkeit. Muslime fragen: „Wo ist das Buch, das ihr Evangelium nennt und das Jesus vom Himmel mitbrachte? Also! Jesus muss es wieder mit in den Himmel genommen haben, als er gen Himmel auffuhr."

Öffnen wir das Neue Testament, so finden wir vier Bücher, die wir „Evangelium" nennen: Matthäus, Markus, Lukas und Johannes. Es gibt kein Buch, das nur „das Evangelium" heißt. Muslime sind verwirrt. Christen müssen das erklären. Jesus brachte nie ein Buch vom Himmel mit, denn er *ist* das Buch vom Himmel. Jesus brachte nicht die Evangelien mit, er *ist* das Evangelium (= die Gute Nachricht). Gott sandte Jesus, das lebendige Wort, vom Himmel auf die Erde.

Die vier Evangelien wurden von Zeugen geschrieben oder von nahen Mitarbeitern dieser Zeugen Jesu, des Messias, der die Gute Nachricht ist. Gott wollte, dass es vier schriftliche Berichte über das Leben und die Lehren Jesu gibt, damit wir die Wahrheit darüber erkennen, wer er ist. Vor Gericht ist ein einziger Zeuge nicht genug,

---

76 Die Bibel: Johannes 1,1–3,14.

aber vier Zeugen weisen Tatsachen einwandfrei nach. Die Abfassung der vier Evangelien wurde durch den Heiligen Geist Gottes inspiriert. Diese vier Zeugen geben uns vertrauenswürdigen Bericht über Jesus, den Messias.

„Sohn Gottes" bedeutet zweitens, dass Jesus, der Messias, vollkommene Liebe und Gemeinschaft mit Gott hatte. Jesus sagte: „Ich und der Vater sind eins." Und er fügte hinzu: „Wer mich sieht, der sieht den Vater."[77] Erstaunlicherweise bringt uns der Heilige Geist in diese liebende Gemeinschaft von Vater und Sohn hinein, wenn wir Jesus, dem Messias, vertrauen. Dadurch können auch wir Gott als unseren himmlischen Vater ansprechen. Jesus hatte vollkommene Gemeinschaft mit Gott. Auch wir sind eingeladen, manche Dimensionen dieser Liebe Gottes zu erleben, die Jesus in Vollkommenheit kannte. Daher sprechen Christen Gott als liebenden himmlischen Vater an.

Jesus als Sohn Gottes zu bezeichnen, bedeutet, dass er die Inkarnation des ewigen Wortes Gottes ist, und es bedeutet, dass Jesus vollkommene Gemeinschaft und Einheit mit Gott hat.

Warum benennt ihr Gott als Dreieinigkeit?

Die dritte Frage, die Muslime oft stellen, bezieht sich auf die Dreieinigkeit. Die Antwort darauf erklärt das Wesen Jesu als Sohn Gottes genauer. Erinnern wir uns, dass wir in Nairobi in der gleichen Straße lebten, in der auch eine Moschee stand. Nach dem Freitagsgebet kam einmal ein junger Mann von der Moschee zu unserem Haus gelaufen und rief: „Es muss aufhören! Es muss aufhören!" Ich traf ihn an unserer Tür und fragte: „Was muss aufhören?" – „Eure Lehre über die drei Götter muss aufhören!" „Was meinst du? Bitte erkläre es mir. Niemand hier lehrt, es gäbe drei Götter." Er explodierte: „Die Dreieinigkeit! Du musst aufhören, die Dreieinigkeit zu lehren."

Da rief ich aus: „Ah, die Dreieinigkeit! Dabei geht es nicht um drei Götter. Dreieinigkeit meint, dass du und ich uns lieben sollten. Lass

---

77 Die Bibel: Johannes 10,30; 14,9.

es mich erklären: Gott ist einer und Gott ist Liebe. Das heißt, Gott ist vereint in liebender Gemeinschaft. Durch den Dienst Jesu, des Messias, hat sich Gott uns Sündern zugewandt, um unter uns seine Liebe deutlich zu machen. In der Auferstehungskraft des auferstandenen Messias hat Gott den Heiligen Geist zu uns gesandt, um in uns und unter uns zu leben und uns dadurch zu befähigen, einander zu lieben, so wie Gott uns liebt. Gott sitzt nicht mit gefalteten Händen da und behält seine Liebe nur für sich. Oh nein! In Jesus kam Gott zu uns, um uns zu retten und uns zu befähigen, so zu lieben, wie Gott liebt. Das meint Dreieinigkeit: Dieser Begriff ist unser begrenzter Versuch, auszudrücken, dass Gott Liebe ist." Der junge Mann rief erstaunt aus: „Wenn das Dreieinigkeit bedeutet, dann ist das wundervoll!" Von da an grüßte er mich immer als: „Lieber David!"

Der Koran bezieht sich einige Male auf den Heiligen Geist.[78] Viele Muslime glauben, dass diese Verse über den Heiligen Geist sich auf den Engel Gabriel beziehen. Muslimische Gelehrte hingegen betonen, dass die Muslime anerkennen sollten, dass der Koran vom Heiligen Geist oder dem Geist Gottes spricht.[79] Es ist hilfreich, festzuhalten, dass Gott und sein Geist eins sind und dass auch Gott und sein Wort eins sind. Ein möglicher Weg, die Dreieinigkeit zu erklären, ist dieser: Gott, der Schöpfer (Vater), Gott, der Heilige Geist, und Gott, das Wort – Schöpfer, Geist und Wort sind eins.

Wie konnte der Messias gekreuzigt werden?

Die Frage nach dem Kreuz hängt mit der Realität zusammen, dass Gott Liebe ist; eine Wirklichkeit, die wir durch das ungenügende Wort *Dreieinigkeit* auszudrücken versuchen. Das Kreuz offenbart, wie groß die Liebe Gottes ist. Genau danach fragen Muslime bei der Frage nach der Kreuzigung, denn im Islam kommt Gott niemals zu den Menschen, um sie zu retten. Er leidet auch niemals um unseretwillen. Er

---

78 Der Koran: Sure 2:87.

79 Abdullah Yusuf Ali, *The Holy Qu`ran – Text, Translation, and Commentary.* Dar al Arabia, Beirut 1968, 1605 – 5677.

wird von uns nie innerlich bewegt. Gott ist gnädig und sendet seinen Willen herab, aber er streckt sich niemals selbst nach uns aus, um uns zu retten.

Ich spreche oft mit Muslimen darüber, dass die Liebe Gottes, die sich im Kreuz zeigt, so erstaunlich ist, weil keine Religion oder Philosophie sich jemals vorgestellt hat, dass Gott so gnädig wäre. Daher kann uns nur der Heilige Geist die Augen für die unfassbare Liebe öffnen, die Gott im gekreuzigten und auferstandenen Jesus offenbart. Wir legen Zeugnis davon ab, dass Jesu geöffnete Arme am Kreuz die geöffneten Arme Gottes in Christus sind. Sie laden uns dazu ein, seine Vergebung und Versöhnung zu empfangen. Er lädt alle ein, zu kommen.

Unglaubliches Opfer

An einem Abend traf man sich in einer Moschee in Philadelphia zu zwei Stunden besonderen Gebetes. Dieses Treffen gehörte zur Verpflichtung am Ramadan und auch wir Christen waren dazu eingeladen. Als die Muslime spät abends ihre Gebete beendeten, erklärte der Imam uns und den anderen Gästen, dass es eine Waagschale gebe. Diese zusätzlichen Gebete würden in die Waagschale der guten Taten gerechnet werden und trügen zur Beurteilung im Endgericht bei. Aber niemand könne sagen, ob es genug Gebete seien.

Ich antwortete, dass wir beobachtet hätten, dass jedes Jahr am Opferfest Muslime tausende von Schafböcken opferten. Dabei erinnern sie sich daran, wie Gott einen Sohn Abrahams rettete und stattdessen ein bedeutsames stellvertretendes Opfer bereitstellte, so sagt es der Koran.[80] Dieser Bericht, wie Gott ein stellvertretendes Opfer für einen Sohn Abrahams bereitstellte, wird sowohl im Koran als auch in der Bibel erzählt. Wir glauben, dass dieses stellvertretende Opfer auf Jesus, den Messias, hinweist, auf das Lamm Gottes, das unseren Platz

---

80 Der Koran: Sure 37:107; Die Bibel: Genesis 22,9–14.

einnahm. Daher legen Christen rund um die Welt Zeugnis ab, dass ihnen vergeben wurde.

Der Imam widersprach. Er zeigte auf, dass im Gericht niemand den Platz eines Angeklagten übernehmen kann. „Das ist wahr", sagte ich, „aber es gibt eine Ausnahme: Wenn der Richter selbst im Gerichtssaal zum Angeklagten sagt: ‚Ich nehme deinen Platz ein', dann ist der Angeklagte frei. Im Messias hat der gerechte Richter den Gerichtssaal betreten und unseren Platz eingenommen." Daraufhin schwiegen alle ehrfürchtig. Dann sagte der Imam: „Das ist zu tief, um es zu verstehen."

Überraschend gute Nachricht

In der Upper Darby Moschee in einem Vorort von Philadelphia saßen ungefähr 50 Christen und Muslime zusammen in einem Kreis auf dem Boden. Während zwei Stunden erklärte der Imam die sechs Glaubensgrundsätze und die sechs Säulen der Pflichten im Islam. Dann beschloss er den Abend, indem er sagte: „Sie können alles, was ich heute gesagt habe, vergessen. Es gibt aber eine Ausnahme. Vergessen Sie niemals, dass es im Islam keine Überraschungen gibt. Er ist die Religion des natürlichen Menschen. Wir alle wurden als Muslime geboren. Auch ohne die Offenbarung würde die Philosophie uns die Augen über die Wahrheit des Islam öffnen".

Ich antwortete darauf: „Es mag für den Islam wahr sein, dass er nicht überraschend ist, aber das gilt nicht für das Evangelium. Das Evangelium ist so überraschend, dass wir es ohne den Heiligen Geist gar nicht glauben können, der uns die Augen über die erstaunliche, große Liebe Gottes öffnet. Das Evangelium ist die gute Nachricht, dass Gott als Kind in der Krippe zu uns kam, als Flüchtling in Ägypten, als Schreiner in Nazareth, als Wanderprediger, der die Füße dessen wusch, der plante, ihn zu verraten, und der als Gekreuzigter rief: ‚Vater, vergib ihnen, denn sie wissen nicht, was sie tun.'"

Der Imam sagte daraufhin: „Es ist unmöglich, dass Gott so sehr liebt." Ich bat ihn dringend: „Packen Sie Gott nicht in eine Kiste, indem Sie sagen, er könne nicht so lieben, wie Jesus liebte. Lassen Sie sich von Gott überraschen."

Wie sehr liebt Gott?

Bei all diesen Fragen, die Muslime im Gespräch mit Christen auf den Tisch legen, geht es letztlich darum, wie sehr Gott lieben kann. Unsere Worte können kaum das Geheimnis und die Wirklichkeit von Gottes Liebe beschreiben. Es gibt viele Geheimnisse im Leben. Ich kann auch das Geheimnis meiner Ehe nicht beschreiben. Wir glauben an den dreieinigen Gott, weil wir Gott als Vater, Sohn und Heiligen Geist erleben. Und doch beschreibt Dreieinigkeit nur ungenügend das größte Wunder von allen: dass Christus für uns starb, als wir noch Sünder waren, damit wir mit Gott versöhnt werden.[81]

Fragen zur weiteren Diskussion

1. Bedenken Sie die vier Fragen, die Muslime meist stellen, wenn sie auf Christen treffen. Welcher Punkt vereint alle vier Fragen?

2. Warum fragen Muslime so oft danach, ob die Bibel verändert wurde? Erklären Sie, warum so viele Muslime verblüfft sind darüber, dass die Bibel historische Erzählungen enthält. Wie können Christen erklären, warum es so viele historische Erzählungen in der Bibel gibt?

3. Stellen Sie sich vor, Sie sitzen bei einem Eisbecher mit einem muslimischen Schulfreund zusammen und der Freund fragt: „Glaubst du, dass Jesus der Sohn Gottes ist?" Was versteht der Freund wohl, wenn Sie antworten: „Ja, ich glaube, Jesus ist der Sohn Gottes"? Wie können Sie erklären, was das bedeutet – so, dass es der Freund versteht?

---

81 Die Bibel: Römer 5,8.

4. Denken Sie über die Aussage nach: Gott als Dreieinigkeit bedeutet, dass Gott Liebe ist.

KAPITEL 8

Zerrbilder korrigieren

Grace und ich saßen in einem Restaurant in einem asiatischen Land, als Freunde ein amerikanisches Ehepaar an unseren Tisch führten. Unsere Freunde stellten mich als Islamexperten vor. „Oh, sehr erfreut, Sie kennenzulernen", riefen da die Amerikaner aus, „wir wollen von Ihnen so viel wie möglich über Muslime lernen. Natürlich wissen wir beide, wie schwer es ist, Muslime zu beschreiben, denn das heilige Buch der Muslime lehrt sie, zu lügen. Wenn also ein Muslim sagt, er sei Christ geworden, wissen wir alle, dass er immer noch Muslim ist, weil er ja durch die Lüge genau das Gegenteil von dem sagt, was wahr ist."

Bei einer anderen Gelegenheit war ich an einem Freitagabend in der Moschee, an dem auch die christlichen Weihnachtsfeiertage begannen. In seiner Predigt erklärte der Imam seiner Gemeinschaft ganz überzeugt, dass die Christen sich an Weihnachten betrinken würden. Der Islam beweise seine Wahrheit dadurch, dass Muslime sich nicht betränken. Muslime würden nie einen ihrer Feiertage durch Trunkenheit entheiligen.

Keine dieser Aussagen ist im Allgemeinen wahr. Manche Muslime lügen, manche Christen betrinken sich an Weihnachten. Aber das ist nicht die Norm. Die meisten Christen betrinken sich nicht an Weihnachten und die meisten Muslime sind keine Lügner.

Muslime wie Christen haben aber oft ein verzerrtes Bild voneinander. Beide täten gut daran, Wahres zu reden und Verzerrungen wie auch Übertreibungen zu vermeiden.

Sagt die Wahrheit und seid freundlich

Wenn ich vor Christen einen Vortrag halte, stelle ich mir vor, dass Badru Kateregga neben mir steht und mir zuhört. Er ist Muslim und mein Freund, mit dem ich das Buch *Woran ich glaube – Ein Muslim und ein Christ im Gespräch* geschrieben habe. Das hilft mir dabei, wahrhaftig und freundlich zu bleiben. Sage ich etwas über den Islam, womit er nicht einverstanden wäre, dann sage ich öffentlich, dass Muslime meine Aussage nicht stützen würden. Mein Ziel ist es, die Kernaussagen des Islam so darzustellen, dass Muslime, die zuhören, einverstanden sind. Ich bin stets bemüht, ihren Glauben akkurat zu beschreiben und Unterschiede wahrheitsgemäß aufzuzeigen, wo wir nicht übereinstimmen. Ich bitte Muslime, genauso vorzugehen. Muslime und Christen sollten vorsichtig sein, wenn sie sich gegenseitig beschreiben, und dabei ehrlich, freundlich und vertrauensfördernd vorgehen. Den Glauben und die Praktiken des Islam und des Evangeliums müssen wir auf aufrichtige Weise darstellen.

Die muslimischen Verzerrungen über den Heiligen Geist klarstellen

Ich will im Geist der Vertrauensbildung und der Wahrhaftigkeit über vier Verzerrungen schreiben: zwei falsche Sichtweisen der Christen und zwei falsche Sichtweisen der Muslime. Zuerst beschreibe ich die muslimische, dann die christliche Verzerrung.

Muslime sagen oft, dass Jesus das Kommen Mohammeds prophezeit habe. Diese Überzeugung kommt aus dem Koranvers, in dem steht, dass Jesus den letztgültigen Propheten vorausgesehen habe. Muslime glauben, dass Mohammed dieser letztgültige Prophet ist[82] Daher durchsuchen Muslime das Neue Testament nach einer Stelle, in der Jesus vorausgesagt habe, dass ein letztgültiger Prophet kommen würde. Muslimische Gelehrte sehen diese Vorhersage Jesu im Johannesevangelium, Kapitel 14 und 16 erfüllt. Dort kündigt Jesus

---

82 Der Koran: Sure 61:6.

das Kommen des Trösters und Ratgebers an.[83] Das griechische Wort im Ursprungstext lautet *paraklētos*, was „Tröster" bedeutet. Muslimische Gelehrte behaupten manchmal, sie hätten entdeckt, dass das ursprüngliche Wort aber *periplutos* heiße, was „der Eine, der allem Lobpreis würdig ist" bedeute. Diese Gelehrten erklären dann, dass die Christen den ursprünglichen Text verfälscht und das ursprüngliche Wort *periplutos* gegen *paraklētos* ausgetauscht hätten, und so fälschlicherweise vom Tröster die Rede sei.

Christen erleben oft eine solche Leugnung durch muslimische Gelehrte, wenn es um Jesu Versprechen des Heiligen Geistes geht. Ich war in einer Moschee und hörte, wie ein Imam weinend erklärte, die Christen hätten den Text dahingehend verändert, dass sie den Begriff „Heiliger Geist" anstelle von „Mohammed" eingesetzt hätten. Der Imam war betroffen und traurig darüber, dass Christen so etwas getan hätten. Wie sollten wir als Christen darauf reagieren? Wir entschieden uns, diese Verzerrung der Wahrheit anzusprechen. Wir antworteten an diesem Abend in der Moschee folgendermaßen:

Es gibt mindestens 5000 alte Manuskripte des Neuen Testamentes. Alle diese Manuskripte stellen ohne Ausnahme fest, dass Jesus versprach, der Ratgeber würde kommen und dass dieser Ratgeber der Heilige Geist sei. Daher bestätigen wir das Zeugnis der Schriften, die Gott uns anvertraut hat. Und wir ermutigen auch unsere muslimischen Freunde, auf die Vertrauenswürdigkeit der biblischen Berichte über den Heiligen Geist zu vertrauen.

Wir führten weiterhin aus, dass wir nur durch den Heiligen Geist die Wahrheit erkennen können. Der Heilige Geist ist eins mit Gott. Daher ist es nicht weise, zu sagen, der Heilige Geist sei ein Mensch. Der Heilige Geist ist kein menschliches Wesen. Er ist Gottes Gegenwart bei uns, durch den wir die Wahrheit erkennen können und befähigt werden, die Wahrheit zu leben. Daher baten wir die muslimische Gemeinschaft inständig, davon Abstand zu nehmen zu sagen, die Prophetie über das Kommen des Heiligen Geistes sei in Wirklichkeit

---

83　Die Bibel: Johannes 14,16–17; 16,7–11.

eine Prophetie über einen Mann, nämlich Mohammed. Tatsächlich lesen wir in einer Passage in Johannes 14: „Der Heilige Geist, den euch der Vater an meiner Stelle als Helfer senden wird, er wird euch an all das erinnern, was ich euch gesagt habe, und euch meine Worte erklären."[84] Wir erklärten unseren Zuhörern, dass Gott uns durch den Heiligen Geist von der Wahrheit überzeugt. Wir dürfen den Heiligen Geist nicht beleidigen oder missachten.

Die Verzerrungen der Christen über Allah ansprechen

Eine andere häufige Verzerrung kommt von den Christen. Diese Entstellung betrifft die Idee, dass Allah nicht der Gott ist, den die Christen anbeten. Manche Christen gehen sogar so weit, dass sie Ausdrücke in Bezug auf Allah benutzen, die ich hier nicht wiederholen möchte. Es ist aufschlussreich, dass die arabischen Christen im Nahen Osten alle Gott als Allah bezeichnen. Es kann sogar sein, dass Mohammed den Begriff Allah für Gott von den Christen übernahm. Manche christlichen Inschriften aus der vorislamischen arabischen Zeit benutzen den Namen Allah für Gott.[85] Woher hatten diese Christen und Muslime den Namen Allah? Wahrscheinlich ist das ein Erbe, das von Abraham kommt. Er sprach Gott, den Allmächtigen mit *Eloha* an.[86] Allah ist die arabische Form, *Eloha* zu sagen. Mohammed sagte, er habe den Auftrag, in Arabien und darüber hinaus, die Anbetung des einen wahren Gottes, des Gottes Abrahams, zu etablieren. Seine Botschaft war die, dass es nur einen einzigen allmächtigen Gott gibt, den Schöpfer des Himmels und der Erde. Sein Name sei *Eloha* (Allah).

Trotzdem müssen wir anerkennen, dass innerhalb der christlichen missionarischen Bewegung weltweit Christen viele Namen für Gott benutzen, nicht nur das arabische *Allah*. Wenn christliche Missionare

---

84 Die Bibel: Johannes 14,26.

85 Rick Brown, *Who was Allah before Islam? Evidence the Term „Allah" Originated with Jewish and Christian Arabs*, in: *Toward Respectful Understanding and Witness among Muslims*, Evelyne A. Reisacher, ed. William Carey Library, Pasadena, CA 2012, 164–178. Anmerkung des Lektorats: Gebräuchlicher ist die formale Pluralform *Elohim*.

86 Ebd., 147–163.

weltweit Gott bezeugen, dann suchen sie, mit wenigen Ausnahmen, nach einem lokalen Namen für Gott. Sie zögern, einen neuen Namen einzuführen. Wenn möglich, benutzen Bibelübersetzer den lokalen Namen für den Schöpfer. Der Islam ist da anders.

Muslime benutzen immer ihren arabischen Namen Allah für Gott. Mit wenigen Ausnahmen benutzt dagegen die christliche Gemeinde einen Namen für Gott, der den Einheimischen vertraut ist. Das liegt darin begründet, dass Christen überzeugt sind, dass Gott sich in jeder Kultur und Religion bezeugt hat.

Ein Beispiel dafür ist der Stamm der Zanaki in Tansania, in dem meine Eltern als christliche Missionare wirkten. Als sie das Volk der Zanaki fragten, ob sie Gott kennen, versicherten sie meinen Eltern, dass sie von Gott wüssten. Sie nannten den Schöpfer *Murungu*. Sie glaubten, *Murungu* sei weggegangen und würde nie mehr zurückkehren. Meine Eltern benutzten den Namen *Murungu*, als sie das Matthäusevangelium in die Sprache der Zanaki übersetzten. Sie predigten, dass Jesus die vollkommene Offenbarung *Murungus* sei. Sie sagten nie, dass der Gott der Bibel ein anderer Gott als *Murungu* sei. Stattdessen predigten sie, dass in Jesus, dem Messias, *Murungu* nah gekommen war und unter uns lebte.

Die biblische Geschichte von der Begegnung des Mose mit Gott am Dornbusch ist eine hilfreiche Erklärung für das, was ich sagen will.[87] Wir lesen: „Gott sprach noch einmal zu Mose: „Ich bin der Herr! Euren Vorfahren Abraham, Isaak und Jakob bin ich als ‚der allmächtige Gott' erschienen, aber meinen Namen ‚der Herr' habe ich ihnen nicht offenbart".[88] Gott verkündet, dass er der Allmächtige ist (Allah oder *Eloha*). Alle gläubigen Juden, Christen und Muslime glauben an den Allmächtigen, den Schöpfer von Himmel und Erde.

Doch Gott offenbarte sich Mose nicht nur als der Allmächtige und Schöpfer (Allah), sondern als der Gott, der zu uns kommt, um uns zu erlösen. Er kommt zu uns, um uns zu begegnen und sich uns zu

---

87 Die Bibel: Exodus 3.

88 Die Bibel: Exodus 6,2–3.

offenbaren. Das ist der Gott, der als guter Hirte zu uns kommt, um das verlorene Schaf zu suchen. Es ist der Gott *Jahwe* (der Herr), der uns sein Wesen, nämlich Liebe, offenbart.[89]

Der Gott, der sein Wesen offenbart und der zu uns kam, um uns zu retten, ist für Muslime schwer zu verstehen. Vor kurzem nahm ich an einem Gespräch mit vielen Universitätsstudierenden in Bandung, Indonesien, teil. Meine muslimischen Dialogpartner stellten fest, dass Gott im Islam seinen vollkommenen Willen herabgesandt hat, aber niemals selber zu uns kam, um uns zu retten. Es gibt in ihrem Denken keinen Raum dafür, dass es eine leidende Liebe Gottes gibt. Daher lehnten meine Gesprächspartner die Kreuzigung Jesu ab. In den biblischen Schriften begegnen wir Gott im Messias, der zu uns kommt und mit uns leidet und auch wegen uns leidet. Für meine muslimischen Dialogpartner war das schwer zu verstehen. Die meist muslimischen Universitätsstudierenden staunten über die Offenbarung der Evangelien, dass Gott uns so sehr liebt, dass er Vergebung und Versöhnung sogar denen anbietet, die Jesus ans Kreuz brachten.

Wir Christen glauben, dass unser Verständnis von Gott nur dann vollkommen sein kann, wenn wir Gott als dem begegnen, der sich in der Bibel und besonders im Messias offenbart. Denn Jesus, der Messias, offenbart uns, dass wir dazu eingeladen sind, Gott als unseren liebenden himmlischen Vater zu kennen und anzusprechen. So würden Muslime nie beten. Wenn wir sagen, dass Christen und Muslime denselben Gott anbeten, dann ist das wahr. Aber wir können nicht sagen, dass die Art, Gott wahrzunehmen oder zu erfahren, die gleiche ist, wie Gott in Jesus, dem Messias, offenbart wird. Die große Überraschung in den Evangelien ist, dass in Jesus Gott, unser liebender himmlischer Vater, herabkam, um uns zu retten, uns zu begegnen und sich uns zu offenbaren.

In den Evangelien lernen wir Jesus als den Erlöser von Sünde kennen. Er wird auch *Immanuel* genannt, was „Gott mit uns" bedeutet. Er wird Messias genannt, was bedeutet, dass er der Gesalbte Gottes ist,

---

89   Die Bibel: 1. Johannes 4,16.

der Gottes gerechtes Reich auf Erden aufrichtet. Er ist der *Eloha* oder Allah, der allmächtige Schöpfer und Gott. Alle diese Namen ermöglichen uns nur einen kleinen Blick auf die Person und Mission Jesu.

Natürlich wissen wir alle, dass man Gott nicht durch Namen abbilden kann. Weder Allah noch *Eloha* oder *Jahwe* oder *Murungu* können das Wesen Gottes beschreiben. Gott steht über jedem Namen. Daher hat Gott sich Mose mit seinem Namen „Ich bin" bekannt gemacht.[90] Aber auch wenn er über allen Namen steht, so hat er sich doch in der Bibel offenbart. Daher bekennen Christen Gott als ihren liebenden himmlischen Vater. Diese Wirklichkeit geht über jeden Namen hinaus. Gott offenbart sich in Jesus und daher kennen wir Gott als unseren Vater.

Das muslimische Zerrbild der Bibel ansprechen

Zwei weitere Verzerrungen brauchen eine Erklärung. Sie haben beide damit zu tun, wie Christen und Muslime mit den Schriften umgehen. Zuerst will ich das muslimische Zerrbild beschreiben.

Muslime würdigen die Schriften sehr und daher sind manche aufgrund der Unterschiede zwischen der Bibel und dem Koran besorgt. Aus diesem Grund gab ein lieber muslimischer Freund mir während eines gemeinsamen Essens ein Buch, das sehr hübsch in Geschenkpapier eingewickelt war. Ich war verwirrt, als ich es öffnete und darin das *Evangelium des Barnabas* vorfand. Es hat ungefähr den Umfang des Neuen Testamentes. Es beschreibt das Leben und die Lehre Jesu und folgt dabei vor allem der muslimischen Beschreibung, wie sie im Koran präsentiert wird. Zum Beispiel ist in dem Buch keine Rede von der Kreuzigung Jesu. Es enthält manches apokryphe Material wie die Erzählung, Jesu habe Vögel aus Ton gemacht und ihnen Leben eingehaucht.

Das Buch scheint im 14. Jahrhundert erschienen zu sein. Es gibt überhaupt keine antiken Textbelege dieses „Evangeliums". Eine The-

---

90 Die Bibel: Exodus 3,14.

orie glaubwürdiger christlicher Gelehrter geht davon aus, der Autor sei ein enttäuschter katholischer Priester gewesen, der das Buch in der Hoffnung schrieb, damit Christen vom Neuen Testament weg- und dem Islam zuzuführen.[91] Nach meinem Urteil ist das Buch das, was der Koran als falsche Schriften beschreibt.[92]

Als mein Freund mir das Buch gab, sagte er: „Das Buch wird dir das wahre Evangelium Jesu offenbaren." Ich dankte ihm für sein Geschenk, denn ich wusste, dass er mir damit helfen wollte, die ganze Wahrheit über Gott zu erkennen. Mit dem Buch in der Hand fragte ich ihn: „Was sagt der Koran über das Schreiben und Verbreiten falscher Schriften?" Da rief mein Freund aus: „Gott wird all diese Menschen verdammen." Dann fragte ich ihn: „Warum hast du mir dann das Buch gegeben? Wenn du genau hinschaust, wirst du es meiner Meinung nach als falsche Schrift erkennen, die wahrscheinlich vor gut 700 Jahren verfasst wurde. Es gibt keine alten Textbelege darüber. Es ist eine Verzerrung des Evangeliums, wie es das Neue Testament beschreibt." Da rief er aus: „Vergib mir, ich wusste das nicht!"

Dieses Zerrbild muss man ernstnehmen. Das Buch wird in der ganzen Welt verbreitet. Man muss die Verzerrung ansprechen, wenn man auf sie stößt. Wir bitten Menschen, keine falschen Schriften, wie das *Evangelium des Barnabas,* zu verbreiten.

Das christliche Zerrbild des Korans ansprechen

Die andere ernsthafte Verzerrung kommt von Christen, die meinen, sie hätten die Bedeutung und Botschaft des Korans verstanden, auch wenn sie kein Arabisch verstehen. Wir müssen uns ins Gedächtnis zurückrufen, dass der Koran in Arabisch offenbart wurde. Um den wahren Koran zu verstehen, muss man Arabisch können. Muslimische Gemeinschaften haben deshalb *Ulama* (Theologen), die als

---

91 Selim Abdul-Ahad and W. H. T. Gairdner, *The Gospel of Barnabas – An Essay and Inquiry.*, Henry Martyn Institute of Islamic Studies, Hyderabad 1975. Oddbjørn Leirvik, *History as a Literary weapon: The Gospel of Barnabas in Muslim-Christian Polemics,* in: *Studia Theologica* 56/1 (2002), 4–26.

92 Der Koran: Sure 2:79.

weise Männer angesehen werden, deren Einsicht auf einer gründlichen Kenntnis des Korans beruht. Diese weisen Männer haben auch die *Hadith* (Traditionen) studiert, die beschreiben, wie Mohammed Prinzipien des Korans im täglichen Leben anwandte. Die *Ulama* geben keine Beurteilung über den Koran ab, die nur auf individueller Einsicht beruht. Alle Einsicht kommt aus dem Prozess des gemeinsamen Studiums und des Konsenses darüber. Daher berufe ich mich für mein Verständnis des Islam und der Interpretation des Korans auf muslimische Autoren und Imame.

Es tut mir weh, wie auch den Muslimen, wenn Christen eine Übersetzung des Korans hervornehmen und dann erklären, sie hätten die Bedeutung dieser Schrift erkannt. Um die Bedeutung zu verstehen, gibt es nur einen weisen und akzeptablen Weg, nämlich die muslimischen *Ulama* zu bitten, uns Nicht-Muslimen den Koran zu erklären. Das ist dringend geboten. Es ist weder weise noch angemessen, zu sagen, wir hätten der Koran verstanden, wenn wir uns nicht der rigorosen Studiendisziplin und dem Konsens unterworfen haben, von dem Muslime denken, dass er notwendig sei, um die Botschaft des Korans zu verstehen.

Wir müssen auch anerkennen, dass es viele unterschiedliche Auslegungen und Anwendungen des Korans gibt. Es gibt unter den Muslimen weltweit große unterschiedliche Auffassungen darüber, wie man den Koran interpretieren sollte. Manche muslimischen Feministinnen haben ein eher säkulares modernes Verständnis und führen die vorgeschriebenen Gebete vielleicht nur einmal im Jahr durch. Dagegen gibt es arabische Wahabiten, die darauf bestehen, dass der Koran den Frauen das Autofahren verbiete. In der Welt gibt es über eine Milliarde Muslime, es ist eine Bewegung von unglaublicher Vielfalt. Ich denke aber, dass alle Muslime übereinstimmen, dass der Koran Gottes abschließende Offenbarung seines Willens ist und dass Mohammed das vollkommene Beispiel dafür ist, was es heißt, sich dem Willen Gottes zu unterwerfen.

Meine Sorge ist, dass wir meinen könnten, wir hätten den Koran verstanden, wenn wir ihn einmal gelesen haben. Das bedeutet aber nicht, dass diejenigen, die kein Arabisch sprechen, den Koran nicht in ihrer eigenen Sprache lesen oder die Auslegungen des Korans nicht studieren sollten. Aber wenn wir das tun, dann sollten wir demütig und im Bewusstsein unserer Begrenzungen an das Studium herangehen.

Ich erwähne sehr oft in meinen Gesprächen mit Muslimen eine englische Übersetzung eines Verses oder Abschnitts aus dem Koran und bitte sie dann, mir die Bedeutung zu erklären. Dann frage ich, ob ich etwas von den Schriften mitteilen darf, die die Kirche gebraucht. Das kann zum Beispiel die Geburt Jesu durch eine Jungfrau sein. Es wäre gut möglich, unsere muslimischen Freunde nach der Bedeutung der Geburt Jesu durch eine Jungfrau zu fragen. Dann können wir anschließend als an Jesus Gläubige anbieten, was das *Indschil* (Evangelium, in diesem Fall nach Matthäus und Lukas) über die Geburt des Messias durch eine Jungfrau sagt.

Die Botschaft der Schriften erkunden

Ich kann kein Arabisch, aber ich habe englische Übersetzungen des Korans auf meinem Schreibtisch liegen und beziehe mich oft auf sie. Auch der Index am Ende meines Korans hilft mir dabei, die Themen zu finden, die ich studieren will. Für Studienzwecke greife ich auf Abdullah Yussuf Ali zurück, da er gute Anmerkungen und Kommentare hat. Doch die verlässlichste Information erhalte ich von muslimischen Freunden, die den Koran gut kennen.

Christen müssen nicht das biblische Griechisch oder Hebräisch können, um die Bibel studieren zu können. Ich lese schon viele Jahre täglich die Bibel in meiner englischen Muttersprache. Diese Schriften prägen mich. Meine Glaubwürdigkeit gegenüber Muslimen wird durch meine Hingabe an die Bibel sehr gestärkt. Der Koran nennt diejenigen, die an die biblischen Schriften glauben, „Menschen des Buches". Es ist eine Ehre, als solch ein Mensch bekannt zu sein.

Guten Willen fördern

Ich habe verschiedene Beispiele von verzerrter und entstellter Wahrnehmung beschrieben. Christen sollten solche Verzerrungen ansprechen, egal ob sie in der muslimischen oder christlichen Gemeinschaft laut werden. Ebenso stehen Muslime in der Verantwortung, die Zerrbilder anzusprechen, die Christen oder Muslime voneinander haben. Solche falschen Vorstellungen können enorm destruktiv wirken. Wir sollten die Kunst des gegenseitigen Zuhörens lernen, damit uns die Augen über falsche Annahmen übereinander geöffnet werden, die wir vielleicht selbst glauben. Wir müssen die Wahrheit sagen und unsere Sprache nutzen, um Vertrauen zu bilden. Wir können unsere Zunge gebrauchen, um durch Verzerrungen Feuer zu legen oder um stattdessen freundschaftliche Beziehungen aufzubauen.

Der Apostel Petrus rät: „Wer sich am Leben freuen und gute Tage erleben will, der achte auf das, was er sagt. Keine Lüge, kein gemeines Wort soll über seine Lippen kommen."[93] Wir brauchen solche Menschen, die die Wahrheit sagen und Verzerrungen vermeiden.

Fragen zur weiteren Diskussion

1. Überlegen Sie sich, welche Verzerrungen Christen oder Muslime ansprechen sollten.

2. Antworten Sie auf diese Aussage: Der christliche Gott ist nicht der gleiche Gott, den Muslime anbeten.

3. Überlegen Sie sich, wie Sie Muslime wertschätzen können. Wie fühlen Sie sich, wenn schlecht über die Kirche/Gemeinde gesprochen wird oder wenn jemand unfreundlich über Muslime spricht?

4. Wie sollten Christen antworten, wenn ein Muslim sagt, dass Jesus das Kommen Mohammeds prophezeit habe?

---

93 Die Bibel: 1. Petrus 3,10.

5. Überlegen Sie sich ganz praktische Wege, wie Christen mit dem Koran vertraut werden können. Wie könnte ein Muslim mit der Bibel vertraut werden?

KAPITEL 9

Die Wahl bedenken:
Die Hidschra. Das Kreuz.

Zwei verschiedene Erzählungen prägen den Weg des Islam und den des Evangeliums, wenn es darum geht, den Willen Gottes auf Erden im Leben des Einzelnen umzusetzen. Sowohl die *Umma* als auch die christliche Gemeinde setzen sich dafür ein, jeden Lebensbereich der Herrschaft Gottes zu unterstellen. Die konkrete Umsetzung aber sieht bei Muslimen und den Jüngern Jesu ganz unterschiedlich aus.

Im Jahre 2001, kurz nach der Attacke auf das World Trade Center in New York City, fragte ich Mark Oxbrow, den Direktor der *Church Missionary Society* in England: „Worüber predigst du in England in Zeiten wie diesen?" Er antwortete sofort:„Über drei Wege: von Jesus nach Jerusalem, von Mohammed nach Medina und von Konstantin nach Rom. Jede und jeder von uns muss sich entscheiden, welchem der drei Wege er oder sie folgen will." Seit diesem Gespräch habe auch ich weltweit über die drei Wege gepredigt.[94]

---

94 Dieses Kapitel ist eine Variante eines Themas, über das ich schon an vielen anderen Stellen geschrieben und geredet habe. Die vielleicht ausführlichste und verständlichste Zusammenfassung, die ich über die drei Wege verfasst habe, ist wohl diese: *Three Journeys – Jesus, Constantine, Mohammed*, in: Kraybill/Shenk/Stutzman (Hrsg.), *Anabaptists Meeting Muslims*, 25–47. Dieser Aufsatz wurde hier angepasst und mit freundlicher Genehmigung verwendet.

Mohammed: Von Mekka nach Medina

Wir denken zuerst über den Weg nach, für den sich Mohammed entschied. Über zwölf Jahre hinweg predigte Mohammed in Mekka. Er behauptete, der Engel Gabriel sei ihm von Zeit zu Zeit erschienen und habe ihm Stück für Stück den Koran offenbart. Die erste der Botschaften war nur kurz:

> Im Namen des barmherzigen und gnädigen Gottes. Trag vor im Namen deines Herrn, der erschaffen hat, den Menschen aus einem Embryo erschaffen hat! Trag (Worte der Schrift) vor! Dein höchst edelmütiger Herr [...] ist es ja, der den Gebrauch des Schreibrohrs gelehrt hat [...], den Menschen gelehrt hat, was er (zuvor) nicht wusste.[95]

Mohammed verkündete die Botschaften treu in der Reihenfolge, wie er sie empfing. Er bestand nur darauf, dass Allah Gott ist und dass die Menschen aufhören sollten, die vielen Götter anzubeten. Aber er war nicht erfolgreich damit, das *Haus des Islam* zu errichten. Im Zentrum des mekkanischen Polytheismus gab es 360 Götter, die im großen Tempel (*Kaaba*) angebetet wurden. Die Muslime in Mekka waren enttäuscht über ihren Misserfolg und über die ernsthaften Drohungen gegen ihr Leben. Dann kamen Boten aus Medina nach Mekka, einer Stadt, die gut 440 km nördlich von Mekka liegt. Sie luden Mohammed ein, als ihr Prophet, politischer Anführer und militärischer Kommandeur nach Medina zu kommen. Diese Einladung kam den Muslimen recht, denn solch ein Schritt würde Mohammed genau mit den politischen Mechanismen und der geistlichen Autorität ausstatten, die er brauchte, um das *Haus des Islam* aufzurichten.

Mohammed nahm die Einladung an. Er und seine Nachfolger traten heimlich die dreiwöchige Reise nach Medina an. Diese heimliche Wanderung von Mekka nach Medina wird *Hidschra* genannt und stellt den Beginn der muslimischen Zeitrechnung dar. Muslime beginnen ihre Zeitrechnung nicht mit der Geburt Mohammeds 570 n. Chr. oder

---

95 Der Koran: Sure 96:1-5.

DIE WAHL BEDENKEN: DIE HIDSCHRA. DAS KREUZ.

mit den ersten Offenbarungen Gabriels ab 610 n. Chr. Ihre Zeitrechnung beginnt mit der Auswanderung nach Medina.

Muslime erklärten mir, dass die *Hidschra* das wichtigste Ereignis in der Weltgeschichte sei, denn damals habe ein Prophet Gottes zum ersten Mal genügend politische und militärische Macht erlangt, dass eine ganze Region dem Willen Gottes gehorsam sein konnte. Diese Region hatte zudem politische Systeme, die auf Ausbreitung hin angelegt waren, sodass sie die ganze Welt umfassen konnten. Muslime weisen dann daraufhin, dass Mose nur in der Lage war, ein politisches System aufzubauen, dass Israel umfasste. Jesus habe nicht einmal versucht, ein politisches System aufzubauen.

Als Mohammed und seine Nachfolger in Medina ankamen, wurden sie von den Bewohnern der Stadt begeistert begrüßt. Mohammed übernahm sehr schnell die politische Macht und er nutzte diese effektiv, um das *Haus des Islam* zu errichten. Während der nächsten acht Jahre gab es zahlreiche Kämpfe zwischen den Einwohnern von Mekka und denen von Medina. In einem Kampf wurde Mohammed besiegt. Der Koran erklärt, dass die gläubige muslimische Gemeinschaft niemals besiegt werden wird; folglich sei diese Niederlage nur dadurch entstanden, dass die Soldaten Mohammeds Befehle nicht richtig befolgt hätten. Zudem wurde die Armee durch eine weitere Koranoffenbarung getröstet, die sagte, alle, die im Kampf für die *Umma* gefallen seien, kämen sofort ins Paradies.[96]

In diesem Kontext entwickelten Muslime die Überzeugung, dass Jesus, der Messias, niemals gekreuzigt wurde. In Mekka hatte Mohammed keine politische und militärische Macht, und so waren die Muslime nicht in der Lage, eine stabile Gemeinschaft aufzubauen.[97] Aber als er nach der *Hidschra* politische und militärische Macht erlang, war Mohammed in der Lage, die *Umma* aufzurichten. Eine Theologie, die sagt, Mohammed habe politische und militärische Macht für seinen

---

96 Der Koran: Sure 8: 5-19; Sure 3: 169-179.

97 Tamim Ansari, *Destiny Disrupted – A History of the World through Muslim Eyes*. PublicAffairs, New York 2009.

Erfolg gebraucht, unterscheidet sich ganz und gar von einer Theologie, die verkündet, dass die Torheit des Kreuzes die Kraft Gottes darstellt.[98]

In den nächsten acht Jahren fanden am Rande immer wieder Kämpfe gegen die Polytheisten Mekkas statt. Mit der Zeit nannte man diese Gebiete, wo Konflikte mit den Muslimen stattfanden, Kriegsregionen (*Dar al-Harb*). Kenneth Cragg kommentiert das so: „*Dar al-Islam* und *Dar al-Harb* stellt eine fundamentale Unterscheidung dar, die sich durch die ganze Menschheit zieht. Sie unterscheidet die Haushalte, die sich dem Willen Gottes unterwerfen, von den nicht-muslimischen Haushalten, die noch unter diese Unterwerfung gebracht werden müssen."[99]

Der Koran gibt konkrete Anweisungen, wie sich Muslime gegenüber Angreifern der *Umma* verhalten sollen.

> Und kämpft um Gottes Willen gegen diejenigen, die gegen euch kämpfen! Aber begeht keine Übertretung (indem ihr den Kampf auf unrechtmäßige Weise führt)! Gott liebt die nicht, die Übertretungen begehen. Und tötet sie (d. h. die heidnischen Gegner), wo immer ihr sie zu fassen bekommt, und vertreibt sie, von wo sie euch vertrieben haben! Der Versuch (Gläubige zum Abfall vom Islam) zu verführen ist schlimmer als Töten. Jedoch kämpft nicht bei der heiligen Kultstätte (von Mekka) gegen sie, solange sie nicht (ihrerseits) dort gegen euch kämpfen! Aber wenn sie (dort) gegen euch kämpfen, dann tötet sie! Derart ist der Lohn der Ungläubigen. Wenn sie jedoch (mit ihrem gottlosen Treiben) aufhören (und sich bekehren), so ist Gott barmherzig und bereit zu vergeben. Und kämpft gegen sie, bis niemand (mehr) versucht, (Gläubige zum Abfall vom Islam) zu verführen, und bis nur noch Gott verehrt wird! Wenn sie jedoch (mit ihrem gottlosen Treiben) aufhören (und sich bekehren), darf es keine Übertretung geben (d. h. dann sind alle weiteren Übergriffe untersagt), es sei denn gegen die Frevler.[100]

---

98 Die Bibel: 1. Korinther 1,18–25.

99 Kenneth Cragg, *The Call of the Minarett*. Orbis Books, Maryknoll 1985, 189.

100 Der Koran: Sure 2:190–193.

DIE WAHL BEDENKEN: DIE HIDSCHRA. DAS KREUZ.

Diese Sure wurde verkündet, als die muslimische *Umma* ernsthaft durch Feinde bedroht war, eine andere Sure dagegen betont, dass Versöhnung der beste Weg sei![101]

Mohammed kümmerte sich trotz der Kämpfe an der Peripherie um die Errichtung der *Umma* in Medina. Er war maßgeblich an der Entwicklung einer Verfassung beteiligt, die auch die Rechte von Nichtmuslimen innerhalb der *Umma* regelte. Es war eine große Enttäuschung für die Muslime, als sie erkannten, dass die jüdische Gemeinschaft die Entwicklung des *Hauses des Islams* nicht unterstützte. Konsequenterweise wurden die Juden aus Medina und den umliegenden Orten verbannt. Mit einigen hundert Juden, die man der Zerstörung des *Dar-al-Islam* verdächtigte, wurde verfahren wie mit Hochverrätern.[102]

Schließlich baten die Einwohner von Mekka um Frieden. Ein Abkommen wurde unterzeichnet. Mohammed zog nun triumphierend in Mekka ein. Sein Einzug wurde von 10 000 Soldaten begleitet, viele davon ritten auf Pferden. Mohammed vergab all denen, die gegen ihn gekämpft hatten, ausgenommen davon waren nur einige Kritiker. Der Friedensvertrag, der vor dem Betreten der *Kaaba* durch Mohammed und seine Armee geschlossen worden war, sicherte eine friedvolle Besetzung zu. Trotzdem gingen Mohammed und seine Armee in die *Kaaba* und zerstörten alle Götter, die sie im Tempel fanden. Der Koran führt dazu aus: „Und sag: Die Wahrheit ist (mit dem Islam) gekommen, und Lug und Trug (des Unglaubens) (w. was nichtig ist) sind verschwunden. Lug und Trug schwinden (immer) dahin."[103]

Als Mohammed 632 starb, hatte der *Dar al-Islam* seine politische Kontrolle über ganz Arabien ausgedehnt; innerhalb eines Jahrhunderts verbreitete sich das islamische Gesetz vom Indus über Nordafrika und die iberische Halbinsel bis zu den Pyrenäen in Spanien.

---

101 Der Koran: Sure 4:128.

102 Alfred Guillaume, *The Life of Muhammed*, 231–233.

103 Der Koran: Sure 17:81.

Jesus: Von Galiläa nach Jerusalem

Sechshundert Jahre früher stand Jesus, der Messias, vor einer ähnlichen Wahl wie Mohammed, aber er entschied sich für genau die andere Richtung. Über fast drei Jahre hinweg predigte Jesus in ganz Israel das Evangelium vom Reich Gottes. Er wurde in seiner Heimatregion Galiläa ziemlich bekannt. Die Bekanntheit wuchs um ein Vielfaches, als er 5 000 Männer, dazu Frauen und Kinder, mit Brot versorgte, indem er fünf Brote und zwei Fische unter ihnen verteilte (es waren wahrscheinlich etwa 20 000 Menschen, die an diesem Tag auf geheimnisvolle Weise satt wurden). Dieses Wunder sorgte dafür, dass fast alle Galiläer begeistert waren und glaubten, er sei der Messias, den die Propheten angekündigt hatten. Sie glaubten, der Messias würde Israel aus der Hand der römischen Machthaber befreien und Gottes Friedensreich bis an die Enden der Erde ausdehnen.

Nach dem Wunder der Brotvermehrung für 20 000 Menschen wollten seine Anhänger Jesus mit Gewalt zum König machen. Es gab Untergrundkämpfer, die die Römer in Galiläa bekämpften. Sie wurden Zeloten genannt und wollten die römischen Machthaber bezwingen, die viele Götter anbeteten. Die Zeloten wollten die Herrschaft Gottes auf Erden aufrichten, die frei von der Unterdrückung durch Polytheisten wäre. Mit der geheimnisvollen Macht, die Jesus ausübte, hätte er eine ganze Armee von Zeloten versorgen und die Römer mit Blindheit schlagen können, während er Israel zum Sieg über seine Feinde führte. Es war ein wundervoller Plan!

Aber Jesus verwarf den Plan. Er verließ die Menschen sofort nach der Brotvermehrung. Er sandte in der gleichen Nacht seine Jünger in einem Boot über den See Genezareth und verbrachte die Nacht im Gebet. Kurz danach sagte er seinen Jüngern, er würde nach Jerusalem gehen, wo man ihn kreuzigen würde. Jesus sagte: „Man wird ihn denen übergeben, die Gott nicht kennen. Die werden ihn verspotten, beschimpfen, anspucken und schließlich auspeitschen und töten. Aber am dritten Tag wird er von den Toten auferstehen."[104] Petrus

---

104 Die Bibel: Lukas 18,32–33.

DIE WAHL BEDENKEN: DIE HIDSCHRA. DAS KREUZ.

widersprach ihm vehement. Die Jünger konnten nicht verstehen, dass der Messias gekreuzigt werden würde. Wie sie haben auch die Muslime Einwände gegen die Kreuzigung, auch sie glauben nicht, dass der Messias gekreuzigt werden könnte. Jesus wies Petrus scharf zurecht und sagte ihm, er verstünde die Wege Gottes nicht.

Als Jesus in den Außenbezirken von Jerusalem ankam, bestieg er ein Eselsfohlen. Damit erfüllte sich die Prophetie, die Sacharja viele Jahre zuvor verkündet hatte:

> „Freut euch, ihr Menschen auf dem Berg Zion, jubelt laut, ihr Einwohner von Jerusalem! Euer König kommt zu euch! Er ist gerecht und bringt euch Rettung. Und doch kommt er nicht stolz daher, sondern reitet auf einem Esel, ja, auf dem Fohlen einer Eselin. In Jerusalem und im ganzen Land beseitige ich, der Herr, die Streitwagen, die Kriegspferde und alle Waffen. Euer König stiftet Frieden unter den Völkern, seine Macht reicht von einem Meer zum anderen, vom Euphrat bis zum Ende der Erde." [105]

Jesus war dabei von einer Armee singender Kinder umringt.[106] Als er sich der Anhöhe näherte, von der man Jerusalem überschauen konnte, fing er an zu weinen, denn Jerusalem hatte seinen Frieden abgelehnt. Er ging dann zum Tempel und reinigte ihn von den Händlern, die diesen Ort der Anbetung übernommen hatten. Dabei begleiteten ihn jubelnde Kinder. Jesus machte sodann den Autoritäten klar, dass dieser Tempel nicht bestehen würde. Er prophezeite einen neuen Tempel. Jeder Stein, aus dem der bestehende Tempel errichtet worden sei, würde umgestürzt werden. Das bedeutet, dass ein Tempel für die Nachfolger Jesu nicht nötig ist. Der wahre Tempel besteht nicht aus Steinen oder einem Gebäude, es ist das Volk Gottes, in dem Gott durch den Heiligen Geist wohnt.

Nach der Ankunft Jesu in Jerusalem nahmen die Ereignisse dann schnell ihren Lauf. Er traf sich zum letzten Abendmahl mit seinen Jüngern und enthüllte dort, dass einer der Jünger, Judas, ihn an die

---

105 Die Bibel: Sacharja 9,9–10.
106 Die Bibel: Lukas 19,37–44; Matthäus 21,1–17.

Behörden verraten würde. Jesus erhob sich vom Tisch und wusch die Füße der Jünger, auch die des Judas! Am Abend kamen dann Soldaten, angeführt von Judas, in den Olivengarten von Gethsemane nahe der Stadtmauer und verhafteten Jesus. Petrus versuchte, Jesus zu schützen, er zog sein Schwert und schlug dem Diener des Hohepriesters ein Ohr ab. Jesus wies Petrus dafür zurecht, heilte das Ohr des Dieners und erklärte, Gott würde sein Reich nicht durch den Gebrauch des Schwertes errichten.

Am nächsten Tag wurde Jesus zwischen zwei Dieben auf einem Hügel außerhalb der Stadt gekreuzigt. Als er starb, schrie Jesus auf und vergab denen, die ihn gekreuzigt hatten. Dieser Ruf der Vergebung gilt allen, die zu Jesus kommen, er bietet uns die Gnade der Vergebung an. Seine gekreuzigten, ausgestreckten Arme sind seine Umarmung, sie sprechen von der Einladung und Vergebung, sie sind eine Einladung zur Versöhnung.

Gott ließ diesen Jesus, den Messias, von den Toten auferstehen. Nach seiner Auferstehung traf Jesus mehrmals seine Jünger und erschien ihnen. Bei einer dieser Erscheinungen sagte er zu ihnen: „Friede sei mit euch. Wie der Vater mich gesandt hat, so sende ich euch. Empfangt den Heiligen Geist!"[107] Das ist der Auftrag der Kirche: zu dienen, wie Jesus, der Messias, gedient hat, in der Kraft des Heiligen Geist, zugunsten der gebrochenen Welt. Die Kirche ist berufen, eine Fortsetzung des Reiches Gottes zu leben, das Jesus in Kraft eingeführt hat. Sein Königreich wird nicht durch Waffengewalt aufgerichtet, sondern ist verankert in der leidenden, versöhnenden Liebe von Jesus selbst. In der Kreuzigung hat er alle Sünden der Welt auf sich genommen und bietet Vergebung an. Das ist die Gute Nachricht des Evangeliums, das die Kirche rund um die Welt verkündigen soll.

---

107 Die Bibel: Johannes 20,21–22.

Konstantin: Der Marsch auf Rom

Drei Jahrhunderte, nachdem der Messias in den Himmel aufgefahren war, wurde die Bedeutung des Kreuzes auf dramatische Art verändert, und diese Veränderung war später auch sehr bedeutsam für die muslimisch-christlichen Beziehungen. Konstantin war ein römischer General, der der Kaiser des römischen Reiches werden wollte. Er war bereit, gegen seinen Feind, Maxentius, in den Krieg zu ziehen, der ebenfalls römischer Kaiser werden wollte. Konstantin berief sich darauf, dass er in einer Vision am Himmel das Kreuz Christi gesehen und die Aufforderung erhalten habe: „Siege unter diesem Zeichen". Konstantin wies in der gleichen Nacht noch seine Truppen an, das Zeichen des Kreuzes auf ihre Schilde zu malen. Dann zog er unter dem Zeichen des Kreuzes in den Krieg und siegte. Konstantin wurde zum alleinigen Herrscher im Westen des römischen Reiches.

Bis zu dieser Zeit wurden Christen vielfach durch die Kaiser verfolgt, da sie sich weigerten, die Götter des Reiches anzubeten. Während der ersten drei Jahrhunderte nach Christus dienten Christen in der Regel nicht in der Armee. Sie beteten für die Obrigkeit, aber sie trugen nicht deren Waffen.

Vor gut tausend Jahren dann geschah das Undenkbare. Christliche Soldaten zogen unter dem Zeichen des Kreuzes in den Krieg gegen Muslime. Diese Kriege kennen wir als Kreuzzüge. Die Erinnerung an diese schrecklichen Kriege lebt nach wie vor in den Herzen vieler Muslime weiter. Das bedeutet, dass das Kreuz für viele Muslime ein Zeichen ist, das für die Ermordung von Muslimen steht und nicht ein Zeichen für die erlösende Liebe Gottes darstellt.

Einmal hat mich ein muslimischer Theologe scharf zurechtgewiesen dafür, dass ich sagte, das Kreuz sei eine Offenbarung der erlösenden Liebe Gottes für uns. Ich hatte einen Vortrag über den Weg Jesu von Galiläa nach Jerusalem gehalten, wo er dann gekreuzigt wurde. Ich hatte darin gesagt: „Am Kreuz sprach Jesus Vergebung zu und auf ihn wurde die Sünde und Rebellion der ganzen Welt ausgegossen." Da stand der Theologe auf und sagte sehr verärgert: „Ich habe nie verstanden, dass das Kreuz von Vergebung spricht. Ich dachte immer, das

Kreuz bedeute, seinen Feind zu töten, und ganz besonders, uns Muslime zu töten." Ich weinte. Zu dieser Zeit ging der Kosovo in Flammen auf. Die serbische Miliz prügelte auf die muslimischen Kosovaren ein, die zu zehntausenden aus ihren Häusern flohen. Die Miliz drang in muslimische Dörfer ein, tötete alle, brannte die Dörfer nieder und stellte Kreuze in der Asche auf. Diese Kreuze in der Asche der zerstörten Dörfer der Muslime machten deutlich, dass die christliche Miliz für die Zerstörung verantwortlich war. Ich wusste, dass der Ärger des muslimischen Theologen sich nicht nur auf die Geschehnisse vor tausend Jahren bezog, sondern auch auf aktuelle Kriege. Ich antwortete ihm: „Es ist eine schreckliche Verzerrung der Bedeutung des Kreuzes Christi, die Muslime dazu bringt, zu glauben, das Wesen des Kreuzes sei der Krieg gegen Feinde und Muslime. Möge Gott uns vergeben. Mögen uns die Muslime vergeben." Ich danke Gott für diejenigen Muslime, die ich kenne und die das Kreuz als Offenbarung der Liebe für die Feinde ansehen. Nicht alle Muslime glauben, dass die Gewalt des konstantinischen Kreuzes eine Offenbarung der leidenden Liebe Jesu am Kreuz ist.

Nach einer dreistündigen Pause wurde unser Seminar wieder fortgesetzt. Der muslimische Vortragende sagte: „Das Bekenntnis und die Buße der Sünden der Kirche gegen uns Muslime, die wir gehört haben, hat mir die Augen für einen Jesus geöffnet, von dem ich so nichts wusste. Es hat mich verändert. Ich weiß nicht, wohin mich das bringen wird, aber ich werde für immer dankbar dafür sein."

Welchen Weg wählen wir?

Während eines Fluges von Kairo nach Istanbul hatte ich zwei Männer als Sitznachbarn, die verantwortlich in der Rebellenbewegung gegen Assad in Syrien mitwirkten. Sie stellten sich mir vor und sagten auch, welche Verantwortung sie innerhalb dieser Rebellenbewegung trugen. Ich sagte ihnen, ich sei jemand, der an Jesus, den Messias, glaube und mich dafür einsetzen würde, den Frieden Jesu zu bezeugen.

Das führte während der nächsten Stunde zu einem lebhaften Gespräch über wesentliche Fragen zwischen uns dreien. Die Rebellen bestanden darauf, dass Jesu Weg hoffnungslos naiv sei. Die einzig realistische Antwort seien mehr Raketen von Präsident Obama. Ich flehte sie an, zu bedenken, dass dieses Vorgehen nur den Hass über Generationen vertiefen würde. Ich bekniete sie, die Alternative Jesu in Betracht zu ziehen. Die Menschen um uns herum hörten uns zu. Ich nehme an, solch ein Gespräch hatten sie bisher noch nie gehört. Das Thema Gerechtigkeit in einer gewalttätigen und ungerechten Welt war in dieser Diskussion sehr klar – Hingabe an Vergeltung oder an Versöhnung. Aus der Sicht meiner Sitznachbarn übertrumpfte die Rache alle anderen Alternativen.

Die Debatte im Flugzeug erinnerte mich an ein Abendgespräch, das vor gut 30 Jahren mit Studierenden in der Teestube in Somalia stattgefunden hatte. Die Studierenden führten aus: „Um Frieden schaffen zu können, braucht man politische und militärische Macht, damit man den Feind zerstören kann." Ich hielt dagegen: „Bedenkt den Weg Jesu, der uns einlädt, denen zu vergeben, die uns Unrecht getan haben." Ich mahnte an, dass der Weg der Rache niemals die Spirale der Gewalt anhalten würde. Sie argumentierten: „Wenn wir ehrlich sind, so müssen wir sagen, dass uns der Weg Jesu, den du uns beschreibst, in der wahren Welt nicht umsetzbar erscheint." Meine Herausforderung an den Tee trinkenden Kreis war: „Untersucht die Sache. Was ist die Frucht der Rache und Vergeltung? Seid ihr sicher, dass Jesu Weg nicht umsetzbar ist?"

Wir haben die drei Wege angeschaut, die alle nach dem Guten fragen. Ich glaube, der Leben spendende Weg, der Weg, der von Heilung und Hoffnung in unserer modernen Welt spricht, ist der Weg Jesu, dessen offene und verwundete Hände uns einladen, zu ihm zu kommen. In Jesus gibt es Vergebung und Versöhnung auf der tiefsten Ebene unseres Lebens.

Fragen zur weiteren Diskussion

1. Warum glaubt die muslimische Bewegung in der Regel nicht, dass Jesus, der Messias, gekreuzigt wurde?

2. Kommentieren Sie diese Aussage: Jesu Weg nach Jerusalem und Mohammeds Weg nach Medina führen in entgegengesetzte Richtungen. Welche praktischen Folgen haben diese beiden Wege für das Friedenstiften?

3. Was ist der Unterschied zwischen einem Friedenstiften, das vom Kreuz Jesu ausgeht, und einem Friedenstiften, das die Kreuzigung Jesu ablehnt?

4. Wie unterscheidet sich der Auftrag der christuszentrierten Kirche/ Gemeinde von dem der Muslime, die dem Weg Mohammeds in Medina verpflichtet sind? Was unterscheidet diese Zugänge von dem konstantinischen Zugang des Friedenstiftens?

5. Wenn Muslime nach hilfreichen Wegen zum Friedenstiften suchen, was könnte sie dann Mohammeds Erfahrung in Medina lehren?

6. Lesen Sie nochmals den Bericht über den ärgerlichen muslimischen Theologen, der an dem Seminar das Kreuz so ganz anders verstand. Wie würden Sie ihm antworten?

KAPITEL 10

Frieden suchen und leben

Die marxistische Ideologie breitete sich 1969 und in den frühen
1970er-Jahren wie Tentakel auch in Somalia aus. Eines Tages wurden
alle Schulen verstaatlicht. Auch unsere Schulen wurden zu staatlichen
Schulen, unsere Büros und Wohnungen wurden Staatseigentum.
Unsere Fahrzeuge, inklusive des Motorrollers der Mission, wurden
uns weggenommen. Der Beamte, der den Roller abholte, wusste gar
nicht, wie man einen Roller fährt. Daher bot ich mich an, ihn dahin
zu bringen, wo man den Roller in Staatseigentum überführen würde.
Er saß hinter mir auf und ich lief nach Hause zurück, nachdem ich
den Roller abgegeben hatte. Den Roller abzugeben, war für uns sehr
unbequem, genauso wie der Umzug in Mietwohnungen und der Auszug aus den Wohnungen, die uns gehört hatten.

Wir kooperierten. Im Gegensatz zu uns wehrten sich viele muslimische Schulen gegen die Regierung. Viele Somali waren verblüfft. Sie
fragten uns: „Warum kooperiert ihr, wenn sich andere Schulbehörden
wehren?" Meine Antwort war diese: „Wir möchten unter den Somali
so dienen, wie Jesus es tat, der ohne jegliche Einschränkung diente."
Wir haben oft überlegt, ob wohl unser Geist der Kooperation mehr
über das Wesen des Messias und seinen Weg vermitteln konnte als
all die Schulprogramme, die wir aufgebaut hatten. Diese Schulprogramme waren wichtig. Doch die Machtlosigkeit, als uns die Regierung alles nahm und wir uns ihnen trotzdem unterordneten, sprach
sehr laut zu den Somali.

Wir lernten in dem Prozess mehr darüber, was es bedeutet, Gäste zu sein. Eines Abends erschien plötzlich ein hochdekorierter Militäroffizier aus dem Dunkeln und rief mir zu, ich solle die Hintertür öffnen. Ich lud ihn zum Tee ein. Ich kannte den Offizier, ich hatte ihm vor einigen Jahren in einer unserer Schulen Geographie beigebracht. Ich hatte davon gehört, dass er in Moskau erfolgreich eine Ausbildung abgeschlossen hatte und wieder zurück in Mogadischu war. Ich vermutete, dass er in der Revolution in Somalia eine Schlüsselrolle innehatte.

Der Offizier lehnte den Tee ab und blieb stehen, als er mich ansprach: „Ich komme heute Nacht, um Ihnen eine Frage zu stellen. Ist die marxistische Revolution gut für Somalia?" Wie so oft in solchen Situationen betete ich um die Leitung des Heiligen Geistes. Ich war überzeugt davon, dass die Revolution verwerflich war, vor allem auch die öffentlichen Exekutionen von wichtigen Führern der somalischen Gesellschaft. Ich wusste aber auch, dass das, was ich sagen würde, dazu führen konnte, dass wir das Land verlassen müssten. Viele andere Westler, vor allem die Mitarbeitenden des *Peace Corps*, hatten das Land schon verlassen. Zu dieser Zeit arbeiteten noch 40 Menschen mit der SMM. Ich antwortete ihm dann so: „Wir sind Gäste in Ihrem Land. Ein Gast sollte sich nicht über seine Gastgeber auslassen, außer dem Gastgeber für seine Gastfreundschaft zu danken. Daher kann ich nichts zu Ihrer Frage sagen, außer Ihnen und dem somalischen Volk für die Gastfreundschaft zu danken, die wir schon erlebt haben. Wenn Sie wissen möchten, ob die Revolution gut für Somalia ist, sollten Sie Somali danach fragen. Sie wissen die Antwort auf Ihre Frage. Wir wollen hier so dienen, dass es Gott gefällt und ein Segen für die Somali ist. Wir fühlen uns geehrt, dass wir hier leben und arbeiten können, und wir werden das solange tun, wie wir willkommen sind." Daraufhin schüttelte er meine Hand und sagte mir: „Ich wünschte, alle Westler würden so über die Arbeit denken, die sie hier tun. Ihnen gehört der Dank. Gute Nacht." Damit ging er und ich sah ihn nie wieder. Wir konnten in den nächsten sieben Jahren in Somalia bleiben und dienen noch immer dem Volk der Somali.

Den Weg Jesu wählen

Jesu Weg von Galiläa nach Jerusalem prägte die frühe Kirche nachhaltig. Auch die Entscheidung der SMM, mit den Autoritäten der Revolution zu kooperieren, hing mit der Entscheidung zusammen, dem Weg Jesu zu folgen. Er übernahm keine politische Macht in Galiläa und ging stattdessen nach Jerusalem, wo er gekreuzigt wurde. Als vor zehn Jahren der Direktor der SMM umgebracht wurde, prägte der Weg Jesu auch die Reaktion der Witwe des Direktors, die selber verwundet worden war. Sie lag im Spital und kämpfte um ihr Leben, während der Attentäter vor Gericht kam. Sie schrieb dem Richter einen Brief, in dem sie sagte, sie habe dem Attentäter vergeben und würde keine Anklage erheben. Das Gericht und die ganze Nation waren darüber sehr erstaunt. Ihr Angebot der Vergebung berührte die somalische Nation tief.

Die Grundlage neutestamentlicher Ethik liegt in der Tatsache, dass Jesus den Weg zum Kreuz anstatt den Weg herrschsüchtigen Eigeninteresses wählte. Einige Jahre nach der Kreuzigung und Auferstehung Jesu schrieb Paulus an die Gemeinde in Philippi, in der zwei Frauen im Streit lagen. Er ermahnte die Gemeinde: „Weder Eigennutz noch Streben nach Ehre sollen euer Handeln bestimmen. Im Gegenteil, seid bescheiden und achtet den anderen mehr als euch selbst. Denkt nicht an euren eigenen Vorteil, sondern habt das Wohl der anderen im Auge".[108] Dann führte er aus, dass Christus ein Diener wurde und sein Leben gab, indem er am Kreuz litt. Diese Haltung – sich mit Jesus, dem Messias, in seinem Geist des Dienstes und des Leides zu identifizieren – durchzieht die ganze neutestamentliche Ethik.

Die Gemeinde wird als Leib Christi bezeichnet. Was heißt das? Es bedeutet, dass die Jünger Jesu, die als Gemeinde bekannt sind, dazu berufen sind, den Dienst und die Nachfolge Jesu in leidender Liebe fortzuführen. Das bedeutet, dass alle, die Jesus nachfolgen, ihm auf dem Weg von Galiläa nach Jerusalem folgen und das auf ganz unter-

---

108 Die Bibel: Philipper 2,3–4.

schiedliche Weise umsetzen. Sich so zu verhalten, hat enorme Auswirkungen auf den Alltag und trägt viel Kraft zur Veränderung in sich.

Die Bedeutung des Kreuzes

Einmal nahm ein Team von christlichen Theologen an einem formellen Dialog mit verschiedenen muslimischen Gelehrten teil und man riet ihnen: „Wir Muslime glauben nicht, dass Jesus gekreuzigt wurde. Wenn ihr euch also nicht auf das Kreuz bezieht, so wird das Türen zur echten Zusammenarbeit öffnen. Lasst uns das Kreuz als irrelevanten Unterschied ansehen." Ich widersprach und sagte: „Wenn man das Kreuz aus dem christlichen Glauben entfernt, entfernt man die Seele aus dem Evangelium." Dann fuhr ich fort, indem ich ihnen diese Tatsache durch ein Beispiel illustrierte, das ich kurz zuvor an einem Sonntagmorgen in einem großen Flüchtlingslager erlebt hatte. Ich predigte dort zu einer großen Versammlung von 150 Kindern und Frauen, deren Männer und Väter meist in dem Konflikt umgekommen waren, der sie zu Flüchtlingen gemacht hatte.

In meiner Predigt sagte ich: „In Jesus, dem Messias, kam Gott in dieses Flüchtlingscamp herab und hat Anteil an allem, was ihr erleidet. Der Messias wurde in einem Stall geboren, eure Kinder wurden unter Dornengestrüpp geboren. Als der Messias ein kleines Kind war, wurden seine Spielkameraden getötet, so wie auch viele Freunde eurer Kinder starben. Der Messias war ein Flüchtling, so wie auch ihr Flüchtlinge geworden seid. Der Messias zog von Ort zu Ort. Manchmal war ein Stein sein Kopfkissen, so wie es auch euch bei eurem Umherziehen erging. Der Messias wurde geschlagen und getötet, sein Leib an einen Baum gehängt, so wie auch eure Männer misshandelt und aufgehängt wurden, um zu sterben. Auf jede erdenkliche Art nimmt Gott im Messias an eurem Leid teil. Aber Gott erweckte den Messias von den Toten und er bot denen Vergebung an, die ihn misshandelt hatten. Ebenso befähigt Gott euch durch seinen Geist, aus eurer schrecklichen Tragödie aufzustehen und voller Hoffnung weiterzugehen. Er befähigt euch und ermutigt euch dazu, zu vergeben, wie auch der Messias vergibt, damit eure Seelen nicht durch Bitterkeit und Wut verwundet werden."

Nach der Predigt gingen diese Witwen mit ihren Kindern in den Hof und sangen während der nächsten halben Stunde Loblieder für Jesus und tanzten voller Freude. Sie sangen in Gegenwart der Kirche, die als Leben spendende Gemeinde Jesu diese Frauen und Kinder davor gerettet hatte, zerstört zu werden. Ich fragte die muslimischen Gelehrten: „Hätte es an diesem Sonntag auch fröhliches Singen gegeben, wenn ich gepredigt hätte, dass Jesus, der Messias, allem Leid entfliehen konnte, aber die Witwen Leid ertragen mussten?"

Die Identifikation des Messias mit unserem Leid ist eine kraftvolle Dimension der Guten Nachricht, die die Kirche verkündet. Nach meinem Verständnis des Islam nimmt Gott ihrer Auffassung nach nicht teil an unserem Leid. Auch wenn der Islam Gott als barmherzig versteht, so kommt Gott doch nicht zu uns herab, um uns zu begegnen, und er lässt sich von unserer Situation nicht bewegen. Die Lieder dieser Witwen aber waren eine Reaktion darauf, dass der Messias für uns und durch uns leidet. In der Auferstehung triumphierte er über den Tod und auferstand zu neuem Leben. Durch seinen Geist befähigt er auch die Unterdrückten dazu, aufzustehen und siegreich zu leben, trotz der Umstände, die sie niedergedrückt haben. Es ist eine zentrale Bedeutung des Kreuzes: Gott hat teil an unserem Leid und befähigt uns dazu, über unsere Unterdrückung zu triumphieren.

Die Botschaft des Kreuzes umfasst noch andere Themen. Ich kann sie hier nicht gebührend ausführen, aber sie umfassen Vergebung, Versöhnung, Erlösung, Sühne, Reich Gottes und den Sieg über die Mächte. Nur zwei Dimensionen kommentiere ich hier noch: Versöhnung und Vergebung.

Versöhnt und vergeben

Der Messias vergab denen, die ihn betrogen und gekreuzigt hatten. Für die oben erwähnten Witwen bestand die größte Versuchung darin, zuzulassen, dass Bitterkeit und Wut sich in ihren Seelen einnisteten. Wundersamerweise erlebten diese Frauen im Kreuz Christi und in der Fülle des Heiligen Geistes die Befreiung vom rachesuchenden Hass. Sie erlebten die heilende Gegenwart des Messias, der Rache in den Geist der Vergebung verwandelt. Die Lieder und Tänze voller Lob für Jesus legten sichtbar Zeugnis dafür ab, dass diese Frauen, die unaussprechliche Gräuel erlebt hatten, der heilenden Gnade des Messias begegnet waren.

Das Kreuz ist ebenso Gottes Weg, die Barrieren von Feindschaft niederzureißen und Brücken des Friedens zu bauen. Wir leben in einer Zeit, in der der Zorn von Nationen ganze Gesellschaften zerreißt, und das zieht oft Vergeltung nach sich. In genau dieser Welt werden solche Frauen wie diese Witwen Friedensstifterinnen genannt. Das ist die Berufung Gottes für die Gemeinde. Paulus schreibt: „So sind wir nun Botschafter an Christi statt, denn Gott ermahnt durch uns; so bitten wir nun an Christi statt: Lasst euch versöhnen mit Gott!"[109]

Den Hass wählen

Wenn Vergebung und Versöhnung geschehen, ist das ein Wunder. Es ist nicht der „normale" Weg. Grace und ich erlebten das vor kurzem schmerzlich in Gesprächen mit einem Ehepaar, das im Zuge des furchtbaren Genozids 1995 in Srebrenica, Bosnien, aus seiner Heimat fliehen musste. 50 Cousins des Mannes waren getötet worden. Wir waren entsetzt, als wir ihre Horrorgeschichten hörten. Sie schlossen ihren Bericht: „Wir wollen mit dem Hass gegen diejenigen sterben, die unsere Familien und unser Leben ruiniert haben." Wir antworteten ihnen sanft: „Ihr habt eine schwere Bürde für den Rest eures Lebens zu tragen – die Bürde des Hasses. Jesus bietet Erlösung an von dieser Last der Bitterkeit, die eure Seelen zerstören kann." Sie wandten verteidigend ein: „Wir wollen den Weg Jesu nicht gehen. Wann immer es möglich ist, wollen wir Rache nehmen. Wir werden niemals vergeben." Wir waren sehr traurig, als sie an diesem Abend weggingen. Wir überlegten, was es wohl für ihr Leben bedeutet, wenn

---

109 Die Bibel: 2. Korinther 5,20 (Übersetzung: *Luther 1984*).

ihre Seelen so sehr durch Bitterkeit gebunden sind. Wir waren uns sehr bewusst über das Privileg, niemals solche schrecklichen Gräuel erlebt zu haben. Wir mussten niemals damit ringen, denen, die uns solche Untaten angetan hatten, zu vergeben.

Indonesische Friedensstifter

Wir danken Gott für die vielen, die wir weltweit kennen, die den anderen Weg gewählt haben. Sie sind Botschafter des Friedens und setzen sich unter unzähligen polarisierenden Umständen dafür ein, Brücken zueinander zu bauen.

Ein Beispiel dafür kommt aus Indonesien. Über einige Jahre hinweg hörte ich, wann immer ich Indonesien besuchte, von Kirchen, die niedergebrannt worden waren, und manchmal auch vom Tod eines Pastors. Solo in Zentraljava stand im Zentrum der Konflikte zwischen Christen und Muslimen.[110] In diesem Kontext schlossen mehrere christliche und muslimische Leiter einen Bund, um sich miteinander für den Frieden in ihrer Stadt einzusetzen. Ein Anlass war ein großes Gebetstreffen im Zentrum der Stadt. Muslime wie Christen nutzten das Fernsehen, um die Menschen aufzufordern, friedlich miteinander umzugehen. Bei einem unserer Besuche wurden wir von den christlichen Leitern eingeladen, sie zur Moschee zu begleiten und dort mit den Muslimen das Fastenbrechen mit Delikatessen zu feiern.

Bei dem Treffen wurde ich nach meinen Erfahrungen im Brückenbau für den Frieden zwischen Muslimen und Christen gefragt. Ich gab ihnen Exemplare des Buches *Woran ich glaube – Ein Muslim und ein Christ im Gespräch*. Sofort entschieden sie, es in Indonesisch zu übersetzen und zu veröffentlichen. Zwei Jahre später war das Buch zur Herausgabe bereit. Grace und ich hatten das Privileg, bei der Veröf-

---

110 Der Bericht über die Versöhnung in Solo, Indonesien fand weite Verbreitung in den Medien. 2008 schrieb ich einen Artikel darüber für die Zeitschrift *International Bulletin of Missionary Research*, in dem auch der Bericht hier und andere Berichte über das Friedensstiften enthalten sind. Siehe David W. Shenk, *The Gospel of Reconciliation within the Wrath of Nations* in: *International Bulletin of Missionary Research* 31/1 (2008), 3–6, 8–9. Die Zeitschrift hat mir erlaubt, den Bericht über Solo hier anzupassen.

fentlichung dabei zu sein. Auch gut 80 Leiter waren anwesend. Es gab ein Essen und viele Ansprachen. Ich teilte mit, dass ich ein Botschafter des Friedens durch den Messias sei, der denen vergab, die ihn gekreuzigt hatten, und der seine Nachfolger dazu befähigt, zu lieben wie er. Es war eine exzellente Veranstaltung, die positiv zu den friedlichen Beziehungen zwischen Christen und Muslimen beitrug.

Dann brachte man uns, zu meiner Überraschung, zum Kommandozentrum der *Hisbollah*.[111] Der Kommandeur hatte 10 000 Milizen unter sich. Diese Gruppe hatte manche Gräueltaten gegen Kirchen verübt. Wir wurden entlang einer Phalanx von Milizionären zu ihrem Hauptquartier gebracht. Dann saßen wir in einem Halbkreis zusammen und die Milizoffiziere komplettierten den Kreis. Sie sagten uns: „Willkommen! Wir wollen euch unsere Mission erklären. Wir töten unsere Feinde und kämpfen, um die Integrität des Islams gegen alle Bedrohungen zu verteidigen."

Wir fragten, ob wir antworten dürften. Das wurde uns erlaubt. „Eine solche Mission schafft nur mehr Feinde", sagte ich. „Jesus zeigt uns einen anderen Weg. Nämlich den, den Feinden zu vergeben. Wenn wir den Feinden vergeben, haben wir keine Feinde mehr." Über diese neue Idee, wie man mit Feinden umgehen kann, waren sie sehr erstaunt. Dann gab der Pastor, der dieses Treffen arrangiert hatte, dem Kommandeur ein Exemplar des Buches *Woran ich glaube – Ein Muslim und ein Christ im Gespräch*. Der Kommandeur blätterte es durch. Dann vergoss er Tränen. Der Pastor saß neben ihm und klopfte ihm zum Trost auf die Schulter. Damit signalisierte er ihm: „Wir haben euch vergeben." Denn der Kommandeur und seine Miliz waren auch an Taten beteiligt, die Leid über die Christen gebracht hatten. Der Kommandeur sagte dann, er sei durch den Geist des Buches berührt, da es eine Haltung des Respekts ausdrücke, auch gegenüber denen, die anderer Meinung sind. Er meinte, wenn alle in Indonesien die Haltung dieses Buches leben würden, dann würde Indonesien ver-

---

111 *Hisbollah* heißt „Partei Gottes". Eine gut bekannte Hisbollah wirkt zum Beispiel als schiitische politische und militärische Kraft im Libanon. Die paramilitärische Gruppe, die wir in Solo, Indonesien, trafen, ist eine sunnitische politische Miliz.

wandelt werden. Er bat um 50 Exemplare, eines für jeden seiner Offiziere. Das Treffen schloss mit einem guten Essen und der Gelegenheit ab, dass sich 30 Christen unter die Milizionäre mischten und sich mit ihnen unterhielten.

Sich auf diese Weise für den Frieden einzusetzen, erfordert Konzentration und Willen. Zwei Jahre vorher war der Pastor zum Haus des Kommandeurs gegangen und hatte ihn gebeten, gemeinsam Tee zu trinken. Der Kommandeur drohte ihm zuerst, stimmte dann aber doch zu. Der Pastor war nicht eingeschüchtert und ging von da an immer wieder zum Teetrinken ins Haus des Kommandeurs. So entwickelte sich langsam eine vertrauensvolle Beziehung. Miteinander Tee zu trinken, war der erste, vorsichtige Schritt dazu.

Dann lud der Pastor den Kommandeur und seine Miliz ein, nach Banda Aceh zu fliegen und mit Pastoren zusammenzuarbeiten, die ebenfalls dorthin flogen, wo der Tsunami von 2004 verheerende Schäden verursacht hatte. Die *Hisbollah*-Offiziere nahmen die Einladung an, und für einige Tage arbeiteten die beiden Gruppen im Wiederaufbau zusammen, obwohl sie eine lange Geschichte des gegenseitigen Misstrauens und der Konflikte hatten. Erstaunlicherweise schlief der Pastor im gleichen Raum wie der Kommandeur, der ihn Monate zuvor noch bedroht hatte. Sie wurden sogar Freunde. An einem Abend, als sie am Lagerfeuer saßen, begann der Kommandeur zu weinen. Er sagte, sein Herz breche darüber, wie er mit Christen umgegangen sei. Nun aber lerne er, dass sie Menschen seien, die Gott nah standen und großzügig seien und sogar den Muslimen in Banda Aceh zur Hilfe kamen, anstatt ihnen zu schaden.

Der Pastor nennt solch einen Zugang zum Friedenstiften den „Dialog der Praxis". Der Dialog der gemeinsamen Arbeit ist wahrscheinlich fruchtbarer als der Dialog der Worte. Beim Zusammenarbeiten lernt man sich kennen und es können echte Freundschaften entstehen.

Die muslimischen und christlichen Friedensstifter von Solo wollen Leiter darin ausbilden, eine friedvolle zivile Gesellschaft aufzubauen. Sie konnten für manche ein Stipendium am *Summer Peacebuilding Institute* der *Eastern Mennonite University* erwirken. Diese Universität in Harrisonburg, Virginia, in den Vereinigten Staaten bietet Programme zum Friedenstiften an, die für Leiter aus der ganzen Welt attraktiv sind, die in Konfliktsituationen arbeiten. Als Grace und ich kürzlich wieder einmal in Solo waren, trafen wir einige an, die an diesen Kursen über Friedensstiftung teilnahmen. Sie sprachen sehr wertschätzend vom Institut, das ihnen dabei geholfen hatte, im Kontext von Solo Menschen auszubilden, die sich für den Frieden einsetzen. Die Kirche, Moschee oder lokale Gemeinschaft ist weise, die die Person oder die Personen unter sich identifiziert, die Menschen des Friedens sind. Und es ist ebenso weise, diesen Menschen zu helfen, ihre Fähigkeiten auszubauen und Einsichten zu vertiefen.

Die Kirchen in Solo wachsen, denn es gibt viel Interesse an Jesus und dem Frieden, den er anbietet. Sie brauchen mehr Land und auch Baugenehmigungen. In manchen Gegenden Indonesiens ist es sehr schwer, so etwas zu bekommen. In Solo aber setzt sich der *Hisbollah*-Kommandeur mit dem Pastor dafür ein, dass es Baugenehmigungen für Kirchengebäude gibt. Er informiert auch den Pastor, wenn er von irgendwelchen Herausforderungen hört, die den Frieden in Frage stellen, wenn zum Beispiel Militante Feuer in einer Kirche legen wollen. Dann arbeiten der Pastor und der Kommandeur Hand in Hand, um die Flammen zu löschen.

Ich fragte den Pastor, wie er sich die Veränderung erklärt. Mit einem Augenzwinkern sagte er: „Viele Tassen Tee!" Dann ergänzte er: „Das ist das Werk des Heiligen Geistes. Wir können keine Brücken des Friedens zueinander bauen. Wir beten."

Dem *Dschihād* begegnen

Muslimische Gewaltbereitschaft und Dschihadismus bereiten „normalen" Muslimen und Nicht-Muslimen große Sorgen. Dies betrifft nicht nur den historischen Konflikt zwischen schiitischen und sunnitischen Muslimen, da gibt es auch die Zunahme von dschihadistischen Milizen wie die oben beschriebene *Hisbollah*-Miliz in Indonesien. Die Dschihadisten werden oft durch die Vision eines reinen Islam motiviert, von dem sie denken, dass die modernen, säkularen Muslime ihn verworfen haben. Daher richtet sich der Ärger der

Dschihadisten oftmals gegen ihre Mitmuslime. Wie kann man mit diesen Bewegungen umgehen?

Es gibt einige Verse im Koran, die Muslime zum Friedenstiften auffordern.[112] Das trifft besonders auf die Koranpassagen zu, die Mohammed während der zwölf Jahre in Mekka verkündete, während er keine politische und militärische Macht hatte. Die Koranpassagen, die Gewalt billigen, auf die sich die Dschihadisten beziehen, wenn sie göttliche Unterstützung suchen, wurden mehrheitlich in Medina verkündet, nachdem Mohammed politische und militärische Macht erlangt hatte. Es sind Passagen, die diejenigen anprangern, die Land oder Eigentum von Muslimen an sich nehmen. Es ist erwähnenswert, dass diese „Schwertverse" als Reaktion auf die Provokationen oder Drohungen gegen die *Umma*[113] verkündet wurden. Auch die *Hisbollah* in Solo war wahrscheinlich eine Reaktion aus Sorge um den reinen Islam und die damit verbundenen Herausforderungen, die sich den Menschen in einem pluralistischen Umfeld wie in Indonesien stellen. Sie waren zudem über das Wachstum der Kirchen besorgt.

Man muss auch die westliche Gewaltbereitschaft ansprechen. Wie kann man beispielsweise mit dem Phänomen der Drohnenangriffe umgehen? Die gelegentlichen Angriffe haben Angst und Schrecken in manchen Regionen von Pakistan ausgelöst; niemand kann sagen, wann die nächste stille Attacke dieser Raketen erfolgt. Was ist die Rolle der Nachfolger Jesu in solchen Zeiten?

Vor einigen Jahren gingen ein Freund und ich zum Außenministerium der Vereinigten Staaten, um uns mit den Mitarbeitenden zu treffen, die für den Iran zuständig waren. Wir sprachen die Bitte aus, das Gespräch mit den Iranern zu suchen. Am gleichen Tag hielt Douglas Johnston, der Präsident und Gründer des *International Center for Religion and Diplomacy* auf einem Forum eine Rede über iranische Gewaltbereitschaft. Er stellte fest, dass die Bedrohung gefährlich sei, aber dass man damit nicht auf militärische Weise umgehen könne. Er

---

112 Der Koran: Sure 5:16, Sure 4:128; Sure 57:25.

113 Der Koran: Sure 2:190f., 193.

sagte, eine militärische Lösung würde nur noch mehr Muslime dazu bringen, sich dem *Dschihād* anzuschließen. Johnston bestand auch darauf, dass die Herausforderung nicht philosophisch, sondern nur theologisch zu lösen sei.[114] Dieser Botschafter des Friedens beschrieb im Vortrag sein Treffen mit Talibanleitern im Norden Pakistans. Er und sein Team hatten einige Koranpassagen über das Friedenstiften mit ihnen diskutiert.

Johnstons Rede erinnerte mich an die Friedensbemühungen eines christlichen Freundes um die militante Jugend, die in Somalia kämpfte. Als er sich mit den Leitern treffen konnte, begann er mit dem Studium des Korans, in dem jede Sure im Koran außer der ersten so beginnt: „Im Namen Allahs, des Barmherzigen, des Allmächtigen." Dann fragte er, ob die Jugendlichen barmherzig leben würden und was es bedeute, zu einer Jugendbewegung zu gehören, die sich der Gnade verschrieben habe. Er und sein Team wurden willkommen geheißen und respektiert.

Heilung für die Nationen

Im August 2013 wurden einige Kirchen in Ägypten durch Dschihadisten niedergebrannt, als das Land in den Schmerzen politischer Unruhen steckte. Am Sonntag darauf versammelten sich die Gemeinden in der Asche ihrer niedergebrannten Kirchen. Kinder standen um die Versammlungen herum, die sich zum Gottesdienst trafen. Über ihren Köpfen hielten die Kinder Banner hoch und verkündeten Vergebung für diejenigen, die die Kirchen niedergebrannt hatten. Außen herum versammelten sich muslimische Nachbarn und bildeten einen schützenden Kreis um die Christen, die Gottesdienst feierten. So schützten sie sie, falls erneut jemand Unheil stiften wollte. Menschen in ganz

---

114 Douglas Johnston and Brian Cox, *Faith-Based Diplomacy and Preventive Engagement*, in: Douglas Johnston (Hrsg.), *Faith-Based Diplomacy – Trumping Realpolitik*. Oxford University Press, New York 2002, 11–32.

Ägypten waren von diesem Geist der Vergebung und Versöhnung berührt.[115]

Mohammed Abu-Nimer, der aus Palästina stammt, beschreibt eine friedvolle Veränderung, die sich entwickeln kann, wenn Christen und Muslime zusammen leben und arbeiten. Er nennt diese Kultur „Islamicate Society"[116] und meint damit eine muslimische Kultur, die durch Friedensthemen beeinflusst wird, die in christlichen Gemeinschaften gelebt werden. Das ist es, was in Ägypten nach den Brandanschlägen geschehen ist. Jesus nahm auf die Rolle seiner Jünger als Friedensstifter Bezug, als er von „Salz", „Licht" und „Sauerteig" sprach.

Während eines langen Abends in Philadelphia führten vor kurzem mehrere Dutzend Muslime und Christen eine lebhafte Debatte über den Bürgerkrieg, der sich in Syrien entfaltet. Am Ende sagten einige: „Es war eine gute Erfahrung für unsere Moscheeversammlung, miteinander in zivilisierter Form über Anliegen zu reden, die uns alle bewegen. Es war hilfreich, Gäste dabei zu haben." Ich glaube, an diesem Abend erlebten wir alle, was Mohammed Abu-Nimer als „Islamicate Society" beschreibt.

Gerade in Zeiten wie diesen wird uns neu bewusst, dass das Machtzentrum der Geschichte der Mann am Kreuz ist, der denen vergibt, die ihn kreuzigten. In seiner Vergebung wird der Kreislauf von Gewalt und Rache gebrochen, denn er hebt alle Feindschaft auf, er vergibt und umarmt all die, die miteinander Konflikte haben. Dieser Mann und die Gemeinschaften der Versöhnung, die ihm nachfolgen, bringen Hoffnung in die Welt. Es ist dringend geboten, dass diejenigen, die seinen Namen tragen, Frieden suchen und nach ihm streben.

In den traditionellen muslimischen Gemeinschaften weltweit wird zum Bundesschluss des Friedens ein Lamm oder Bock geopfert. Das gilt besonders für die mystische theologische Strömung, die als Sufismus bekannt ist. Diese Muslime suchen nach einem Weg, um Gott

---

115 Anne Zaki, *Is the Arab Spring the Arab Christian's Fall?* (January Series Lecture, Calvin College, Grand Rapids, MI, 27. Januar 2014).

116 Mohammed Abu-Nimer, *Nonviolence and Peace Building in Islam – Theory and Practice.* University of Florida Press, Gainesville 2003, 164.

zu begegnen. In diesem Umfeld ergibt der Brief des Paulus an die Epheser viel Sinn: „Jetzt aber in Christus Jesus seid ihr, die ihr einst Ferne wart, Nahe geworden durch das Blut Christi. Denn er ist unser Friede, der aus beiden ‚eines' gemacht hat und den Zaun abgebrochen hat, der dazwischen war, nämlich die Feindschaft."[117]

Wo immer Mauern hochgezogen werden, ist es der Auftrag der Kirche, im Zusammenwirken mit dem Heiligen Geist und den Menschen des Friedens, die Mauern einzureißen. Wir müssen dort Buße tun, wo wir selber trennende Mauern aufgebaut haben, und uns stattdessen dafür einsetzen, Brücken des Friedens zu bauen.

Fragen zur weiteren Diskussion

1. Bedenken Sie die Schritte, die die indonesischen Friedensstifter gingen, als sie sich mit der militanten muslemischen *Hisbollah*-Miliz auseinandersetzten.

2. Welche konkreten Schritte könnten Sie unternehmen, um für freundschaftliche Beziehungen zwischen Muslimen und Christen zu sorgen? Gibt es z. B. eine Universität in Ihrer Nähe, wo Sie Menschen treffen können? Gäbe es Möglichkeiten, dass Gemeindeglieder muslimische Studierende zu sich nach Hause einladen?

3. Was sagen Sie zu der Art und Weise, wie Douglas Johnston auf die Taliban in Pakistan zuging?

4. Machen Sie sich bewusst, dass all diese friedenstiftenden Prozesse mit einem kleinen Schritt begonnen haben, wie zum Beispiel das Teetrinken des indonesischen Pastors mit dem muslimischen *Hisbollah*-Kommandeur. Wodurch könnte Ihre Gemeinde kleine Samen ausstreuen, damit Frieden wächst?

---

117 Die Bibel: Epheser 2,13–14 (Übersetzung: *Luther 1984*).

KAPITEL 11

Mit Menschen des Friedens zusammenarbeiten

Jeden Tag berichten unsere Zeitungen über Terrorakte. Bei einem christlich-muslimischen Forum in Neu Delhi kamen einige Studierende zu mir und bemerkten: „Wir sind verwirrt. Sie sind ein amerikanischer Christ und doch eine Person des Friedens. Wir dachten, amerikanische Christen seien Terroristen."

Im vorhergehenden Kapitel haben wir gesehen, dass Terrorismus und Dschihadismus weltweit Sorge auslösen, und wir haben daher besonders betont, dass es wichtig ist, friedvolle Beziehungen mit Dschihadisten zu kultivieren. In diesem Kapitel sehen wir uns verschiedene Beispiele an, wie eine Strategie des Friedens aussehen kann, die ein Mensch des Friedens gestaltet.[118]

Wenn ich in Kirchen spreche und dann die Zeit für Rückfragen kommt, kann ich sicher sein, dass die ersten Fragen die folgenden sein werden: „Was sind die Gründe und Wurzeln für muslimischen Terrorismus? Wie sollten wir diesem Terrorismus begegnen?"

Definition von Terrorismus – und seine Wurzeln

Terrorismus ist schwer zu definieren. Es war der frühere US-Präsident George W. Bush, der den Ausdruck vom „Krieg gegen den Terro-

---

118 Die Bibel: Lukas 10,5–6.

rismus" populär machte. In diesem Buch benutze ich den Ausdruck *Dschihadismus*, um die Gewalt zu beschreiben, mit der das *Haus des Islam* verteidigt wird. So gebrauchen auch Muslime innerhalb der muslimischen Theologie und die meisten muslimischen Leiter, die die muslimische Hauptströmung vertreten, den Begriff. Ich benutze den Begriff *Terrorismus* für die Gewalt, die außerhalb des legitimen *Dschihād* angewandt wird, so wie es auch angesehene muslimische *Ulama* tun, wenn sie diese Form der Gewalt beschreiben. Beispielsweise sind Selbstmordanschläge, die Unschuldige töten, Terrorakte und gehen über den Rahmen hinaus, den der Koran setzt, wenn er Kämpfern in Kriegszeiten Vorschriften macht.

Mir ist zudem bewusst, dass nicht-muslimische Kräfte manche Gewaltakte als legitim ansehen, die aber von Unschuldigen vor Ort als Terrorismus eingeschätzt werden. So zeigt die kontroverse Debatte über den Einsatz von Drohnen, um „Terroristenführer" zu töten, eine solche unterschiedliche Sichtweise auf. Ratlosigkeit und Fragen über Terrorismus gibt es auf allen Seiten. Die Terroristen wählen ihre Ziele und Ausrichtungen, weil sie glauben, das sei der richtige Weg und sie erfüllten damit den Willen Gottes. Sie glauben, ihre Gewaltakte seien nötig, um Gutes zu bewirken. Wir prangern ihre falsche Auslegung von Gottes Willen an, da Gott doch barmherzig und gnädig ist.

Auch die Männer, die 2001 die beiden Flugzeuge in die *Twin Towers* steuerten, glaubten wohl, sie führten damit den Willen Gottes aus. Die Terrorakte vom 11. September 2001 haben sich in das kollektive Gedächtnis weltweit eingeprägt. Die Kriege, die sie auslösten, haben die Saat tiefen Leides ausgesät. Die Gründe für das Leid sind vielfältig und können hier nicht aufgezählt werden.

Ich will aber zwei Dimensionen des Leides und des Terrorismus aufzeigen. Die erste Dimension zeichne ich anhand des ägyptischen Autors Sayyid Qutb und seiner Schriften. Er kam 1949, kurz nach der Gründung Israels, für sein Studium in die Vereinigten Staaten. Er erlebte in seinen zwei Jahren des Studiums viel Einsamkeit. Er sehnte sich nach Freunden, die an seinem Leben Anteil nahmen. Schließlich kehrte er mit dem Eindruck nach Ägypten zurück, dass die westliche Zivilisation dekadent, materialistisch und dem Untergang geweiht sei.

Die Entstehung des Staates Israel während seiner Zeit in den Vereinigten Staaten rechtfertigte für ihn tiefe Klage. Er glaubte, es sei extrem ungerecht, dass sich Israel Land aneignete, das die Palästinenser über Jahrhunderte bewohnt hatten. Er war besonders enttäuscht von den nordamerikanischen Kirchen, die diese Ungerechtigkeit unterstützten. Er war verbittert und entsprechend richtete er seine Ideologie immer anti-christlicher aus. Nach seiner Einschätzung waren Christen Ungläubige, eine Bezeichnung, die muslimische *Ulama* traditionell abgelehnt hatten.

Zurück in Ägypten engagierte sich Qutb stark bei den Muslimbrüdern. Wegen seiner apokalyptischen Lösungsvorschläge gegen verwestlichte Länder, für die er sich einsetzte, verbrachte er mehr als zehn Jahre im Gefängnis. Er schlug vor, alle westlichen Unternehmen zu zerstören und zum reinen Glauben des Islam zurückzukehren. Er verfasste unzählige Bücher in seiner Gefängniszeit. Sein 30-bändiges Werk *Im Schatten des Koran* und sein Kompendium *Zeichen auf dem Weg* haben die Entwicklung des dschihadistischen Terrors maßgeblich beeinflusst. Als Qutb 1966 hingerichtet wurde, hat sein Tod den Einfluss seiner Schriften auf die terroristische Ideologie nicht vermindert. Seine Bücher sind Brot und Butter für den modernen Terrorismus, wie den der Al Qaida.[119] Ich nehme auch an, dass die Bombenanschläge am *Boston Marathon* 2013 durch Qutbs Schriften motiviert waren.[120]

Die Taliban sind eine weitere einflussreiche Strömung, über die die Medien regelmäßig berichten. In ihren Anfängen waren die Taliban Waisen; es ist wichtig, das festzuhalten. Man kümmerte sich um die Taliban in Waisenhäusern in Pakistan. Diese Waisenhäuser waren als Antwort auf die riesige humanitäre Krise entstanden, die durch die

---

119 Neal Robinson bietet eine wissenschaftliche Untersuchung von Sayyid Qutbs Ideologie: Neal Robinson, *Sayyid Qutb's Attitude Toward Christianity: Surah 9:29–35 in Fi Zilal Al-Qu'ran*, in: Lloyd Ridgeon (Hrsg.), *Islamic Interpretations of Christianity*. Curzon, Surrey 2001, 159–178.

120 Am 15. April 2013 wurden bei einem Bombenanschlag Teilnehmer und Besucher des *Boston Marathon* getötet und verwundet. Die Attentäter wurden scheinbar durch dschihadistische Indoktrination beeinflusst.

Teilung von Indien und Pakistan 1947 ausgelöst wurde. Diese Waisenjungen wuchsen in Heimen auf, die ausschließlich von Männern geleitet wurden. Sie hatten daher kaum Kontakt mit mütterlichen Betreuerinnen. Sie wuchsen in einer reinen Männerwelt auf. Diese emotional verwundeten Kinder wuchsen auch mit minimalem Kontakt zur Außenwelt heran. Mit der Zeit entwickelten sie daher eine muslimische Ausprägung, die kaum etwas mit der sie umgebenden muslimischen Welt zu tun hatte. Sie waren von der Dynamik der weiteren pakistanischen Gesellschaft abgeschirmt. Immer, wenn die Rede von den Taliban ist, muss ich daher an ein Waisenkind denken, das Barmherzigkeit braucht.

Ich will nicht sagen, dass es eine direkte Verbindung zwischen den Taliban oder Sayyid Qutb und dem Terrorismus gibt. Ich öffne nur ein Fenster zu manchen Dimensionen der terroristischen Realität.

Wie können nun Christen innerhalb dieses Kontexts, der durch solche Ideologien geprägt wurde, Frieden stiften? Diese Frage stellen auch Muslime. Wenn ich den muslimischen Theologen und Leitern weltweit zuhöre, dann höre ich dort viele Bedenken über die verdrehte Auslegung des Islam, der die vielen Aufforderungen zum Friedenstiften im Koran ignoriert. Wie sollten Jünger Jesu und Muslime, die für den Frieden arbeiten wollen, sich dann mit westlichen Führern einlassen, die eine militärische Lösung für die beste halten?

Leiderfahrungen, die zu Terrorakten wie Selbstmordattentaten motivieren, sind sehr komplex. Ebenso wie amerikanische Christen die Verbindung zwischen christlichem Glauben und dem mörderischen Ku-Klux-Klan anprangern, so entsetzt sind die meisten Muslime, wenn Selbstmordattentäter sagen, sie würden gemäß des Islam handeln. Würde ein Muslim oder ein Christ, der an die Barmherzigkeit Gottes glaubt, Menschen töten? Es geht hier um theologische Fragen!

In meinen Gesprächen mit Muslimen über das Friedenstiften wird Jesus sehr schnell zum Zentrum aller Gespräche. Das hängt damit zusammen, dass Jesu Zugang zum Friedenstiften unser Gottesverständnis so sehr auf den Kopf stellt. Jesus ist radikal!

Ein früherer Dschihadist spricht sich für Frieden aus

Vor kurzem hatten wir ein intensives Gespräch über diesen radikalen Jesus. Wir genossen ein gemütliches Frühstück im Haus indonesischer Freunde in Jakarta. Uns gegenüber am Tisch saß ein grauhaariger Mann, dem wir zuvor noch nie begegnet waren. Im Laufe der Unterhaltung fragte ich ihn: „Ich habe gehört, Sie sind ein Mann des Friedens."

Grace und ich waren sehr erstaunt über seine Antwort. Sofort sagte er ganz vehement: „Nein! Ich bin kein Mann des Friedens. Ich bin ein gewalttätiger Mann. Ich war einer von denen, die das Bombenattentat von Bali geplant und durchgeführt haben.[121] Wie kann irgendjemand sagen, ich sei ein Mann des Friedens? Ich bin ein gewalttätiger Mann. Ich bin kein Mann des Friedens. Ich bin ein Terrorist."

„Meine Freunde", sagte er weiter, „Jesus ist der Friede. Ich habe gewalttätige Verbrechen geplant und dachte, durch sie könnte ich den Willen Gottes auf Erden ausführen. Dann traf ich Jesus. Er hat mich total verändert. Ich bin noch immer ein Muslim. Aber ich bin ein Muslim, dessen Lebensmitte Jesus ist. Ich sage euch, Jesus macht wirklich den Unterschied! Lest die Bergpredigt. Wir alle brauchen Jesus! Ohne Opfer kann es keinen Frieden geben. Wir wissen darum auch in unseren traditionellen Religionen. Auch im Islam gibt es das traditionelle Opferfest. Diese Opfer aber weisen auf Jesus und sein Opfer hin. Er ist das Versöhnungsopfer. Er ist unser Friede."[122]

Während der nächsten Stunde erzählte er uns davon, wie er Jesus kennengelernt hatte und durch ihn total verändert wurde. Jesus öffnete ihm die Augen darüber, dass die dschihadistische Idee, den Willen Gottes auf Erden umzusetzen, nur zur Zerstörung führt. Jesus zeigte ihm, wie man Frieden stiftet. Wo immer Menschen weltweit Jesu Alternative leben, da gibt es Vergebung und neues Leben.

---

121 Am 1. Oktober 2005 explodierten drei Sprengsätze an einem Ferienort in Bali, dabei wurden 20 Menschen getötet und 129 verletzt.

122 Der Koran: Sure 37:107. Die Bibel: Lukas 22,19–20; Epheser 2,13–19.

Dieser Friedensstifter wusste nur zu gut, dass in seiner Seele der Same der Gewalt lauert. Er kam zur unumstößlichen Überzeugung, dass Jesus die alleinige Alternative ist. Nun reist er durch Indonesien und versucht, Dschihadisten von Jesus zu überzeugen, der Heilung und nicht Tod bringt.

Samen des Friedens aussäen

Christen, die sich für den Frieden einsetzen, werden entdecken, dass es auch Muslime gibt, die gerne Verbündete beim Friedenstiften werden. Der Bericht darüber, wie Mohammed von Mekka in die Stadt Taif ging, ermutigt Muslime zum Friedenstiften. Er zeigt, wie man Wege findet, damit Frieden sogar mit denen geschlossen werden kann, die andere missbrauchen. Nach einer Zeit großer Entmutigung nach dem Tod seiner Frau besuchte Mohammed Taif und wurde dort gesteinigt und übel misshandelt. Man zwang ihn, die Stadt zu verlassen und nach Mekka zurückzukehren, wo er ebenfalls oftmals schlecht behandelt wurde. Seine Reaktion auf all das war, die Zuflucht in Gott zu suchen und darauf zu vertrauen, dass Vergeltung bei Gott liegt.[123]

Bei der Erfahrung in Taif zeigte Mohammed wichtige Qualitäten, die Menschen des Friedens auszeichnen. Jesus gebot seinen Jüngern, nach Menschen des Friedens Ausschau zu halten. Ein Mensch des Friedens kann eine Gemeinschaft positiv beeinflussen, Wege des Friedens einzuschlagen. Nur äußerst fantasievolle christliche Friedensstifter hätten sich vorstellen können, dass ein indonesischer Milizkommandeur der *Hisbollah* ein Partner beim Friedenstiften werden könnte, wie ich es im vorigen Kapitel beschrieben habe.

Der Pastor, den ich im Bericht über Solo erwähnte, erklärte mir, wie er sich dafür einsetzte, dass gemeinsam Frieden geschaffen werden konnte. Zuerst bezog er die muslimischen und christlichen Leiter ein, die bereit waren, sich ganz für den Frieden einzusetzen, und nach Wegen suchten, wie Brücken zwischen den zwei Gemeinschaf-

---

123 Der Koran: Sure 72:1–28.

ten gebaut werden könnten. Diese Leiter sind allesamt Menschen des Friedens. Sie trafen sich regelmäßig und dachten über mögliche Wege nach, Frieden zu schaffen. Sie waren auch bereit, über ihre bekannten Kreise hinauszugehen, um militante Muslime – oder, wie in diesem Fall, auch militante Christen – einzubeziehen.

Friedenssuchende Muslime lassen sich inspirieren von der Geschichte Kains und Abels, wie sie der Koran beschreibt. Kain kommt, um Abel zu töten. Als Kain die Waffe zieht, ruft Abel zu Gott und wird lieber getötet, als dass er sein Schwert zur Selbstverteidigung benutzt. Abel stirbt lieber, als seinen Bruder zu töten. Gott lobt Abel für seine Weigerung, das Schwert zu ziehen.[124] Friedensliebende Muslime sind von vielen ähnlichen Stellen im Koran inspiriert. Das wohl deutlichste Zeichen des Friedens im Koran zeigt sich darin, dass jede Sure außer der ersten mit dem Ausruf „Im Namen Gottes, des Gnädigen und Barmherzigen" beginnt. Bedeutsam ist auch der muslimische Gruß. Mit ihm bestätigt man den Segen des Friedens für einen Bruder oder eine Schwester. Das sind Werte, mit denen sich auch friedensliebende Christen identifizieren können.

Solche Themen von Friedensliebe öffneten auch die Tür für den Milizkommandeur der *Hisbollah,* um sich gemeinsam mit den Friedensstiftern in Solo zu engagieren. Moderate Muslime, die den Milizkommandeur kannten, unterstützten die Begegnungen beim Tee. Sie ermutigten den Pastor, die Initiative zu ergreifen. Diejenigen, die den Milizkommandeur der *Hisbollah* kannten, hofften darauf, dass er trotz seiner Militanz doch ein Herz für den Frieden haben würde. Er und seine Mitstreiter hatten ja als langfristiges Ziel im Auge, den Frieden des Islam in Zentraljava aufzurichten.

Dem christlichen Pastor ging es darum, den Milizkommandeur zu ermutigen, eine Sicht des Friedenstiftens zu entwickeln, die auch Nicht-Muslime einschloss. Das war ein enormer Schritt. Doch mit der Zeit wurde der Kommandeur zu einem Menschen des Friedens, der sowohl Muslime als auch Christen ermutigte, nicht mehr mit Gewalt

---

124 Der Koran: Sure 5:30,34.

gegeneinander vorzugehen. Tatsächlich wurde einer der Milizoffiziere zum Nachfolger des Friedefürsten, der nun den Frieden des Messias in Zentraljava verkündigt.

Der Pastor hat inzwischen eine noch größere Vision. Er arbeitet mit den *Hisbollah*-Offizieren daran, die Leiter der Terrorzellen zu identifizieren, die viele Gräuel, wie zum Beispiel Selbstmordattentate, verübt haben. Er hofft, dass sie sich einbinden lassen und so verändert werden, dass Samen für den Frieden ausgesät wird. Sein Ziel ist es, nicht nur die Militanten, sondern auch die Terroristen zum Friedenstiften zu bewegen. Das geht nur langsam vor sich. Es braucht dafür drei Dinge: Durchhaltevermögen, Geduld und Gebet.

Diese Weitsicht zugunsten einer Veränderung der Gesellschaft hin zum Friedenstiften ist bemerkenswert. Der Same dafür wurde zuerst bei den friedliebenden Leitern ausgesät. Sie sind Menschen des Friedens. Dann trugen diese Leiter das Staffelholz weiter und suchten nach friedliebenden Menschen innerhalb der militanten muslimischen Gemeinschaften. Die Bibel gebietet uns, „den Frieden zu suchen und ihm nachzujagen".[125] Solches Friedenstiften erfordert Vorstellungskraft und Durchhaltevermögen.

Genau diese Eigenschaften legen auch zwei Friedensstifter in Nigeria an den Tag – die sich für den Frieden einsetzen, wo sich Muslime und Christen mit Gewalt begegnen. Christen wie auch Muslime haben dort schon enorm gelitten. Genau in diesem gewaltvollen Kontext haben Rev. Dr. James Mevel Wuye und der Imam Dr. Mohammed Norayan Ashafa alternative Wege zum Friedenstiften entwickelt. Beide Männer sind respektierte Leiter innerhalb ihrer Gemeinschaften. Zunächst hatten beide das Misstrauen und die Gewalt angeheizt. Dann erkannten beide erstaunlicherweise die Sinnlosigkeit der Gewalt. Sie taten Buße und gingen freundschaftlich aufeinander zu. In einem Video sprachen sie über ihre Erfahrung von Versöhnung und baten die anderen dringlich, es ihnen nachzutun. Diese beiden Männer, der Imam und der Pastor, wurden zu Menschen des Friedens und

---

125 Die Bibel: 1. Petrus 3,11 (Übersetzung: *Luther 1984*).

setzen sich für den Frieden in ganz Nigeria ein. Sie reisen gemeinsam umher und laden dazu ein, von der Gewalt abzulassen und Brücken des Vertrauens und der Versöhnung zu bauen.[126]

Ein Botschafter des Friedefürsten

Ein anderer Friedensstifter kommt aus Ostafrika und wirkte als Friedensapostel Christi in Somalia, Kenia und den Vereinigten Staaten. Es ist Ahmed Ali Haile.[127] Er war Muslim und lebte in Zentralsomalia. Als Fünfzehnjähriger traf er zum ersten Mal Christen, als er an Malaria erkrankte und in ein christliches Missionsspital gebracht wurde. Als sich sein Zustand verbesserte, gab ihm eine Christin eine Bibel zum Lesen. In den nächsten zwei Jahren las er zweimal die Bibel durch und ging dann zum Haus des Missionsarztes, der das Spital leitete. Dem sagte er geradeheraus: „Ich habe mich entschieden, an den Messias zu glauben." Auch der Arzt nahm kein Blatt vor den Mund: „Das könnte für dich heißen, dass du dein Zuhause verlassen musst. Du wirst wohl auch keine Schulstipendien erhalten und deine Freunde könnten dich verlassen. Es könnte sogar sein, dass jemand meint, du solltest wegen dieser Entscheidung sterben." Ahmed antwortete: „Ich habe die Kosten sorgfältig durchdacht. Ich bin entschieden, Jesus, dem Messias, nachzufolgen."

So begann Ahmeds Nachfolge als Botschafter des Messias, des Friedefürsten. Er setzte sein Leben für das Friedenstiften ein und richtete sich dabei besonders an somalisprechende Menschen. Nichtsdestoweniger brachte er sich überall ein, wo immer seine Begabung im Friedenstiften gebraucht wurde. Oft kamen seine Fähigkeiten zum Friedenstiften in Umständen zum Einsatz, in denen er bedroht wurde, denn solche Menschen, die den Frieden lieben, werden von denen, die Gewalt für die Alternative halten, als Bedrohung angesehen. Einmal, als er in einer heiklen Situation in Somalia Friedensverhandlungen

---

126 David W. Shenk, *Christian-Muslim Conflict Zones and Possibilities for Peace*, in: David P. Gushee, *Evangelical Peacemakers – Gospel Engagement in a War-Torn World*, 59–68.

127 Ahmed Ali Haile, *Teatime in Mogadischu*.

führte, wurde sein Haus von einer Rakete beschossen, die die Gegner des Friedensprozesses abfeuerten. Er verlor wegen des Raketenangriffs ein Bein und fast sein Leben. Dennoch hielt er vertrauensvoll an der Hoffnung fest, dass der Friede Christi zu Gottes eigener Zeit siegen würde.

In Somalia und später in Kenia lebten er und seine Frau Martha in einem Haus mit einem Baum im Hof. Dieser Baum wurde scherzhaft „Ahmeds Baum" genannt. Einmal pro Woche kamen unter Ahmeds Baum die Stammesführer und die muslimischen *Ulama* zusammen, um Gespräche über Friedensbildung in ihrem gebeutelten Heimatland Somalia zu führen. Der Einfluss dieses Friedensstifters kam Somalia in einer Zeit zugute, als konterrevolutionäre Mächte einer Versöhnung viel entgegensetzten.

Ahmed glaubte an Jesus, den Messias. Seine Kollegen wussten, dass er der Meinung war, dass nur durch das Kreuz die Wurzeln der Konflikte gelöst werden könnten. Alle anderen Formen des Friedenstiftens befassten sich nicht wirklich mit der Wurzel von Sündhaftigkeit und der Entfremdung von Gott und voneinander. Christus jedoch ermöglicht durch seine Kreuzigung und Auferstehung sowie durch die Befähigung durch den Heiligen Geist ein neues Leben, authentische Vergebung und Versöhnung. Daran glaubte Ahmed und bezeugte das, wenn er Woche für Woche mit den Leitern in seinem Hof zusammensaß und Beratungen abhielt.

Beziehungen für den Frieden aufbauen

Die meisten dieser Führer glaubten nicht an den Messias. So arbeitete Ahmed als hochangesehener Friedensvermittler auf der Ebene mit den Stammesführern und religiösen Leitern zusammen, auf die sie sich einzulassen bereit waren. Manche wollten nur den islamischen Zugang akzeptieren. Daher durchdachte Ahmed mit diesen Leitern die islamischen Möglichkeiten, Frieden zu stiften, und was sie dazu beitragen konnten, die vielen Herausforderungen in Somalia zu bewältigen. Schlüsselthema war dabei die *Umma*. Alle Muslime sind Teil der *Umma*, der universellen muslimischen Friedensgemeinschaft.

Bestimmte die *Umma* also die Identität der Muslime, dann musste die Loyalität der Stammesführer zuerst bei der universellen muslimischen Friedensgemeinschaft, also dem Einsatz für den Frieden, liegen.

Ahmed entdeckte auch hilfreiche Themen in den traditionellen vorislamischen Gesellschaften. Besonders wichtig waren ihm jene Themen, die sich um Wiederherstellung drehten. Vergebung und Wiederherstellung übertrumpfen Vergeltung in der vorislamischen Gesellschaft. In der traditionellen Kultur hatten die Ältesten bei einem Konflikt die Aufgabe, die Quelle des Konflikts zu finden und dann Schritte zu benennen, wie der Person, der geschadet worden war, Wiedergutmachung zukommen kann. Wenn der Stamm oder die Person Kamele als Wiedergutmachung erhalten hatte, gaben sie dem Täter ein Kamel zurück, damit er es schlachten und alle zu einem Festschmaus der Versöhnung einladen würde. Beide Parteien nahmen so an einem Kamelfest teil. Dabei wurde ein Friedensbund aller Beteiligten geschlossen. Der Bund wurde durch das Tieropfer besiegelt und die Versöhnung im Fest gefeiert. Das Fest beendete den Konflikt. Der Friede war wiederhergestellt. Gott selber schuf und besiegelte den Frieden. Der traditionelle Name für Gott in der Sprache der Somali ist *Bar Waaq*. Das bedeutet „Gott des Segens". Und der Ort, an dem Versöhnung und Wiedergutmachung geschah, hieß *Barwako*, „der Ort, wo Gottes Segen präsent ist".[128]

Ahmed glaubte, dass die traditionellen Gesellschaften wichtige biblische Themen kannten und nutzten, durch die Wiederherstellung geschehen kann. In seiner Arbeit für den Frieden bezog er sich auch auf den reichen Schatz von Sprichwörtern und Erzählungen. Eine Erzählung nutzte er oft: in ihr trifft eine Frau, die in einem Korb auf ihrem Kopf Feigen transportiert, auf einen ihrer Feinde. Sie gibt ihm den Feigenkorb und kann so ihren Weg fortsetzen. Sie gab die Feigen als Geschenk. Ihre Gabe hat ihren Feind zum Freund verwandelt.

---

128 Ebd., 89–92.

Friedenstiften in Tansania

Wir haben gesehen, dass es wichtig ist, dass Partner, die Frieden stiften wollen, die Hindernisse benennen. Ich habe auch gelernt, dass Friedensstifter proaktiv sein müssen. Das erlebte ich in Tansania, als ich dort den damaligen muslimischen Präsidenten, Jakaya Kikwete, traf. Freunde hatten vorgeschlagen, dass er sich mit mir treffen könnte, um proaktive Schritte zu überlegen, damit die christlich-muslimische Arbeit für den Frieden in Tansania verbessert werden könnte. Als ich am Regierungspalast eintraf, verließ er ein Kabinettstreffen, damit wir zusammensitzen konnten. Er hatte zwei Bitten. Zuerst bat er um 1000 Exemplare des Buches *Woran ich glaube – Ein Muslim und ein Christ im Gespräch* auf Swahili, um sie einflussreichen muslimischen und christlichen Leitern zu geben. Dann bat er mich, mit einem Team zusammenzuarbeiten, das er einberufen würde, um ein Friedenstreffen von christlichen und muslimischen Schlüsselfiguren in Tansania zu veranstalten.

Das Treffen fand im April 2012 statt. Es nahmen ungefähr 150 Leiter daran teil, und jedem wurde ein kostenloses Exemplar des Buches überreicht – ein Geschenk des Präsidenten. Wir organisierten das Gesprächsforum anhand verschiedener Themen, die sich auf Abraham bezogen, den Gott berufen hatte, die Nationen zu segnen. Ein besonderer Moment war, als Muslime erklärten, was sie an Christen schätzten, und Christen sagten, was sie an Muslimen wertschätzten. In einer weiteren Runde tauschten sich die beiden Gruppen dann darüber aus, wie sie einander segnen und ermutigen könnten.

Später gab es während des Treffens eine hitzige Auseinandersetzung. Ich betete! Andere beteten! Die Konferenz hätte uns um die Ohren fliegen können. Das Problem war die Forderung einiger Muslime, dass Tansania ein Mitglied des Rates der islamischen Länder werden solle. Die kirchlichen Leiter widerstanden dem Anliegen vehement. Tansania ist von der Verfassung her säkular, die Trennung von Staat und Kirche wird von den Kirchen sehr geschätzt. Dank der starken muslimischen und christlichen Sitzungsleitung ging der

Sturm vorüber und wir konnten den zweitägigen Anlass in Frieden abschließen.

Einige Monate nach dem Anlass kam es zu schweren gewalttätigen Auseinandersetzungen zwischen Muslimen und Christen. Daraufhin trafen sich einige Leiter, die an der Konferenz teilgenommen hatten, im nationalen Fernsehsender, um von diesem freundschaftlichen Treffen zu berichten. Sie ermutigten die ganze Nation, die friedvolle Haltung ihrer Leiter nachzuahmen.

Wir können die Bedeutung und Notwendigkeit proaktiven Friedenstiftens gar nicht überbetonen. Muslime und Christen müssen auf verschiedensten Ebenen zusammenarbeiten, um den Frieden zu erhalten!

Informelle Friedensbeziehungen

Obwohl ich nun in Nordamerika lebe, begegne ich auch dort einer großzügigen friedliebenden Haltung unter Muslimen, die im Westen leben. Ich habe viele Gespräche mit Imamen, deren Moscheen ich besuche. Alle sind, auf ganz unterschiedliche Weise, Menschen des Friedens. Ein Leiter einer Moschee hat uns immer wieder auf seine eigenen Kosten zum Essen eingeladen. Oft sind mehr als 30 Gäste eingeladen. Unser Gastgeber breitet dann ein großes Tuch auf dem Boden der Moschee aus und wir sitzen in Reihen und genießen unser Essen. Während des Essens sitzen Christen und Muslime nicht getrennt und sprechen miteinander.

Bei einem solchen Anlass entwickelte sich eine hitzige Debatte zwischen dem Imam und mir über die Frage, ob man frei sei, zu glauben, oder nicht. Beim nächsten Treffen war schon das Festmahl gedeckt und der Imam hieß uns willkommen und entschuldigte sich für seine Haltung und seine Kommentare beim letzten Mal. Er ist ein Mann des Friedens!

Oft beginnen unsere Gastgeber das Gespräch mit einem Gebet. Manchmal leite ich das Schlussgebet und bete das Gebet, das uns Jesus gelehrt hat. Es beginnt mit der Anrede „Unser Vater im Himmel". Die folgenden Zeilen nehmen unser Anliegen als Friedensstifter auf: „Dein Reich komme, dein Wille geschehe, wie im Himmel so auf Erden." In der Mitte des Gebets heißt es: „Vergib uns unsere Schuld, wie auch wir vergeben unseren Schuldigern." Es ist wahrhaft ein Gebet des Friedens, auf das ich immer wieder zurückkomme, wenn ich mich mit Christen und Muslimen zum Dialog treffe.

Jugendliche und Kinder spielen beim Friedenstiften eine besondere Rolle. Christen und Muslime kommen oft in der Schule oder auf dem Spielplatz zusammen. Sie lernen, zusammen zu spielen, manchmal streiten sie, manchmal kämpfen sie vielleicht sogar miteinander. Sie lernen, was es bedeutet, eine Gemeinschaft zu sein.

An vielen Stellen in der Welt bemühen sich Muslime, in christliche Schulen aufgenommen zu werden. So erlebten wir es auch in Somalia; tatsächlich wurden unsere Schulabgänger als Friedensstifter angesehen. Sie wurden scherzhaft „die Mennoniten" genannt. Diese muslimischen „Mennoniten" standen oftmals an der Front der Friedensbemühungen in Somalia.

Ein Pakistani erzählte mir einmal: „Ich werde nie herablassend über Christen sprechen, denn ich ging in Pakistan in eine christliche Highschool. Ich erhielt eine exzellente Ausbildung und schloss Freundschaften mit Christen, die noch immer bestehen. Wir Muslime wurden von den christlichen Mitschülern respektiert. Ich werde immer dankbar für diese Erfahrung sein."

Lassen Sie sich von Fehlern nicht entmutigen

Manchmal sind wir ungeschickt und anstatt Frieden zu stiften, bauen wir Mauern. Ich will ein Beispiel erzählen, dass deutlich machen soll, dass auch meine Frau und ich keine Experten auf diesem Weg sind, wir bleiben immer Lernende.

Unsere Nachbarn in der nächsten Wohnung sind muslimische Immigranten. Kurz nach ihrer Ankunft luden wir sie an einem Abend zum Dessert ein, um uns kennenzulernen. Später boten wir an, sie könnten ihre Kinder zu uns in die Sommerbibelschule schicken. Die Mutter machte sehr klar, dass sie nicht wollte, dass ihre Kinder an einer Bibelschule teilnahmen. Sie sagte, wenn ihre Kinder erwachsen seien, hätten sie die Freiheit, ihren Glauben zu wählen. Aber sie wolle keine Indoktrination ihrer Kinder durch Christen. Unser Gespräch verlief freundlich.

Dann kam Weihnachten. Wir verteilen dann selbstgemachte Kekse auf einem bunten Teller an alle unsere Nachbarn und singen beim Verteilen ein kurzes Weihnachtslied. Muslime verstehen Jesus als einen Propheten, dessen Geburt Christen an Weihnachten feiern. Auch bei unseren Nachbarn klopften wir an die Tür. Das Weihnachtslied aber ärgerte sie, auch lehnten sie die Kekse ab und machten deutlich, dass sie sich bemühten, ihre Kinder von allen christlichen Feiern fernzuhalten. Unser Geschenk und das Lied waren für sie enorm verletzend.

Wir beteten und suchten nach Möglichkeiten, die Beziehung wiederherzustellen. Kurz nach diesem Vorfall reiste ich in ihr Herkunftsland. Ich bot ihnen an, dass sie Briefe und Geschenke für Verwandte mitgeben könnten. Das stellte sich als unpraktisch heraus, aber mein Angebot war ein erster Schritt, um wieder eine Beziehung herzustellen. Vor kurzem winkten sich Grace und die Nachbarin über unsere Grundstücke hinweg zu. Wir denken, wir sind wieder auf einem gutem Weg.

Die meisten Muslime, die wir kennen, würden die Geste von Weihnachtskeksen und einem Lied schätzen. Viele meiner muslimischen Bekannten senden uns an Weihnachten Grußkarten, oft mit dem Motiv der Engel, die Jesus ankündigten, einem Thema, das es so auch im Koran gibt. Aber wir waren nicht aufmerksam genug gegenüber den Ängsten und Herausforderungen, die unsere Nachbarn bewegen. Ihr Wunsch, ihren Kindern ihren Glauben mitzugeben in einer Umwelt, die durch den christlichen Glauben und christliche Praxis beeinflusst ist, war wohl schwer umzusetzen. Ich schreibe von unserem verletzenden Verhalten, um deutlich zu machen, dass Fehler Teil dieses Weges sind.

Ahmed, der einbeinige Friedensstifter

Ahmed sagte oft, nur das Kreuz würde an die Wurzel der Probleme herangehen und die Ursachen von gewaltsamen Konflikten anpacken.

Er meinte, alle anderen Lösungsansätze seien oberflächlich, aber er war bereit, mit Menschen für den Frieden zu arbeiten, ganz gleich, auf welcher Ebene sie sich darauf einließen. So arbeitete er mit somalischen Stammesführern und sie identifizierten die Werte des Friedenstiftens, die es in ihren traditionellen Gesellschaften gab. Auch in Bezug auf den muslimischen Glauben ging er so vor. Wieder und wieder kam er auf seine zentrale Aussage zurück: Im gekreuzigten und auferstandenen Messias bietet Gott die Gnade der Vergebung, Versöhnung und Wiedergutmachung an.

Nachdem Ahmed ein Holzbein erhalten hatte, konnte man seine Anwesenheit nicht mehr überhören, weil die Holzprothese auf dem Boden aufschlug. Einer seiner Professoren in Amerika erzählte mir einmal, wie er Ahmed den Flur entlang kommen hörte. Ahmed und seine Familie lebten in Ostafrika, und das Aufschlagen der Prothese machte deutlich, dass er für einen Besuch nach Amerika gekommen war. Der Professor öffnete ihm die Tür und hieß ihn willkommen. Sie begrüßten sich und Ahmed kam gleich auf den Punkt zu sprechen, um den es ihm ging: „Authentischer Friede wurzelt im Kreuz Jesu Christi. Wenn wir lehren, Frieden zu stiften, ohne vom Kreuz zu reden, verpassen wir das Wesentliche. Nur das Kreuz greift die Wurzel an, die unsere zerbrochenen Beziehungen bedingt. Denken Sie daran! Auf Wiedersehen!" Danach ging Ahmed wieder, und auf dem Weg zum Ausgang hörte man sein Holzbein, das das Gesagte unterstrich.

Fragen zur weiteren Diskussion

1. Beschreiben Sie die Zugänge zum Friedenstiften, die Muslime aus ihren Schriften ableiten und denen sie treu sein wollen.

2. Welche besondere Gabe bietet die Kirche zum Friedenstiften an?

3. Denken Sie darüber nach, welche verschiedenen Zugänge Ahmed Haile nutzte, damit Frieden werden konnte. Was denken Sie darüber, wie Ahmed im muslimischen Kontext für den Frieden wirkte?

4. Stellen Sie sich Ahmed unter dem Baum sitzend vor, wo er sich jeden Donnerstag mit Ältesten seines Stammes und mit muslimischen Führern traf und mit ihnen darüber redete, was zum Frieden in Somalia beitragen könnte. Stellen Sie sich vor, welche Ideen sie wohl hatten. Denken Sie daran: Die meisten in der Runde waren Muslime.

5. Wie stehen Sie zu Ahmeds Aussage, dass das Kreuz das Wesentliche beim Friedenstiften darstellt?

KAPITEL 12

Christus empfehlen

In Chicago fuhr ich einmal in einem Taxi, das ein muslimischer Fahrer aus Pakistan steuerte. Ich stellte mich ihm als Christ vor. Er kritisierte sofort die christliche Theologie der Dreieinigkeit. Unser Gespräch verlief lebhaft. Für die Strecke hätten wir 45 Minuten brauchen sollen. Nach 60 Minuten entdeckte er, dass er mich viel zu weit gefahren hatte. Aber er berechnete mir die zusätzlichen Kilometer nicht. Das angeregte Interesse an einer Diskussion über Gott, auch in einem Taxi, scheint mir typisch zu sein für viele Muslime, die ich treffe. Das heißt, es gibt viele offene Türen für ein Gespräch über den Glauben.

Ahmeds erwachendes Interesse am Evangelium

Erinnern wir uns an Ahmed, der begeistert war, als ihm eine christliche Krankenschwester eine Bibel zum Lesen gab, als er an Malaria erkrankt war und im Missionsspital lag. Er war dankbar dafür. Mit der Bibel hielt er endlich die Schrift in der Hand, die die Tora und weitere Schriften enthielt, die Gott offenbart hatte. Erst später lernte er, dass die ganze Bibel von Christen als Wort Gottes akzeptiert wird. Sein erster Schritt, um die Botschaft der Bibel zu erfassen, war es, die Tora zu lesen, von der der Koran sagt, sie sei von Gott offenbart worden.

Ahmed kommentierte später oft: „Der Islam ist nicht das Evangelium. Aber wie kann ich dem Islam gegenüber kritisch sein, wenn Gott den Islam benutzte, um mich zum Messias zu führen – durch die Bibel? In der Moschee lernte ich von dem freundlichen Imam, dass Gott noch weitere Schriften neben dem Koran offenbart hatte. Ich bin dankbar für die Abende in der Moschee, als der Imam mein Herz für die Suche nach diesen anderen Schriften Gottes öffnete. Ich bin auch dankbar für meine gottesfürchtige Familie, die mich auf eine geistliche Spur brachte, die mich mit der Zeit zum Messias führte."

Was ist das Evangelium?

Es gibt im Islam so viele Zeichen, die auf das Evangelium verweisen. Aber diese Zeichen sind nicht das Evangelium selbst. Wenn ich mit dem Auto zu einem Ziel hin unterwegs bin, gibt es viele Wegweiser, die mir die Richtung angeben. Aber ich muss tatsächlich zu dem Ziel fahren, das der Wegweiser angibt, um anzukommen. Viele meiner muslimischen Bekannten sagen mit großer Überzeugung, dass sie an die Tora, die Psalmen und alle heiligen Schriften glauben. Aber sie haben diese Schriften noch nie gelesen. Das kann man mit dem Halt am Wegweiser vergleichen, aber man fährt nie weiter, um das Ziel zu erreichen.

In der Bibel verfolgt Gott ein Ziel, nämlich Errettung. Ich glaube, dass der Kern von Gottes Gabe der Errettung in dem einen Satz ausgedrückt ist: „Gott hat die Menschen so sehr geliebt, dass er seinen einzigen Sohn für sie hergab. Jeder, der an ihn glaubt, wird nicht zugrunde gehen, sondern das ewige Leben haben."[129]

Dagegen zitierte Ahmeds Mutter jeden Abend vor dem Schlafengehen 400 Mal eine Koranpassage. Das war die *Ichlās*:[130] „Sag: Er ist Gott, ein Einziger, Gott, durch und durch (er selbst) [...]. Er hat weder gezeugt, noch ist er gezeugt worden. Und keiner ist ihm ebenbürtig".

Muslime halten diese Passage für das Kernstück des Korans. Es ist der Aufruf, sich Gottes Willen zu unterstellen.

---

129 Die Bibel: Johannes 3,16.

130 Anmerkung der Übersetzerin: Das ist die 112. Sure des Korans, eine der kürzesten. *Al-Ichlas* bedeutet „die religiöse Haltung derer, die ihren Glauben ganz auf Gott einstellen". Rudi Paret, *Der Koran*, 530.

Auch Christen sind aufgefordert, sich Gott zu unterstellen. In Jesus begegnen wir Gott als dem Einen, der uns liebt und der erlöst und rettet. Das Evangelium ist wie ein afrikanischer Stuhl mit einem Sitz und drei Beinen: Der Sitz ist das Leben und die Lehre Jesu. Die Lehren Jesu sind vergleichbar mit den drei Beinen, sie stehen für die Inkarnation, die Kreuzigung und die Auferstehung des Messias. Die Erlösung, die Christen verkünden, ist in diesen vier Dimensionen des Lebens und der Mission Jesu, des Messias, verankert.

Der Zugang zur Bibel ist wichtig

Eine junge Mutter in Zentralasien erzählte meiner Frau Grace von ihrem Glaubensweg zum Messias. Sie erklärte: „Jemand gab mir ein Neues Testament. Ich stellte es auf das Regal. Später steckte ich das Büchlein in meine Tasche, als ich mich zum Spital aufmachte, um dort mit einer schweren Geburt mein Kind zur Welt zu bringen. Das Kind wurde während eines Schneesturmes geboren und mein Ehemann steckte deshalb weit entfernt von zu Hause fest. Als ich im Spitalbett lag, griff ich in meiner Tasche nach dem Büchlein. Ich begann, darin zu lesen. Ich war erstaunt. Dann offenbarte sich Jesus mir. Ich kam zum Glauben, gerade da im Spital. Als ich nach Hause zurückkam, fiel meinen Nachbarn auf, dass ich strahlte. Sie wunderten sich, was mir wohl widerfahren sei, das mich mit so viel Freude erfüllte. Ich erzählte ihnen die Gute Nachricht von Jesus, dem Messias, dem ich im Spital begegnet war. Ich nannte mein Kind Sonnenschein, in Erinnerung an den Sonnenschein in meiner Seele."

Wir wissen, dass nicht alle Muslime die Bibel mit solcher Wertschätzung wie Sonnenscheins Mutter entgegennehmen. Aber Paulus erinnert uns daran, dass diejenigen, die niemals die schriftliche Bibel lesen, doch im Leben der Nachfolger Jesu lesen. Paulus schreibt, dass Gläubige „doch der beste Empfehlungsbrief ...[sind]. ... und [er] kann von allen gelesen werden. Jeder weiß, dass ihr selbst ein Brief Christi seid …".[131]

In Somalia ging einer unserer Köche der Internatsschule, der nicht lesen und schreiben konnte, in den Vorratsraum. Auf dem kurzen Weg dahin hörte er jeweils die Frau des Leiters singen. Er wusste, dass sie aus Freude heraus sang. Ihre Freude war der Brief vom Himmel, der ihn zum Glauben an Jesus, den Messias, als seinen Herrn und Retter führte.

Ein Muslim fragt nach Zeichen der Wahrheit im Islam

Christen freuen sich, wenn Muslime den Zeichen der Wahrheit folgen. Auch der Koran hält Jesus für ein Zeichen an alle Nationen, das dann zum Evangelium führt. Wir wissen, dass Muslime die Bibel eingehend auf Zeichen, wie zum Beispiel Träume, hin durchsuchen, um den Glauben an den Islam zu begründen. Ich habe weiter vorne schon ausgeführt, dass Muslime das Versprechen Jesu, den Heiligen Geist zu senden, darauf deuten, dass er eigentlich das Kommen Mohammeds angekündigt habe. Muslime glauben, dass der Islam alle vorherigen Offenbarungen abschließt, und daher halten sie Ausschau nach Beweisen, dass der Islam der wahre und letztgültige Glaube für alle Menschen sei.

Wenn wir Muslime dazu einladen, das Evangelium zu bedenken, treffen wir oftmals auf die Tatsache, dass die Muslime vorbereitet sind und stattdessen die Christen zum Nachdenken über den Islam einladen. Sie gründen diese Einladung auf Zeichen der „Wahrheit", die die Wahrheit des Islam ausmachen. Das bedeutet, dass sowohl die bezeugende christliche Gemeinde als auch die bezeugende *Umma* davon überzeugt sind, sie hätten die Wahrheit zu verkünden. Das ist in Ordnung. Es ist ein Grund dafür, dass der muslimisch-christliche Dialog mehr ist als nur ein ruhiger Austausch über verschiedene Ideen.

---

131 Die Bibel: 2. Korinther 3,2–3.

Das messianische Geheimnis

Jesus wird im Koran als geheimnisvolle Person beschrieben. Seine Person ist von vielen Zeichen umgeben: von einer Jungfrau geboren; der Messias; ein Zeichen für alle Nationen; einer, der Wunder wirkte; Erfüllung der Schriften; einer, der wiederkommen wird; das Wort Gottes; der Geist Gottes; ohne Sünde; gute Nachricht. Erklärt man jedes einzelne dieser Zeichen anhand der neutestamentlichen Offenbarung, können sie helfen, die Tür zu öffnen, um Jesus, den Messias, zu erkennen.

Von einem erstaunlichen Zeichen wird in der Sure geschrieben, die als „Tischumfang" (*Maida*) bekannt ist. Die Jünger Jesu bedrängen ihn darin, einen Tisch vom Himmel mit Essen herabkommen zu lassen, damit sie davon essen können und ihr Hunger gestillt wird. Gott erklärt: „Ich werde ihn zu euch senden." Wir laden unsere muslimischen Freunde gern ein: Kommt zum Tisch. Der Messias hat das Fest schon bereitet, er ist das Brot des Lebens. Er ist das ewige Festmahl, das vom Himmel kam.

Wunder und Erscheinungen

Ein äthiopischer Freund erzählte mir von einer Hungerszeit in seiner Heimatregion. Er ist ein Nachkomme der ursprünglichen muslimischen Gemeinschaft, die von Mekka nach Äthiopien ging, um dort Schutz zu erbitten, als die Verfolgung der Muslime drohte, die ganze Bewegung auszulöschen. Daher war seine Familie über 1.400 Jahre lang eine Bastion des ursprünglichen Islams in Äthiopien.

Auch mein Freund und seine Frau hungerten während dieser Hungersnot. An einem Abend kochten sie ein Essen, das nur aus einem kleinen Teller Makkaroni bestand. Sie würden sicher hungrig schlafen gehen. Genau dann kam ein Nachbar zu ihnen zu Besuch, und sie waren gezwungen, das ohnehin dürftige Mahl in drei Portionen aufzuteilen. Sie aßen und aßen solange, bis alle ausreichend gegessen hatten. Trotzdem gab es noch immer Makkaroni in der Schüssel. Alle drei sahen daraufhin unter dem Tisch nach, ob sich da etwas tat. Dann erinnerte sich mein Freund daran, dass Christen ihm erzählt hatten, dass Jesus auf wundersame Weise 5 000 Männer satt gemacht hatte, indem er fünf Brote und zwei Fische unter ihnen verteilte. Sie nahmen also an, dass auch ihre Vermehrung ein Wunder sei, das der Messias bewirkt hatte. Während der nächsten zwei Jahre forschte er nach. Dazu gehörte auch, dass er das Leben von Christen beobachtete. Er war sehr beeindruckt von ihrem aufrecht gelebten, liebenden und demütigen Lebenswandel. Das Wunder der Vermehrung der Makkaroni war für ihn ein notwendiges Zeichen, um ihn auf den Weg zu schicken. Doch überzeugend war für ihn die tatsächliche christliche Gemeinschaft und deren Lebenswandel. Er ist nun in Äthiopien sehr aktiv darin, die Gute Nachricht von Jesus unter den Muslimen zu verbreiten, wodurch schon viele zum Glauben an den Messias gekommen sind.

Vielfach sind Erscheinungen des auferstandenen Messias sehr bedeutsam dafür, Türen für Muslime zu öffnen, damit sie über Jesus nachdenken. Ich fragte einen katholischen Priester, der in Khartum lebt, was für ihn in seinen vielen Jahren im Sudan besonders ermutigend gewesen sei. Er erzählte daraufhin von dem Leiter eines abgelegenen Oasendorfes, der Boten zu ihm gesandt hatte, damit der Priester ihn besuchen komme.

Es war eine lange Reise dorthin. Als der Priester ankam, erklärte ihm der Dorfchef: „Am Rande unseres Oasendorfes erschien ein Mann. Er strahlte so hell wie die Sonne und er strahlte reine Liebe aus. Ich weiß, dass es der Messias ist. Er trug mir auf, nach dir zu schicken, damit du mir und dem ganzen Dorf die Wahrheiten Gottes erklären kannst."

Der Priester beschrieb dann die wundervollen Tage, an denen er sich mit den Dorfbewohnern traf, sie in die Bibel einführte und ihnen Jesus und die Gemeinde erklärte. Die ganze Gemeinschaft empfing die Gute Nachricht mit großer Freude.

Wenn ich von solchen Erscheinungen höre, erinnern sie mich an das Erlebnis des Saulus in der Apostelgeschichte.[132] Saulus reiste von

---

132 Die Bibel: Apostelgeschichte 9,1–19.

Jerusalem nach Damaskus und hatte Soldaten bei sich, die Christen verhaften sollten, denen Saulus leidenschaftlich entgegentrat. Auf der Straße begegnete ihm der auferstandene Jesus in strahlender Herrlichkeit. Der auferstandene Jesus befahl Saulus, nach Damaskus zu gehen, wo er einen Jünger Jesu treffen würde, der ihm weitere Anweisungen geben würde.

Ich höre oft auch von solchen Berichten über Jesus, wie er Muslimen erschien und ihnen begegnete. Ich glaube, diese Erscheinungen sind ein möglicher Weg Gottes, auf den ernsthaften Glauben so vieler Muslime rund um die Welt zu reagieren. Der Messias erscheint dann als strahlendes Licht und strahlt vollkommene Liebe aus. Wie es Saulus erfahren hat, so reden auch die heutigen Berichte davon, dass der Messias Anweisungen gibt, dass die Muslime einen Nachfolger Jesu treffen und von ihm mehr über Jesus lernen sollen. Die Erscheinung bereitet auf ein Treffen mit einem Vertreter der Gemeinde vor. Es sieht so aus, als verfolge Gott mit diesen Erscheinungen die Absicht, Muslime in die Gemeinschaft und Identifikation mit der Gemeinde führen zu wollen. Mir wurde erzählt, dass in manchen Gemeinschaften in Äthiopien diese Erscheinungen dem Imam widerfahren, der dann jeweils die Möglichkeit hat, seine ganze muslimische Gemeinschaft zum Glauben an Jesus, den Messias, zu führen.

Offene Türen: die Gemeinde von Philadelphia

Wenn wir an offene Türen denken, dann ist es weise, zu überlegen, welche Qualitäten Nachfolger Jesu oder eine Gemeinde benötigen, um sich mit Muslimen zu treffen. Hier ist die Anweisung des Herrn an die Gemeinde in Philadelphia hilfreich. Jesus verspricht der Gemeinde: „Sieh, ich habe dir eine Tür geöffnet, die niemand verschließen kann."[133]

In Kapitel 2 haben wir die Rolle der Gemeinde von Philadelphia als Vorbild betrachtet, wenn man unter Muslimen mit einer klaren

---

133 Die Bibel: Offenbarung 3,8.

Identität dienen will (Offenbarung 3,7–13). Jetzt schauen wir uns die gleiche Gemeinde an, um fünf Charakteristika zu bedenken, die wesentlich dafür sind, damit sich eine Tür öffnet.

1. Geschwisterliche Liebe praktizieren

Die Gemeinde von Philadelphia lag in Kleinasien, das während der Zeit der biblischen Apostel aufblühte. *Philadelphia* heißt übersetzt „brüderliche Liebe". Türen öffnen sich, wenn wir andere lieben.

Ein Beispiel dafür sind die Beziehungen zwischen palästinensischen Christen und der Hamas in Palästina. Im Winter 1992 ließ die israelische Regierung 415 Anhänger der Hamas aus Gaza und der West Bank verhaften und brachte sie ins kalte Gebirge des südlichen Libanon. Während der Haft trafen sich palästinensische und libanesische Christen, mithilfe einiger ausländischer Gemeinden, mit den Verhafteten. Sie brachten ihnen Lebensmittel, Decken, Medikamente sowie Briefe und Bilder ihrer Familien.[134] Als die Männer nach einem Jahr Gefangenschaft entlassen wurden, fand ein großes Treffen in der Moschee in Hebron statt, um die Helden willkommen zu heißen. Palästinensische Christen schlängelten ebenfalls ihre Fahrzeuge durch die Felder, um Straßensperren zu umgehen und zur Moschee zu kommen. Als die Hamasleute sie sahen, sprachen sie die Christen als ihre Brüder an, die sich an sie erinnert hatten, als die ganze Welt sie vergessen hatte. Danach wurden die palästinensischen Christen an vielen Orten von den Hamasleuten eingeladen, um Neue Testamente in Moscheen und anderen Orten zu verteilen. Sie wussten, dass Jesus diese Christen dazu inspiriert hatte, ihnen so mutig in ihrer extremen Lage zu dienen.

---

134 Bruder Andrew und Al Janssen, *Licht zwischen den Fronten – Neues vom „Schmuggler Gottes".* Brunnen, Gießen ²2006, 166–192.

2. Gutes tun

Die palästinensischen Christen und ihre libanesischen Partner zeigten den Hamas-Leuten brüderliche Liebe. Sie taten auch gute Taten. Ich habe von Dialogen und Treffen meiner Gemeinde in Nordamerika erzählt, die sich mit iranischen Theologen getroffen und auch von meiner Teilnahme an der Mahdikonferenz. Wie hatten sich diese Türen geöffnet? Der Hauptauslöser war die Versendung von Decken in den Iran nach einem Erdbeben. Die Iraner wunderten sich, wer diese Christen aus Nordamerika waren, die ihnen in der Zeit der Not diese Decken sandten. Oftmals geschehen solche guten Taten in eher kleinem Rahmen, so wie meine Frau die neuen muslimischen Nachbarn nebenan zu einem Dessert einlud, um sie willkommen zu heißen. Ob es das Chartern eines Flugzeuges ist, um Hilfsgüter zu senden, oder muslimische Nachbarn auf eine Tasse Kaffee einzuladen, gute Taten öffnen jedenfalls Türen!

3. Auf Gottes Stärke vertrauen

Es wird viele wundern, dass eine dritte wichtige Eigenschaft die der kleinen Kraft ist. Wenn Christen Muslime mit einer starken Haltung begegnen wollen, werden diese wahrscheinlich Mauern aufbauen. In unserer Welt geopolitischer Realitäten ist diese Reaktion deutlich sichtbar. Die militärische Macht, die die Vereinigten Staaten in den letzten Jahrzehnten in der muslimischen Welt ausgeübt haben, hat keine vertrauensvollen Beziehungen geschaffen. Im Gegenteil, manche Türen verschließen sich fest, auch nachdem Hunderte von Milliarden Dollars in militärische Aktionen flossen. Eine Beamtin des US-Außenministeriums sagte mir, dass sie die christlichen Gemeinden beneide, denn wir hätten Türen in Ländern öffnen können, zu denen die Vereinigten Staaten kaum oder gar keine Beziehungen haben. Der Weg Jesu, des Messias, der auf einem Eselsfüllen in Jerusalem einritt, öffnet Türen!

Diese offenen Türen sind oftmals überraschend. Bei einem meiner Besuche im Iran fand ein Treffen von einem Dutzend von uns Amerikanern mit iranischen Theologen statt. Am Ende der Beratung fragte mich ein führender muslimischer Theologe, ob ich das Gebet um Frieden zwischen unseren Nationen leiten würde. Sie sahen uns überraschenderweise als Brüder an.

4. Sich der Autorität der Bibel unterstellen

Eine vierte Qualität ist die Unterordnung unter die Autorität der Schriften. Ich habe die hohe Achtung des Korans für die „Menschen des Buches" beschrieben und auch seine Anerkennung der Bibel als Schrift.

Als im Kosovo die Verfassung für ein unabhängiges Kosovo entwickelt wurde, erhielt ich von der islamischen Abteilung einer Universität die Einladung, über das Thema „Glaube und Freiheit" zu sprechen. Die Autoren der Verfassung nahmen auch an der Vorlesung teil. Ich beschrieb mich als „Mensch des Buches" und zitierte die Tora und die Evangelien in meinem Vortrag. Die Präsentation wurde positiv aufgenommen und ich bin sehr dankbar, dass die Religionsfreiheit für alle Bürger in der letzten Fassung der Verfassung des unabhängigen Kosovo aufgenommen wurde. Ich betone hier, dass sich auch andere Stimmen für die Religionsfreiheit einsetzten, trotzdem sagte man mir, dass mein Vortrag gehört worden war und eine positive Debatte ausgelöst hatte. Warum? Sicherlich, weil die Bitte um Religionsfreiheit in den Schriften verankert ist, und das öffnete die Türen zu ernsthafter Debatte und Aufnahmebereitschaft.

5. Jesus nicht verleugnen

Ich habe erwähnt, dass Jesus im Koran als geheimnisvolle Figur beschrieben ist. Es gibt viel Neugierde über Jesus. Im Lauf der Jahrhunderte hat der Islam viele Lieder und Gedichte über Jesus hervorgebracht. Er wird sehr geliebt. Dennoch steht der Jesus dieser Gedichte im Gegensatz zu dem Jesus, wie ihn die Evangelien beschreiben. Das ist ein Auslöser für die Neugierde. Jesus ist in den Augen der Muslime widersprüchlich.[135] Denken wir nur an die Lehre Jesu, wie man mit den Feinden umgehen soll. Man kann sich kaum ein kontroverseres Thema vorstellen als das, was Jesus einbringt. Seine Feinde lieben? Das ist mal ein kontroverses Thema, über das man reden kann! Unter Muslimen gibt es viel Faszination über Jesus. Es ist so gut wie unmöglich, mit Muslimen ein Gespräch zu führen, ohne dass Jesus ins Zentrum des Gespräches rückt.[136]

Vor einigen Jahren unterrichtete ich am Baptistenseminar in Sarajevo, Bosnien. Ich sagte den Teilnehmenden, dass ich gern die Moschee im Zentrum der Stadt mit ihnen besuchen würde. Sie waren entsetzt und sagten mir: „Es gab einen Krieg zwischen den orthodoxen Christen und den Muslimen in dieser Stadt, und sie werden uns töten, wenn wir kommen." Nach längerer Debatte überraschten sie mich dann aber: „Bevor nur Sie dort sterben, gehen wir alle mit und sterben gemeinsam."

Wir stellten uns in der Moschee als Klasse des Baptistenseminars vor. Unsere muslimischen Gastgeber waren begeistert. Sie sagten, niemals zuvor hätten Christen ihre Moschee besucht. Sie führten uns ins Foyer, bedienten uns mit Getränken und Keksen und wir vertieften uns schnell in Gespräche von Herz zu Herz. Als wir sie nach ein paar Stunden verließen, baten sie uns, wiederzukommen.

Beim Abschied fragte ich sie: „Haben Sie bemerkt, dass ein Gast seinen Stuhl in die Runde brachte, als wir uns im Foyer zusammensetzten? Er leitete sogar unser Treffen." „Ja", antworteten sie, „da gab es einen Gast mehr." Der Gast war Jesus. Ich freue mich, wie Jesus immer wieder in den Kreis der Gespräche über Glauben zwischen Muslimen und Christen kommt. Weder Christen noch Muslime können seine Gegenwart in unserer Runde ignorieren, wenn wir uns treffen.

---

135 Tarif Khalidi, *The Muslim Jesus*. Harvard University Press, Cambridge 2001, 3–45.
136 Ebd., 44–45.

Die offenen Türen durchschreiten

Angst ist vielfach der Grund, dass Christen keine freundschaftlichen Beziehungen mit Muslimen eingehen. Es mag offene Türen geben, aber wir zögern. So erlebte ich es auch vor kurzem in Port Harcourt in Nigeria. Unser *Christian/Muslim Relations Team* war eingeladen, ein zweitägiges Seminar zum Friedenstiften zu leiten. In dem Brief, in dem wir bestätigten, dass wir uns gern mit 350 Leitern von Bibelschulen treffen würden, baten wir auch darum, uns mit den muslimischen Leitern dieser bedeutenden Metropole im Süden Nigerias treffen zu können.

Ich reiste zwei Tage vor dem Seminar an und hörte dann dort, die Veranstalter dachten, es sei angesichts der kürzlich erfolgten Angriffe gegen die Kirchen im Nordwesten Nigerias nicht weise, sich mit den muslimischen Leitern zu treffen. Wir fragten nach: „Wie kann man ein Seminar über christlich-muslimische Beziehungen halten und sich nicht mit muslimischen Leitern treffen wollen?" Wir alle gaben das Anliegen im Gebet ab.

Am Ende des Seminars sprach ein Verwandter des großen Imams von Port Harcourt mit dem Imam, der schließlich zustimmte, sich mit Vertretern der christlichen Leiter zu treffen. Die Teilnehmer des Seminars waren erstaunt und erfreut. Fünf der christlichen Leiter und fünf Muslime trafen sich für eine Stunde. Am Anfang des Treffens bekannte einer aus unserem Team, sein Grund, beharrlich für den Frieden zu arbeiten, sei der gekreuzigte und auferstandene Jesus. Der Imam wandte ein: „Christus ist niemals gekreuzigt worden." Einen Großteil der gemeinsamen Stunde verbrachten wir dann in einer Debatte über die Bedeutung des Kreuzes in der christlichen Erfahrung. Am Ende bat der Imam die Christen, mit ihm in Kontakt zu bleiben und weitere Treffen über substantielle Themen zu planen.

Nach dem Seminar reisten die Teilnehmenden wieder in unterschiedliche Regionen zurück. Einer der Pastoren, der am Seminar teilgenommen hatte, traf sich mit einigen muslimischen Universitätsstudierenden in seiner Heimatstadt. Vorher hatte er muslimischen Studierenden misstraut. Diesmal erzählte er ihnen gleich mutig vom

Seminar über christlich-muslimische Beziehungen, das er besucht hatte. Die Studierenden waren begeistert und baten den Pastor, sich regelmäßig mit ihnen zu treffen und ihnen beizubringen, was er im Seminar gelernt hatte.

Unsere Berufung als Gesandte des Messias bedeutet, die offenen Türen zu finden, die es in allen Mauern gibt. Oftmals haben Jesus und auch der Dienst der Gemeinden längst Türen geöffnet, aber wir halten sie für verschlossen. Wir müssen hinhören! Wir müssen anklopfen! Wir müssen abwägen. Jesus geht uns voran und öffnet Türen. Wenn wir beten, zeigt uns der Heilige Geist den Weg und die Türen, die Jesus schon geöffnet hat. Unsere Berufung als Botschafter des Messias besteht darin: im Gebet abzuwägen, wo offene Türen sind, und diese Türen dann als Gesandte Gottes zu durchschreiten.

Vor kurzem erhielt ich einen Telefonanruf von einem glücklichen Mann. Er sagte mir: „David, ich reise mit meinem muslimischen Nachbarn in die Stadt und fragte ihn, ob er daran interessiert wäre, sich mit mir zum Bibelstudium zu treffen. Er war begeistert darüber, dass ich mir Zeit nehmen wollte, mich mit ihm zu treffen. Wir freuen uns auf das erste Bibelstudium. Wir werden zusammen die biblischen Erzählungen studieren."

Die Überraschung der Gemeinde

Dass in verschiedenen Gesellschaften Gemeinden entstehen, ist ein Wunder. Ich habe diese Wunder immer wieder in muslimischen Ländern und Gesellschaften rund um die Welt miterlebt. Die Gemeinde findet dann ihren fundamentalen Ausdruck, wenn zwei oder drei Menschen zusammenkommen und im Namen Jesu anbeten und Gottesdienst feiern. Die weltweite Gemeinde besteht aus mehreren Millionen Gemeinden, in denen das passiert.

Beispielsweise gehöre ich einer lokalen Gemeinde in Mountville in den Vereinigten Staaten an. Ich bin auch Teil der weltweiten Gemeinde. In Kapitel 5 haben wir die Gemeinde angeschaut, die als neue Stadt von Gott erschaffen wird, eine Gemeinschaft, die Menschen jeder Nation und jeder Sprache umfasst. Wir sehen, dass Jesus als der Gekreuzigte und Auferstandene in ihrer Mitte ist und das Zentrum der lokalen wie auch der universalen Gemeinde darstellt. Ich werde ein Beispiel einer Gemeinde beschreiben, und zwar der somalisprechenden Gemeinde in Nairobi, Kenia, zu der auch Ahmed und seine Familie gehörten.

Damals gab es vor allem zwei Wege, wie Somali zum Glauben an Jesus, den Messias, fanden. Zum einen durch den Dienst an somalischen Flüchtlingen, in dem sich auch Ahmed und seine Familie engagierten. Darüber hinaus war ihnen die Bibel zugänglich und es stand ein Bibelstudienkurs zur Verfügung, der besonders für Muslime entwickelt worden war (der Kurs *People of God*, den ich in Kapitel 4 erwähnte).

Wann immer ich in Nairobi war, tat ich mein Bestes, um am Leben der Gemeinde teilzunehmen, die sich unter Ahmeds Baum traf. Manchmal kamen mehr als 80 Menschen zusammen. Die meisten von ihnen waren Witwen, die in den Kriegen Somalias ihre Männer verloren hatten, und ihre Kinder. Manchmal leitete Ahmed ihr Singen, und die Kinder nutzten einen Tisch als Trommel. Sie sangen ihren Lobpreis für Gott, der ihnen Jesus, den Messias, gegeben hatte, bei dem sie Errettung und Hoffnung fanden. Die meisten Lieder und Melodien hatten somalische Christen komponiert. Die Zusammenkunft war auch eine Zeit des Austauschs, Erzählens, Betens und des Hörens einer auf der Bibel basierenden Predigt.

Ahmed erzählte mir von einer ganz erstaunlichen Zusammenkunft der Versöhnung. Somalia war in Aufruhr, vor allem wegen der Konflikte der Stämme untereinander. Daher ermutigten die Ältesten der Somaligemeinde die Stammesführer aus ganz Somalia, sich an einem Abend zur Versöhnung zu treffen. Ahmed sagte mir, dass tatsächlich aus allen Somalistämmen Vertreter da waren. Sie beteten zusammen und hörten die Predigt aus dem Wort Gottes, dann bekannten sie ihre Sünde des Hasses gegen die anderen Klans. Manche weinten, als sie um Vergebung baten. Ahmed sagte mir: „An diesem Tag kam der Himmel zur Erde." Die Gemeinde schloss dieses wundersame Treffen mit dem Abendmahl ab. Sie brachen das Brot und teilten den Saft miteinander, als sie sich an den Leib Jesu, des Messias, erinnerten, der am Kreuz gebrochen worden war, so wie die Weizenkerne gebrochen worden waren. Sie tranken aus dem Kelch und erinnerten sich an das Blut Jesu, das auf dem Hügel von Golgatha vergossen worden war, wo man ihn gekreuzigt hatte. Diese Zusammenkunft der Gemeinde zur Versöhnung war ein wertvolles Erlebnis. Ahmed rief aus: „Das war ein Wunder!"

Eine Botschaft aus Kairo

Es gibt wirklich viele Hoffnungszeichen! Als ich im Juni 2013 in Kairo war, traf ich dort den Assistenten des Großmufti von Ägypten, des höchsten Beamten der religiösen Gesetze, in seinem Büro in der Al-Azhar-Universität. Ich sagte ihm, ich sei Christ und sehnte mich danach, im Frieden des Messias unterwegs zu sein und Zeugnis von seinem Frieden abzulegen. Ich erklärte ihm, ich nähme an der Gemeinschaft einer Gemeinde teil, wo immer ich hinreiste und ich brächte mich vor allem im Friedenstiften zwischen Muslimen und Christen ein. Ich würde Menschen dazu ermutigen, den Frieden des Messias anzunehmen, in dem Heilung und neues Leben ist.

Der Assistent des Großmuftis antwortete darauf, dass er hoffe, ich käme bald wieder nach Kairo. Er versuche, mir die Möglichkeit zu verschaffen, an der Universität einen öffentlichen Vortrag über den Frieden in Jesus zu halten.

Als ich nach seiner Botschaft an die nordamerikanischen Christen fragte, sagte er mir: „Ich habe zwei Ratschläge zu geben. Es wäre gut, wenn die nordamerikanischen Christen wirklich mit den Christen im Mittleren Osten zusammenarbeiten würden, damit ein israelisch-palästinensischer Friedensvertrag geschlossen wird. Wir denken, die nordamerikanischen Christen sind in der Lage, aktiv Bewegungen für Frieden und Gerechtigkeit zu unterstützen. Mein zweiter Rat ist der, dass die Nordamerikaner Christus nachfolgen sollten. Wenn sie Jesus nachfolgen, dann werden sie Teil einer Leben spendenden Bewegung in der ganzen Welt." Hier stand ich mit einem der höchsten muslimischen Führer in Ägypten zusammen, und er empfahl den nordamerikanischen Christen, Jesus nachzufolgen!

In Hoffnung leben

Die meisten Muslime sprechen gern über Jesus. Meine Beobachtung ist, dass von allen religiösen Menschen die Muslime die sind, die am ehesten über Glauben reden und debattieren. Die muslimische Gesellschaft ist vom Bewusstsein Gottes durchdrungen. In den meisten alltäglichen Gesprächen fließt dieses Bewusstsein Gottes ein.

Ich kann mir keinen Muslim vorstellen, der sagen würde: „Ich treffe dich in fünf Minuten am Auto." Eher bekommt man zu hören: „Ich treffe dich in fünf Minuten am Auto, *Inschallah* (wenn Gott will)." Muslime schätzen es, wenn auch Christen zeigen, dass sie sich der Gegenwart Gottes bewusst sind. Das Bewusstsein der Muslime über Gott öffnet viele Türen zum Gespräch.

Wenn man die von mir genannten zwölf Wege zum Aufbau von Freundschaften mit Muslimen annehmen und umsetzen will, muss man dafür kein Experte sein. Aber es bedarf unserer Bereitschaft, betend die von Gott geöffneten Türen auch zu nutzen.

Ein Pastor, der in einem religiös restriktiven Land in Asien lebt, sagte mir: „Ich fürchtete immer den Imam in der Moschee, der von seinem Hügel aus meine Stadt überschauen kann. Ich dachte, er sei mein Feind. Ich betete wegen meiner Ängste. Eines Tages beschloss ich dann, Schritte zu unternehmen, um unsere Beziehung zu verändern. Ich lief den Hügel hinauf zum Haus des Imams. Ich traf ihn an und wir tranken Tee miteinander. Danach besuchte ich ihn immer wieder auf dem Hügel. Ich zog ihn auch in Fragen zu Rate, die meine Gemeinde betrafen. Er wurde mein Ratgeber. Ich erzählte ihm sogar von Taufen, die geplant waren. Als sich die muslimischen Dorfbewohner darüber aufregten, sagte der Imam ihnen, dass ich ihn konsultiert hätte und die Taufen gut seien."

Solche Berichte über Menschen, die Frieden schließen, freuen uns. Dennoch ist das nicht immer der Fall. Manchmal gibt es keine Gegenseitigkeit, wenn man sich um gute Beziehungen zwischen Christen und Muslimen bemüht. Gerade in den letzten Jahren hat die globale politische Situation den Hass oder die Angst angeheizt, die außer Kontrolle geraten können. Ich schreibe dieses Kapitel im Juni 2014.

CHRISTUS EMPFEHLEN

Dies war ein Monat schrecklicher Verletzungen und Zerstörung, von Syrien bis Nigeria. Schreckliche Gewalt wurde im Namen Gottes verübt! In all diesen Krisengebieten ist auch die Gemeinde präsent.

Paradoxerweise habe ich aber gerade diese Woche auch Hoffnung geschöpft. Ich sprach am Telefon mit einem Gemeindeleiter aus Nigeria, wo es Terrorakte gegeben hatte. Ich wollte ihn gern kurz besuchen. Er sagte darauf: „Das ist eine gute Zeit, uns zu besuchen. Preist den Herrn! Es gibt viele offenen Türen für die Friedensarbeit. Diese bemerkenswerte Zeit ist eine Gelegenheit, Jesus als Gesandter seines Friedens zu dienen."

Die Kirche steht in der besonderen Verantwortung, Frieden zu stiften, denn sie ist in allen Regionen präsent, in denen Konflikte ausgetragen werden. Wir wissen, dass im Messias Versöhnung möglich ist. Paulus schrieb: „Darum, meine lieben Brüder, seid fest, unerschütterlich und nehmt immer zu in dem Werk des Herrn, weil ihr wisst, dass eure Arbeit nicht vergeblich ist in dem Herrn."[137]

Daher leben wir integer. Wir haben eine klare Identität. Wir fördern den Respekt voreinander. Wir entwickeln Vertrauen zueinander. Wir sprechen über unsere Unterschiede. Wir üben Gastfreundschaft. Wir beantworten Fragen. Wir sprechen verzerrte Ansichten an. Wir bedenken die Wahl zwischen der *Hidschra* und dem Kreuz. Wir suchen und fördern den Frieden. Wir arbeiten mit Menschen des Friedens zusammen. Wir empfehlen Christus weiter. Und auf diesem Weg behalten wir die Hoffnung bei.

Fragen zur weiteren Diskussion

1. Kommentieren Sie die fünf Qualitäten, die Jesus bei der Gemeinde von Philadelphia betont.

2. Wodurch befähigen diese Eigenschaften auch uns Christen für die Beziehung mit Muslimen? Erzählen Sie ein paar Beispiele, wie

---

137 Die Bibel: 1. Korinther 15,58.

Türen geöffnet wurden, damit Christen und Muslime zusammen kamen und Freunde werden konnten.

3. Denken Sie über Gründe nach, warum Muslime so viel Interesse an Gesprächen über Gott haben. Welche Überraschung könnte Jesus in diesen Gesprächen einbringen?

4. Haben Sie eine Freundschaft mit einem Muslim? Wenn ja, beschreiben Sie diese Freundschaft. Wenn nicht, wie könnte sich eine solche Freundschaft entwickeln?

5. Wie würden Sie einem Muslim die Gute Nachricht empfehlen?

6. Was schätzen Sie an Muslimen besonders?

7. Betrachten Sie nochmals die zwölf Wege zur Freundschaft mit Muslimen. Welcher dieser Vorschläge entspricht Ihren Gaben, die Sie einbringen können, damit eine echte Freundschaft mit Muslimen entstehen kann?

Anhang

A. Christian/Muslim Relations Team

Vorbemerkung des Autors: Ich bin Teil eines bescheidenen weltweiten Netzwerkes von Gläubigen, die an Jesus, den Messias, glauben und sich für den Frieden unter Christen und Muslimen einsetzen wollen, so wie es Jesus tun würde. Im Folgenden sind unsere Überzeugungen als Friedensstifter formuliert, die Christus bekennen.

> Christus, der Herr, soll der Mittelpunkt eures Lebens sein. Seid immer dazu bereit, denen Rede und Antwort zu stehen, die euch nach eurem Glauben und eurer Hoffnung fragen. Begegnet ihnen freundlich und mit Respekt (Die Bibel: 1. Petrus 3,15f.).

Unsere Verpflichtung zum Zeugnisgeben

Im Gehorsam gegenüber Jesu Aufforderung, Zeugen für alle Nationen zu sein (Matthäus 28,18–20), und der apostolischen Ermahnung, Christus mit Freundlichkeit und Respekt zu bezeugen und zu empfehlen (1. Petrus 3,8–17), bezeugen wir die Gute Nachricht der Errettung, Vergebung, Erlösung und Versöhnung, die Gott in Jesus, dem Messias, anbietet. Wir bemühen uns, das auf eine Art und Weise zu tun, die zugleich Christus treu ist und jede Person in ihrer Würde, Kultur und Wahlfreiheit respektiert.

Wir wollen Christus daher gemäß der folgenden Grundsätze bezeugen:

1. Wir wollen den Geist und die Werte des Messias ehren und widerspiegeln.

2. Wir wollen dem Evangelium treu sein, wie es in den biblischen Schriften offenbart wurde.

3. Wir wollen allen Menschen die tiefe Liebe Gottes zum Ausdruck bringen.

4. Wir handeln im Vertrauen auf den Heiligen Geist, dass er die Wahrheit offenbart und Leben verändert.

5. Wir lehnen jegliche Form von Gewalt, Imperialismus, Bestechung, Einschüchterung, Zwang, Verleumdung, Irreführung und Täuschung ab.

6. Wir suchen den Frieden, Dialog und gegenseitiges Verständnis.

7. Wir wollen aufmerksam die Fragen, Einwände und Zeugnisse anderer hören und ihnen gewissenhaft darauf antworten.

8. Wir sind aufrichtig bereit, um der Gerechtigkeit und der Wahrheit willen zu leiden.

9. Wir begegnen Menschen anderer Kulturen, Sprachen und Glaubensrichtungen mit Respekt.

10. Wir sind bereit, für das Wohlergehen unserer Mitmenschen Opfer zu bringen.

11. Wir setzen uns für die lokale und weltweite Gemeinde, den Leib Christi, und ihren Aufbau ein.

12. Wir nehmen die Einzigartigkeit eines jeden Menschen, jeder Sprache und jeder Kultur ernst.

13. Wir respektieren die Amtsautorität der Regierungen.

14. Wir achten Eltern, Kinder und das Familienleben hoch.

15. Wir erkennen die Würde und den freien Willen eines jeden Menschen an.

B. Namen und Eigenschaften Jesu im Koran

Vorbemerkung des Autors: Im Folgenden findet sich eine begrenzte Auswahl an Koranversen, die auf Jesus verweisen. Bezüge auf Jesus, die sich in den „Traditionen" sowie in muslimischer Dichtkunst und Erzählungen finden lassen, wurden hier nicht berücksichtigt. Die Verweise auf Jesus müssen mit Sorgfalt behandelt werden, wenn nur auf die eine Quelle, den Koran, zurückgegriffen wird. Jede Aussage muss im Kontext des Gesamtverständnisses von Jesus bedacht werden, nicht nur anhand der ausgewählten Stellenverweise. Vor diesem Hintergrund ist es angemessen, an dieser Stelle anzusetzen und der Frage nachzugehen, was der Koran über Jesus sagt.

▶ Sein Name ist *Isa* (das Arabische *Yasua*, was bedeutet „Jahwe rettet", wird nicht benutzt)

▶ Jesus ist wie Adam (3:59)

▶ Jesus ist ein Zeichen (43:61–64)

▶ Jesus ist der Messias (3:45)

▶ Jesus ist das Wort Gottes (4:171)

▶ Jesus ist der Geist Gottes (4:171)

▶ Jesus wurde von einer Jungfrau geboren (Miriam, die Schwester des Mose) (19:16–35)

▶ Jesus wirkt Wunder (3:49)

▶ Jesus begründete die früheren Schriften (5:49)

▶ Jesus brachte das Evangelium (5:49)

▶ Jesus ist nur ein Apostel (6:71)

▶ Jesus wurde vom Kreuz gerettet, ein anderer nahm dort seinen Platz ein, das heißt, Jesus wurde nicht gekreuzigt (4:157)

▶ Jesus wurde in den Himmel enthoben, ohne zu sterben (3:55–58)

▶ Am Ende der Welt wird Jesus auf die Erde niederkommen, um die Welt auf das Endgericht vorzubereiten und sie zum Islam zu bekehren (43:61)

▶ Jesus war zu einer bestimmten Zeit und mit einem bestimmten Auftrag nach Israel gesandt (13:38)

▶ Jesus ist nicht der Sohn Gottes (9:30)

▶ Jesus erfüllt die früheren Schriften (5:49)

▶ Der Messias ist Gute Nachricht (3:45)

▶ Jesus sagte das Kommen Mohammeds voraus (61:6)

▶ Jesus ist ohne Sünde (19:19)

In ihrer einfachsten Form ist die muslimische Weltsicht durch *al-Ichlās*[138] geprägt: den reinen Glauben. Das muslimische Verständnis von Jesus ist durch die folgende Stelle geprägt worden:

Sprich: Gott ist Einer,
Ein ewig reiner,
Hat nicht gezeugt und ihn gezeugt hat keiner,
Und nicht ihm gleich ist einer.
(Übersetzung: Friedrich Rückert)[139]

---

138 Anmerkung der Übersetzerin: *al-Ichlas* bedeutet „die religiöse Haltung derer, die ihren Glauben ganz auf Gott einstellen" (Paret, *Der Koran*, 530).

139 Der Koran: *al-Ichlās*: Sure 112, aus: Hartmut Bobzin (Hrsg.), *Der Koran in der Übersetzung von Friedrich Rückert – Mit erklärenden Anmerkungen von Wolfdietrich Fischer.* Ergon Verlag, Würzburg ³2000. In der Übersetzung von Rudi Paret lautet die gleiche Sure: „Sag: Er ist Gott, ein Einziger, Gott, durch und durch (er selbst) (?) (w. der Kompakte) (oder: der Nothelfer(?), w. der, an den man sich [mit seinen Nöten und Sorgen] wendet, genauer: den man angeht?). Er hat weder gezeugt, noch ist er gezeugt worden. Und keiner ist ihm ebenbürtig."

C. Bezüge des Korans auf die Bibel

Vorbemerkung des Autors: Im Folgenden sind Koranverse mit direktem Bezug auf die Bibel aufgelistet. Diese Auflistung wurde für das Buch *Journeys of the Muslim Nation and the Christian Church* erstellt und wird hier in zwei Hauptblöcken dargestellt.

Gott hat frühere Schriften offenbart

▶ *Er [Allah] hat die Schrift mit der Wahrheit auf dich herabgesandt als Bestätigung dessen, was (an Offenbarungsschriften) vor ihr da war. Er hat auch die Thora und das Evangelium [Indschil von Jesus, dem Messias] herabgesandt.* (3:3)

▶ Sie sollen Gottes Buch schützen: *Die Leute des Evangeliums [...] sollen (nun) nach dem entscheiden, was Gott darin herabgesandt hat. Diejenigen, die nicht nach dem entscheiden, was Gott (als Offenbarungsschrift) herabgesandt hat, sind die (wahren) Frevler.* (5:47)

▶ *Sag: Ihr Leute der Schrift! Ihr entbehrt (in euren Glaubensanschauungen) der Grundlage, solange ihr nicht die Thora und das Evangelium, und was (sonst noch) von eurem Herrn (als Offenbarung) zu euch herabgesandt worden ist, haltet. [...].* (5:68)

▶ *Und (damals) als wir dem Mose die Schrift und die Rettung (?) gaben, damit ihr euch vielleicht rechtleiten lassen würdet!* (2:53) – *Wir haben doch (seinerzeit) dem Mose und dem Aaron die Rettung (?) gegeben, und eine Erleuchtung und Mahnung für die Frommen* (21:48)

▶ Die Schriften des Mose sind Rechtleitung, Licht und Gnade für die Menschheit. Sie sind das Buch Gottes: *Wir haben [...] die Thora herabgesandt, die (in sich) Rechtleitung und Licht enthält, damit die Propheten, die sich (Gott) ergeben haben, für diejenigen, die dem Judentum angehören, danach entscheiden, und (damit) die Rabbiner und Gelehrten nach der Schrift Gottes entscheiden, soweit sie ihrer Obhut anvertraut worden ist [...].* (5:44) *Ist denn einer, dem ein klarer Beweis von seiten seines Herrn vorliegt, während ein Zeuge von ihm ihn (d. h. den Koran) verliest und die Schrift Moses ihm als Richtschnur (oder Vorbild) und (Erweis der göttlichen) Barmherzigkeit vorausgegangen ist (gleich einem, der gegen Allah lügnerische Behauptungen ausheckt)? [...] Es ist die Wahrheit (die) von deinem Herrn (kommt). Aber die meisten Menschen glauben nicht* (11:17); vgl. auch 21:48 (s. o.)

▶ *Für sie gilt die frohe Botschaft im diesseitigen Leben und im Jenseits. Die Worte Gottes kann man nicht abändern (w. [gegen etwas anderes] austauschen). (Was Allah verheißen hat, geht in Erfüllung.) Das ist (dann) die große Glückseligkeit* (10:64)

▶ In Bezug auf das Evangelium heißt es: *Und (wir haben die Schrift zu dir herabgesandt mit der Aufforderung): Entscheide zwischen ihnen nach dem, was Gott (dir) herabgesandt hat, und folge nicht ihrer (persönlichen) Neigung! Und hüte dich vor ihnen, dass sie dich (nicht) in Versuchung bringen (so dass du) von einem Teil dessen, was Allah dir (als Offenbarung) herabgesandt hat (abweichst)! Und wenn sie sich abwenden (und nicht auf dich hören), dann musst du wissen, dass Allah sie wegen eines Teiles ihrer Schuld (mit Strafe) treffen will. Viele von den Menschen sind Frevler.* (5:49)

▶ Im Koran wird Mohammed geraten: *Wenn du über das, was wir (als Offenbarung) zu dir hinabgesandt haben, im Zweifel bist, dann frag diejenigen, die die Schrift (bereits) lesen (nachdem sie sie) vor dir (erhalten haben)!* (10:94)

▶ Manchmal geht der Koran davon aus, dass das Wort Gottes nicht verändert werden kann. Hier ein Beispiel: *Schon vor dir sind ja Gesandte der Lüge geziehen worden. Und sie ertrugen es geduldig, der Lüge geziehen zu werden und Ungemach zu erleiden, bis schließlich unsere Hilfe zu ihnen kam (und sie die Oberhand gewannen. So war es von jeher). Und es gibt niemand, der die Worte Gottes (durch die alles von vornherein bestimmt ist) abändern (w. [gegen etwas anderes] austauschen) könnte. Dir ist doch Kunde von den (früheren) Gesandten zugekommen (so dass du Bescheid wissen müsstest).* (6:34)

Die Menschen des Buches sollen ihre Schriften respektieren und schützen

Der Koran ermahnt die Christen, ihre Schriften nicht zu verfälschen, nicht zu verstecken oder als Beweis zu verkaufen und sie nicht falsch zu zitieren.

▶ *Und (damals) als Gott die Verpflichtung derer, die die Schrift erhalten haben, entgegennahm (des Inhalts): Ihr müsst sie den Leuten klarmachen und dürft sie nicht (vor ihnen) verborgen halten! Hierauf warfen sie sie achtlos hinter sich und verschacherten sie. Ein schlechter Handel (auf den sie sich eingelassen haben)!* (3:187)

▶ *Und einige von ihnen verdrehen den Wortlaut der Schrift, damit ihr meint, es stamme aus der Schrift, während es (in Wirklichkeit) nicht daraus stammt, und sagen, es stamme von Gott, während es (in Wirklichkeit) nicht von ihm stammt. Damit sagen sie gegen Gott wissentlich eine Lüge aus.* (3:78)

▶ *Ihr Leute der Schrift! Warum verdunkelt ihr die Wahrheit mit Lug und Trug [...] und verheimlicht sie, während ihr (doch um sie) wisst?* (3:71)

▶ *Aber wehe denen, die die Schrift mit ihrer Hand schreiben und dann sagen: „Das stammt von Gott", um sie zu verschachern! Wehe ihnen im Hinblick auf das, was ihre Hand geschrieben hat! Wehe ihnen im Hinblick auf das, was sie begehen!* (2:79)

Literatur

Gushee, David P. (Hrsg.), *Evangelical Peacemakers – Gospel Engagement in a War-Torn World*. Cascade Books, Eugene 2013.

Haile, Ahmed Ali/Shenk, David W., *Teatime in Mogadishu: My Journey as a Peace Ambassador in the World of Islam*. Herald Press, Harrisonburg, VA, 2011.

Kateregga, Badru D./Shenk, David W., *Woran ich glaube – Ein Muslim und ein Christ im Gespräch*. Neufeld Verlag, Schwarzenfeld 2005 (Originaltitel: *A Muslim and a Christian in Dialogue*).

Khalidi, Tarif (Hrsg.), *The Muslim Jesus – Sayings and Stories in Islamic Literature*. Harvard University Press, Cambridge 2001.

Kraybill, James R./Shenk, David W./ Stutzman, Linford (Hrsg.), *Anabaptists Meeting Muslims – A Calling for Presence in the Way of Christ*, Herald Press, Scottdale 2005.

Shenk, David W., *Journeys of the Muslim Nation and the Christian Church – Exploring the Mission of Two Communities*. Herald Press, Harrisonburg 2003.

Shenk, David W., *The Holy Book of God – An Introduction*. African Christian Press, Achimoto, Ghana 1981.

Über den Autor

Dr. David W. Shenk wurde 1937 in Ostafrika als Kind von Missionaren geboren.
Der Theologe und Anthropologe promovierte an der Universität von New York und lebte mit seiner Familie jahrzehntelang in Tansania, Somalia und Kenia. David W. Shenk arbeitete als Gemeindepastor sowie in unterschiedlichen Funktionen für die nordamerikanische Missionsgesellschaft *Eastern Mennonite Missions* (EMM), die er auch  eine Zeit lang leitete. Von 1998 bis 2002 war er Theologieprofessor und Dekan des *Lithuania Christian College* in Klaipeda, Litauen.

Im Rahmen seiner Lehrtätigkeit und seines Engagements im Dialog mit Muslimen war er bereits in über 100 Ländern. Er ist weltweit als Redner sowohl im christlichen wie auch im muslimischen Kontext gefragt. Heute ist David W. Shenk *Global Consultant* für EMM, wenn es um Beziehungen zwischen Christen und Muslimen geht, und besucht jährlich etwa 15 Länder. Als Referent und Dozent ist er auch am Theologischen Seminar Bienenberg, Liestal, sowie der Akademie für Weltmission, Korntal, tätig.

David W. Shenk verfasste (zum Teil als Co-Autor) 15 Bücher und zahlreiche Broschüren sowie Kursmaterial. Auf Deutsch erschien *Woran ich glaube – Ein Muslim und ein Christ im Gespräch* (Neufeld Verlag, Schwarzenfeld 2005) sowie (mit Ervin R. Stutzman) *Neue Gemeinden – Gemeindegründung im Neuen Testament und heute* (Verlag Wolfgang Simson, Lörrach 1992).

Er und seine Frau Grace haben vier erwachsene Kinder und sieben Enkel. Sie leben in Mountville, Pennsylvania, USA.

Christen begegnen Muslimen

MUSLIMEN
 CHRISTUS BEZEUGEN,
 SIE BEGLEITEN UND VERNETZEN

CHRISTEN
 SCHULEN, BERATEN
 UND VERNETZEN

WWW.CMNET.ORG

CM ist ein Arbeitszweig von MEOS.

Seit 1963 arbeitet MEOS mit Sitz in Zürich unter Fremdsprachigen in der Schweiz mit dem Ziel, das Evangelium unter Menschen jeglicher Herkunft, Religion und Kultur zu leben und zu verkünden.

Die Welt steht vor unserer Haustür!

WWW.MEOS.CH

INTERKULTURELLE DIENSTE

BILDUNGSANGEBOTE
IN TÄUFERISCH-FRIEDENSKIRCHLICHER PERSPEKTIVE

Unser Studien- und Weiterbildungsangebot befähigt,

- Glauben, Werte Überzeugungen und gesellschaftliche Umstände zu reflektieren,
- persönliche Kompetenzen zu entfalten für einen qualifizierten Dienst in Gemeinde, Mission und Gesellschaft und darin
- (Leitungs-) Verantwortung wahrzunehmen.

THEOLOGISCHES SEMINAR BIENENBERG
COMPAX INSTITUT FÜR KONFLIKTTRANSFORMATION

    FON +41 (0)61 906 7811 • FAX +41 61 906 7801
    BIENENBERG 85A • CH-4410 LIESTAL
    WWW.BIENENBERG.CH • WWW.COMPAX.ORG
    WWW.FACEBOOK.COM/BIENENBERG • WWW.BIENENBERG-BLOG.CH

SCHWEIZERISCHE MENNONITISCHE MISSION

Die SMM teilt die leidenschaftliche Liebe Gottes für seine Schöpfung und tritt für Frieden und Gerechtigkeit ein. Mitarbeitende bringen ihre Begabungen und Talente in Kurz- und Langzeiteinsätzen im In- wie im Ausland ein.

SMM • SCHWEIZERISCHE MENNONITISCHE MISSION
SERVICES MISSIONNAIRES MENNONITES

    LILIENSTRASSE 114 • CH-4123 ALLSCHWIL
    T +41 (0)61 481 36 02
    SEKRETARIAT@SWISS-MENNONITE-MISSION.ORG
    WWW.SWISS-MENNONITE-MISSION.ORG
    PC/CP SCHWEIZ: 30-649185-9

NEUFELD VERLAG

*Der **Neufeld Verlag** ist ein unabhängiger, inhabergeführter Verlag mit einem ambitionierten Programm. Wir möchten bewegen, inspirieren und unterhalten.*

**Stellen Sie sich eine Welt vor,
in der jeder willkommen ist!**

Das wär's, oder? Am Ende sehnen wir alle uns danach, willkommen zu sein. Die gute Nachricht: Bei Gott bin ich willkommen. Und zwar so, wie ich bin. Die Bibel ist voll von Geschichten und Bildern darüber, dass Gott uns mit offenen Armen erwartet. Und dass er eine Menge Gutes mit uns im Sinn hat.

Als Verlag möchten wir dazu beitragen, dass Menschen genau das erleben: *Bei Gott bin ich willkommen.*

Für uns hat unser Slogan eine zweite Bedeutung: Wir haben ein Faible für außergewöhnliche Menschen, für Menschen mit Handicap. Denn wir erleben, dass sie unser Leben, unsere Gesellschaft bereichern. Dass sie uns etwas zu sagen und zu geben haben.

Dennoch ist unsere Welt weit davon entfernt, Menschen mit Behinderung grundsätzlich willkommen zu heißen – vielen wird nicht mal gestattet, überhaupt zur Welt zu kommen.

Und von gelebter Inklusion, dem echten Miteinander von Menschen mit und ohne Handicap in allen Bereichen unseres Alltags, sind wir auch noch ein gutes Stück entfernt.

Deswegen setzen wir uns dafür ein, Menschen mit Behinderung willkommen zu heißen.

Folgen Sie uns auch auf www.facebook.com/NeufeldVerlag und in unserem Blog unter www.neufeld-verlag.de/blog!